es 1512

edition suhrkamp

Neue Folge Band 512

Weder auf Sinnlosigkeit noch auf Ersetzung bestehenden Sinns, vorhandener Bedeutungen durch andere will *Wider Sinn und Bedeutung* hinaus – aber nachspüren, warum beide Begriffe verhindern, was sie versprechen: einen Zusammenhang zu begründen, in dem sich das Leben verbünden kann. Sie gewährleisten eine Balance zwischen Bedrohung und Hoffnung auf deren Überwindung, ohne daß die Bedrohung tatsächlich weniger wird. Deshalb begründen Sinn und Bedeutung Illusionen und beuten Wünsche nach Versöhnung aus, ohne zu ihr führen zu können.

Zu behaupten, Sinn und Bedeutung seien überflüssig, ist zynisch, weil die Wünsche der Menschen unbeachtet bleiben. Nicht der Sinn also soll ausgetrieben werden, sondern gefragt, wozu wir ihn benötigen, daß wir an ihm festhalten, ihn auswechseln oder zeitweise austreiben.

Daß Sinn und Bedeutung sich trotz aller Austreibung behaupten, zeigt, daß bisher kein gangbarer Weg ihrer Aufhebung gefunden wurde. Daher bleibt zunächst nur die Kritik an den Ursachen von Sinn und Bedeutung, wenn sie auch noch nicht umstandslos für die Praxis taugt.

Dietrich Lange, geb. 1944, lehrt an der Ev. Fachhochschule in Reutlingen.

Dietrich Lange
Wider Sinn und Bedeutung

Suhrkamp

Die Bilder auf S. 8 und S. 116 wurden von
Mechthild Lange gezeichnet.

edition suhrkamp 1512
Neue Folge Band 512
Erste Auflage 1989

Erstausgabe

Satz: Uhl + Massopust, Aalen
Druck: Nomos Verlagsgesellschaft, Baden-Baden
Umschlagentwurf: Willy Fleckhaus
Printed in Germany

1 2 3 4 5 6 – 94 93 92 91 90 89

Inhalt

Vorwort

Widersinn

Sinn umgehen

Spaltungen

Bedrohung macht Sinn

Wie der Begriff den Mangel löst

Negation von Sinn

Sinn und Gesetz

Vom Sinn zur Bedeutung

Alles, was ist, soll etwas bedeuten

Vorwort
»Wie der Sinn, so das Leben«

I

Sinn vermittelt Orientierungen, verweist die Individuen auf Etwas, das über's Eigene hinausreicht, führt die Vereinzelten in die Verbundenheit mit einem Ganzen. Was vorher getrennt oder vereinzelt erschien, kann nun mittels Sinn aufeinander bezogen, verbunden werden. So nützt er dem Selbst- und Gesamterhalt, indem Trennungen verschwinden und Verbundenheit aufscheint.

Erst in der Sinnverkettung erfährt der Mensch seine Bedeutung, wird sowohl unterschieden als auch gleichgesetzt. Die Differenz vermittelt sich, indem er sich als unterscheidbares Teil erlebt, die Indifferenz in der Zugehörigkeit zum Ganzen.

So versprechen Sinn und Bedeutung den Einzelnen, ein richtiges Leben sei führbar, das nicht nur sich selbst lebt, sondern integriert in ein »Großes und Ganzes«.

Die Hoffnung, daß richtiges Leben möglich ist, bewahren und verkehren Sinn und Bedeutung.

II

Der Widerspruch zwischen der Erfahrung, daß nach Sinn gesucht wird, weil's an Sinnerfüllung fehlt, und der Einsicht, daß Sinn die Sehnsucht birgt, nicht mehr nach ihm suchen und fragen zu müssen, läßt ihn doppeldeutig erscheinen.

Daß Bedeutung Gleichsetzung des einen mit dem anderen wie auch Hervorhebung und Wichtigkeit meint, Differenz und Indifferenz artikuliert, läßt nach Bedeutungslosigkeit fragen. Daß Sinn und Bedeutung sein müssen, ist hinlänglich bekannt, ebenso wie die Vielzahl der Versuche, Sinn in Frage zu stellen, nachzuweisen, daß er abhanden gekommen ist.

Moderne und zeitgenössische Kunstwerke suchen, sich der Bedeutungslosigkeit anzunähern, wenn sie auch immer wieder in die Bedeutungen zurückgeholt werden.

Wider Sinn und Bedeutung provoziert den Einspruch, daß ohne sie Vermittlungen zwischen Menschen, zwischen ihnen und gegenständlicher bzw. gesellschaftlicher Realität unmöglich wären.

Wenn ich wider Sinn und Bedeutung schreibe, behaupte ich nicht, sie hätten ihre Geltung verloren, sondern daß sie illusionäre Ordnungen darstellen, die aber als Vermittlungen notwendig erscheinen. Weder auf Sinnlosigkeit noch auf die Ersetzung der bestehenden durch andere, womöglich bessere, will ich hinaus, aber nachspüren, warum Sinn und Bedeutung das verhindern, was sie versprechen: einen Zusammenhang zu begründen, in dem sich das Leben verbündet.

III

Vor fast einhundert Jahren – 1892 – veröffentlichte Gottlob Frege den Aufsatz *Über Sinn und Bedeutung*. Das »Über« ist durch das »Wider« ersetzt, beibehalten aber das Memento an die Zusammengehörigkeit von Sinn und Bedeutung, »daß für den Erkenntniswert der Sinn des Satzes, nämlich der in ihm ausgedrückte Gedanke, nicht minder in Betracht kommt als seine Bedeutung, das ist sein Wahrheitswert.« (Frege 1980[5], S. 65)

Erkennbar ist, was Frege intendiert:

– unterschiedliche Ebenen der Zeichenverknüpfung – Bedeutung (Objekt) – Sinn (Gedanke/Ausdruck) – Vorstellung (subjektive Zuordnung) – zu differenzieren und

– Kriterien für »wahre Sätze« zu entwickeln.

Beziehe ich mich auch nicht auf die logischen Konstruktionen Freges, so ist doch seine Differenzierung zwischen Bedeutung, Sinn und Vorstellung anregend. Nach Frege besteht die Aufgabe darin, vom Sinn zur Bedeutung vorzudringen (ebenda, S. 48). Ist dieser Wahrheitsbegriff auch problematisch, erscheint der Sinn aber als ein gedankliches Konstrukt und der Schritt zur illusionären Ordnung nicht groß. Postuliert Frege, daß wir uns nicht mit dem Sinn eines Satzes begnügen, sondern nach seiner Bedeutung fragen, so läßt er doch eine Ausnahme zu. Die Zeichen der Kunst dürfen bedeutungslos, nur sinnvoll sein. »Mit der Frage nach der Wahrheit würden wir den Kunstgenuß verlassen und uns einer wissenschaftlichen Betrachtung zuwenden.« (Ebenda)

Die Verse Heinrich Heines: »Ich weiß nicht, was soll es bedeuten, / daß ich so traurig bin; / ein Märchen aus alten Zeiten, / das kommt mir nicht aus dem Sinn.«, werden so zu einer poetischen Bestätigung von Freges Unterscheidung zwischen Kunst und Wahrheit. Der Autor kann gar nicht wissen, was es bedeuten soll, wenn ihm ein Märchen in den Sinn kommt; Verse und Märchen sind bedeutungslos, aber sinnvoll.

IV

Wenn Realität und Realitätskonstruktionen in's Gerede gekommen sind, behauptet wird, Realität und Simulation, Original und Kopie würden immer ununterscheidbarer, meint dies unter Rekurs auf Freges Unterscheidung zwischen Bedeutung, Sinn und Vorstellung, daß die Sätze und Bilder, mit denen wir konfrontiert sind, zunehmend aus Verknüpfungen von Zeichen mit Sinn und Vorstellungen, abnehmend aus Zeichen, die Bedeutungen transportieren, bestehen. »Aber wenn's dem Menschen an großen, reinen Gegenständen fehlt, dann schafft er irgendein Phantom aus dem und jenem und drückt die Augen zu, daß er dafür sich interessieren kann und dafür leben.« (Hölderlin, *Reflexion*)

V

Momente der Sinnfreiheit und Bedeutungslosigkeit negieren zwar die Aneignung der Realität durch Sinn und Bedeutung; gewiß ist jedoch, daß sie diese nicht außerkraftsetzen können.

Sinnfreiheit und Bedeutungslosigkeit als Möglichkeit zu denken intendiert, Ursachen und Konsequenzen von Sinn und Bedeutung transparenter werden zu lassen.

Bedeutung ist Ausdruck der Bemächtigung der Natur und der Objekte; Ausdruck einer das Objekt unter das Subjekt subsumierenden Erkenntnis und Wirklichkeitskonstruktion.

Insofern sind Momente der Sinnfreiheit und der Bedeutungslosigkeit utopisch. Dieser Ort Nirgendwo wird nicht als irgendwann zu erreichen begriffen, sondern als ein denkbarer, der dem des Hier und Jetzt widersprechen kann. Alle Versuche, den Ort Nirgendwo zu dem hier zu verwandeln, enden oder endeten in Sinn und Bedeutung. Für die herrschende Wirklichkeitskonstruktion wäre es ein Ort, der identisch mit dem Hier und Jetzt wäre.

Die Überlegungen konzentrieren sich daher auf die Frage, ob unbeschädigtes Leben oder, um realistischer zu fragen, ob unbeschädigteres Leben möglich sein kann, oder ob ein naturwüchsiger Zwang zum Beschädigen des Lebens a priori gegeben ist?

Daß Sinn und Bedeutung die Beschädigungen des Lebens aufrechterhalten, indem sie diese rechtfertigen und gleichzeitig versprechen, sie aufheben zu können, ist die zentrale Hypothese.

Die Leiter, um über Sinn und Bedeutung hinauszusteigen, um sie dann wegwerfen zu können, habe ich nicht gefunden.

Mir schwebt eine bescheidenere Variante vor: ob Momente von Sinnfreiheit und Bedeutungslosigkeit die Strukturen von Sinn und Bedeutung so durchsichtig werden lassen können, daß zwar nicht auf sie zu verzichten ist, aber denkbar, vielleicht einsehbar wird, daß Sinn und Bedeutung entschädigen, ohne daß beschädigtes Leben weniger wird. Dieses Denken mag dazu führen, nach Möglichkeiten zu suchen, wie wir die Dinge erkennen können, ohne sie und uns zu beschädigen.

Den Geisteswissenschaften als Erzählwissenschaften wird in der Risikogesellschaft die Funktion zugemutet, die Modernisierungsschäden aushaltbar zu machen

Derartiger Tauglichkeit der Theorie für die Praxis verweigern sich die nachstehenden Überlegungen wider Sinn und Bedeutung. Nicht Kompensation, sondern Dekompensation ist ihre Intention.

Widersinn

Sinn muß sein

Wenn über die Zunahme von Sinnlosigkeit und -leere geklagt wird, bleibt zu fragen: Wird der Sinn selbst knapp oder wird »nur« die Annahme des angebotenen verweigert oder wird es »einfach« schwerer, welchen zu finden?

Da Sinn nicht »ist«, wie es die sprachliche Wendung, daß er gesucht und gefunden werden muß, suggeriert, sondern »hergestellt« wird, wäre eine Antwort, daß der zur Zeit »produzierte« nicht in der Lage ist, das Leben der Individuen sinn-voll zu machen. Bei dieser Antwort bleibt die Ursache offen. Sind die Verhältnisse, in und unter denen Menschen leben, so beschaffen, daß es Sinn-stiftungen einfach nicht mehr leisten können, das Leben der Individuen sinn-voll erscheinen zu lassen; oder sind die Sinn-angebote derart unzeitgemäß, daß nur die Aufgabe besteht, sie zu modernisieren?

Es wäre irreführend, das Problem ausschließlich auf die öffentlichen Sinn-stiftungen zu reduzieren. Zwar ähneln deren Sinnangebote den privaten, weil Sinn eine spezifische Grundstruktur hat, aber sie befriedigen nur einen Teil des Sinn-bedarfs, der überwiegend nach wie vor privat bzw. individuell hervorgebracht wird. Dennoch, Bedarf und Mangel an Sinn nehmen zu, es bleibt die Frage nach den Ursachen.

Sinn-voll wird etwas, eine Handlung, eine Tätigkeit, eine Absicht, ein Leben, wenn es die Interpretation *nicht* für sich selbst alleine zuläßt. Sinn-voll wird etwas, wenn eine Verbindung zwischen dem Individuum und etwas bzw. einem anderen hergestellt werden kann. Sinn »befreit« die Handlung, die Tätigkeit von dem isolierten *Selbstzweck*.

Sinn ist eine Kompromißbildung zwischen »Eigen- und Gemeinnutz«. Das Eigeninteresse, das gegen andere konkurrieren muß, um sich durchzusetzen und zu erhalten, wird verwandelt in eines, das »allen« und dem »Ganzen« nützt, obwohl's gegen andere gerichtet ist. Sinn macht Gegen- und Miteinander verträglich.

Welcher Sinn ausgesucht wird, bleibt der freien Wahl überlassen, sich gegen einen zu entscheiden ist so gut wie ausgeschlossen. Mangelt es an Sinn, wird auf starre, ritualisierte Vereinheitlichungen ausgewichen, zwanghafte Kompromißbildungen; denn es muß einen Sinn haben. Sinn ist eine Zwangsstruktur, wie die Sprache, der sich keiner »ungestraft« entziehen kann.

Verknüpfung von Differentem? Wie sonst überhaupt zu Begriffen kommen, denen diese Struktur zugrunde liegt? Ist diese Angleichungs-Vereinheitlichungsstruktur für's Überleben nicht geboten, ja sogar »Gesetzmäßigkeit« menschlichen Begreifens und Aneignens?

Verweist Sinn auch auf derartige »Grundstrukturen«, bleibt doch festzuhalten: Sinn *ist* nicht, sondern Begriff für eine entstandene, entwickelte Tätigkeit. Sinn entsteht nicht aus sich selbst, ist nicht vorgegeben, sondern entsteht in spezifischen Verhältnissen.

Neben der Begründung von Sinn durch die benötigte Koexistenz von Konkurrenz und Kooperation in der bürgerlichen Gesellschaft, verweist Sinn auf ein bestimmtes Verhältnis von *Mensch* und *Natur*, das auch den Widerspruch von Konkurrenz und Kooperation hervorgebracht zu haben scheint: den *Mangel.*

Es mangelt

Bedürfnisse und Bedürftigkeit, Hunger und Elend, Armut und Überlebenskampf, ja, die Notwendigkeit des Fortschritts als schrittweise Befreiung vom Naturzwang bzw. -abhängigkeit als Herausarbeitung aus der Natur verweisen auf eine wesentliche Gegebenheit menschlicher Existenz: den Mangel und den Kampf gegen den Mangel. Alle bisherigen historischen Epochen ließen sich durch den Stand der Mangeleinschränkung unterscheiden. Im Kampf gegen den Mangel, um ihn zu beseitigen bzw. einzudämmen, scheint der permanente Versuch, die andauernde Versuchung der Menschen zu bestehen. Auseinandersetzung mit der Natur, Aneignung und Beherrschung der Natur sind der Mangelreduzierung geschuldet, allgegenwärtiger Versuch, ihn völlig aufzuheben, was jedoch scheitern muß, da der Mensch, nach einer populären Definition, Mängelwesen bleibt.

Es wird immer mangeln!?

Es bleibt nur die ständige Anstrengung, ihn so zu reduzieren, daß er seine Bedrohlichkeit verliert.

Bedürfnisse sind und bleiben durch Mangel konstituiert, deren Befriedigung sei eine momentane Aufhebung des Mangels, melde sich aber nach gewisser Zeit wieder und verlange neue Befriedigung usw.

Historische Epochen, aber auch Gesellschaften werden dadurch unterscheidbar, ob und wie mühelos Bedürfnisse befriedigt, der Mangel immer wieder auf's neue zu kompensieren ist. Fortschritt heißt, daß der Mangel jederzeit ohne große Anstrengung ausgeglichen werden kann, daß die Mittel zur Befriedigung in ausreichender Quantität und Qualität zur Verfügung stehen.

Mangel drängt nach Aufhebung und wird gemäß der doppelten Bedeutung des Begriffs sowohl temporär gestillt als bewahrt. Er ist aber noch mit einer weiteren Bedeutung konnotiert, mit der *Bedrohung*.

Mangel vermittelt die ständige Gefährdung, ja Angst, daß er irgendwann einmal nicht auszugleichen sei, die Angst vor dem Ausgeliefertsein, die Bedrohung durch einen frühzeitigen, noch nicht notwendigen, daher sinnlosen Tod.

Menschliches Leben kann nur in der ständigen Konfrontation mit dem Mangel bestehen, es ist ein ständiger Kampf gegen den lebensbedrohlichen Mangel, mal unter besseren, mal unter schlechteren Bedingungen.

Wird/würde der Mangel als unveränderliches Schicksal, als existentielle Gegebenheit akzeptiert, dem mensch zwar zeitweise entkommen kann, der aber dennoch bleibt, vor dem sich mensch ständig in acht nehmen muß, wäre kein Sinn notwendig. Leben ist Kampf ums Dasein, nicht mehr und nicht weniger. Es zwingt zu drei Formen des Kampfes: dem isolierten, individuellen; dem gemeinsamen; dem – eine Form des individuellen – jedes gegen jeden.

Die Menschen sind »nur« vor die Entscheidung gestellt, welcher Kampf zur Zeit nötig ist. Da aber alle drei Formen auf den Mangel bezogen sind, braucht es keine Klammer der Vereinheitlichung, kein Widerspruch muß balanciert werden, die drei Formen sind nicht widersprüchlich, sondern daran orientiert, was hier und jetzt dem Lebenserhalt nützt. Der andere Mensch ist der latente Feind, da er in Situationen, in denen Mittel begrenzt sind, zur Neige gehen, auch keine beschaffbaren in Sicht sind, es auf die noch vorhandenen des anderen abgesehen haben könnte bzw. haben muß.

Der andere ist aber auch Mitmensch, indem »wir« zusammen die Mittel zum Mangelausgleich beschaffen, die keiner von beiden isoliert, je für sich, aneignen könnte.

Ähnlich steht es mit der umgebenden Natur (Pflanzen, Tiere, Materialien), die einerseits Mittel gewährt, andererseits in bestimmten Zeiten Mittel versagt, verweigert, sie ist freundlich und feindlich zugleich.

Wird Mangel als Schicksal, das unveränderbar ist, akzeptiert, ist kein Widerspruch in Sicht. Mensch geht »nur« das Risiko ein, sich in seiner jeweiligen auf den Mangel bezogenen Entscheidung zu irren, d.h., eine falsche zu treffen, zum Beispiel anstatt zu kooperieren zu kämpfen. Solche falschen Entscheidungen sind lebensbedrohlich.

Sinn ist nicht nötig, sondern überflüssig, wenn das Leben von Überlebensnotwendigkeiten, d.h. dem ständigen Kampf um Mangelreduzierung bei gleichzeitiger Akzeptanz des Mangels, bestimmt wird.

Spaltung braucht Sinn

Sinn wird erst gebraucht, wenn sich eine Spaltung der Gesellschaft entwickelt hat. Er hat die Funktion, bei realer Spaltung Einheit und Zusammenhalt zu suggerieren und zu begründen, die Illusion des Zusammenhalts zu gewährleisten und zu bewahren.

Voraussetzung für die Notwendigkeit von Sinn ist, daß einige wenige vom Kampf um's Überleben befreit werden, sich um die Reduzierung des Mangels nicht konkret sorgen müssen.

Sie werden versorgt, müssen sich um's Besorgen nicht mehr kümmern, keine Sorgen mehr haben, außer der, ihre Position als Versorgte zu verlieren. Die müssen sie ständig legitimieren; denn wer wollte vom Mangel nicht befreit sein?

Ihre Gegenleistung besteht darin, für die anderen, vom Mangel immer noch Bedrohten Rituale zu organisieren, die versprechen, daß die Bedrohung durch den Mangel geringer wird. Der Mangel erschiene bedrohlicher, wenn es die von den wenigen initiierten Rituale nicht gäbe. Die Mehrheit fühlt sich geschützter und gesicherter, weil sie wenige von dem Kampf gegen den Mangel befreite, die nun auf ihre Weise einen ritualisierten Kampf durch Beschwörungs- und Versöhnungsrituale ausfechten. Wann, wie und wodurch das eingetreten ist, mag eher einem Zufall als einer Notwendigkeit geschuldet sein.

Jedenfalls wird damit die unausweichliche Gegebenheit des Mangels in Frage gestellt. Die wenigen, von der Mangelbedrohung Freigesetzten werden zum »Modell« für die Mehrheit der übrigen, die bedroht bleiben. Aber eine »Hoffnung« entsteht: wenn alle die Rituale beherrschten, dann wär's weniger bedrohlich. Würde das »Geheimwissen« geteilt, allen verfügbar, ja dann...

Weil wenige vom Kampf um's Dasein freigestellt sind, durch ihre Vorschläge, Initiativen und Rituale Bedrohung weniger zu werden scheint, entwickelt sich die Utopie der Mangelbeseitigung für alle. Modellhaft leben wenige, was dermaleinst für alle gelten kann und sollte.

Es ist eine Struktur von gleichzeitiger Spaltung und Einheit. Die wenigen sind abgehoben und tendenziell befreit.

Die vielen müssen unter Umständen mehr leisten, um die Freisetzung der wenigen zu gewährleisten, wovon sie sich viel versprechen.

Die von der Mangelbedrohung Entlasteten müssen nach Vorstellungen suchen, die ihren Status sichern, wie auch Perspektiven der Mangelentlastung aller enthalten.

Es bildet sich ein System von Repression und »Ideologie« heraus. Macht, Unterdrückung und Beherrschung reichen nicht aus, um den Status der entlasteten Mächtigen zu sichern. Unterdrückung muß von den Unterdrückten freiwillig akzeptiert sein.

Sinn-stiftung wird in diesem Zustand der ungleichen Betroffenheit von Mangelbedrohung nötig. Die Grundstruktur von Sinn, Kompromißbildung, entsteht: Ungleichheit, Unterdrückung als »gerecht« hinzunehmen, verbunden mit der Perspektive, daß Mangel einmal nicht mehr sein wird, wie's am Modell der Mächtigen und Wissenden erlebbar ist.

Sinn ist der Diskurs, der die ungleiche Verteilung der Betroffenheit durch die Mangelbedrohung plausibilisiert und gleichzeitig die Perspektive gibt, daß die Bedrohung abnehmen und verschwinden wird.

Für den Erhalt des Status der Mächtigen und Wissenden bedeutet dies, daß Mangel nie verschwinden darf, gleichzeitig das Versprechen sichtbar bleibt, er werde verschwinden. Die Spaltung muß weiterbestehen, weil's sonst keinen Grund für den Erhalt von »Wissen und Macht« gäbe. Macht bedarf der Bedrohung durch den Mangel, mangelt es an Mangel, ist Macht bedroht.

Da Macht nicht allein durch Repression zu reproduzieren ist, braucht sie Sinn.

Sinnbildungen sind verknüpft mit Mangel-Bedrohung-Macht-Unterdrückung-Wissen.

Freier Markt und freier Sinn

Ist in vorkapitalistischen Gesellschaften durch Geburt und Stand gesichert, wer zu denen gehört, die vom Mangel ständig, und zu denen, die von ihm kaum oder weniger bedroht sind, erfährt diese Ordnung im Kapitalismus eine grundlegende Veränderung.

Die grundsätzliche Bedrohung besteht weiterhin, aber wer von ihr weniger oder kaum betroffen ist, ist nicht mehr durch Geburt oder Stand unverrückbar fixiert.

Am Markt, wo alle frei und gleich kaufen und verkaufen, entscheidet sich, wer der Bedrohung mehr oder weniger ausgeliefert ist.

Die Fähigkeiten des Individuums bestimmen, mit welcher Unausweichlichkeit es dem Mangel ausgeliefert ist.

Die alte Spaltung bleibt in neuer Gestalt bestehen, nicht mehr als Standesordnung, sondern als die von Besitz respektive Nichtbesitz an Produktionsmitteln.

Das Wissen um die Rituale der Beschwörung von Kräften, die es zu versöhnen gilt, damit der Mangel nicht überhand nimmt, verfällt, weil Mangel nicht mehr durch übersinnliche Mächte verursacht wird, sondern es nun auf die Kompetenz der Naturbeherrschung ankommt, ob Mangel bleibt oder weniger wird. Alles hängt an der Konkurrenz sowie Kooperation der Individuen, ob's Überleben gesichert ist, ob Bedürfnisse zu befriedigen sind oder nicht.

Diese neue Ordnung ist gespalten in Besitzer und Nichtbesitzer von Produktionsmitteln. Diese Spaltung, zumal sie durch die Konkurrenz am Markt und in der Produktion vermittelt ist, andererseits in der Produktion, im Sozialen auf Kooperation angewiesen, bleibt ständig bedroht. Konkurrenz als Kampf jedes gegen jeden behindert Kooperation. Konkurrenz und Kooperation müssen angeglichen werden.

Diese Ordnung hat die Mangelbeseitigung verbunden mit dem Versprechen, die beste aller möglichen Welten zu gewährleisten. Sie benötigt »Instanzen«, die den Mangel heiligen, die Spaltung verewigen, gleichzeitig versprechen, daß es immer besser geht, wenn alle zusammenhalten und doch gegeneinander kämpfen.

Der Staat bewährt sich. Er hält, was er verspricht, hält zusammen und spaltet!

Der Bedarf nach Sinn steigt, je mehr sich die Konkurrenz national und international verstetigt und vertieft.

Sinn muß
- Mangel plausibilisieren,
- Mangel bagatellisieren,
- die Perspektive der Mangelbeseitigung für alle erhalten,
- Konkurrenz und Kooperation als sich gegenseitig ergänzende und nicht widersprüchliche Handlungsanforderungen artikulieren.

Wäre es schon schwierig genug, den Widerspruch von Konkurrenz und Kooperation so zu entkräften, daß beide nicht als gegensätzlich, sondern komplementär begriffen werden, so tauchen für die notwendigen Sinn-stiftungen in den letzten Jahren neue Barrieren auf, die Gleichzeitigkeit von Plausibilisierung und Bagatellisierung von Mangel und die endgültige Mangelbeseitigung in Frage stellen: Ökologie, Erschöpfung der Naturressourcen, atomare Bedrohung.

Während der Widerspruch von Konkurrenz und Kooperation, vor allem durch staatliche Sozialpolitik, entkräftet und in einen »sinn-vollen Bezug« gesetzt wurde, sind die neuen Mangel- und Bedürfnisdiskurse nicht so leicht zu entkräften.

Das vertrackte Moment besteht darin, daß sich neue sinnstiftende Diskurse entwickelt haben.

Auf die Gefahr hin, diese neuen Diskurse oberflächlich zu charakterisieren, scheinen sie, mehr als je zuvor in der Entwicklung des Kapitalismus, auf eine Akzeptanz von Mangel, aber auch – in einer widersprüchlichen Wendung – der von Bedrohung hinauszulaufen. Akzeptanz des Mangels als schützendes Moment: die Naturressourcen müssen geschont werden, eher mehr Mangel als ihre endgültige Erschöpfung.

Akzeptanz der Bedrohung: eher keine Atomwaffen, d. h. denen des Feindes ausgeliefert zu sein, als selbst über diese zerstörerische Kraft zu verfügen.

Verzicht macht Sinn: Verzicht auf atomare Bewaffnung, d. h. ungeschützter, aber nicht »selbst« am Untergang beteiligt zu sein.

Verzicht auf bestimmte Technologien, die Boden, Luft und

Wasser erschöpfen, d.h., weniger »komfortabel« zu leben und den »Traum« vom Ende des Mangels aufzugeben.

Sinn ist in diesen Diskursen konnotiert mit Verantwortung, Rücksicht und Verzicht.

Festzuhalten ist, wie auch immer diese Diskurse bewertet werden, daß Mangel in den »neuen« Sinn-bildungen plausibler und weniger bagatellisiert wird.

In der Verschränkung von zunehmender Konkurrenz und damit verbundener »Überflutung« von Kooperation können die neuen Sinn-bildungen, die auf dem Mangel beharren, konservativ gewendet und starr werden...

Weil's mangelt, bleibt's sinn-voll

Wurde bisher umstandslos davon ausgegangen, daß Mangel existiert, eine objektive, ja natürliche Gegebenheit menschlicher Existenz ist, der Mensch, gemäß seiner anthropologischen Bestimmung ein Mängelwesen, der immerwährende Kampf gegen den Mangel seine Wesensbestimmung sei, soll dieses Verständnis durch die Behauptung: es existiert kein Mangel, er ist artikuliert, in Frage gestellt werden.

Diese Behauptung widerspricht allen Erfahrungen:

Zunächst eine Feststellung, die zwar nicht beweisbar ist, weil das Gegenteil Realität ist, dennoch eine bestimmte Gültigkeit beansprucht: Sowohl die Produktionsmittel als auch menschliche Fähigkeiten sind soweit entwickelt, daß weltweit Hunger, Elend und andere fundamentale Bedrohungen menschlicher Existenz abzuschaffen wären. Ein großer Teil der Mittel, Fähigkeiten und Kapazitäten werden aber angewendet, um Verelendung, Verknappung und Bedrohung nicht nur aufrechtzuerhalten, sondern zu »verewigen«. Aufwärts geht's nur, wenn's woanders rückwärts geht, sonst merkte keiner, daß es aufwärts geht.

Herrschaft, Macht und Unterdrückung bedürfen des Mangels und des Versprechens, daß er einmal seine Bedrohlichkeit verlöre, um zu bleiben, was sie sind und waren.

Sinn-stiftung bedarf des *Mangels*, ohne *Mangel kein Sinn*.

Zwei Folgerungen sind möglich: grundsätzliche Bedrohungen durch den Mangel wären aufzuheben; – sie bleiben dennoch erhalten. Die Totalität des Mangels wäre aufzulösen; Mangel muß kein Zwang bleiben.

Zwei zentrale Aussagen der Ideologietheorie von Althusser können verdeutlichen, warum der Mangel real wie illusionär ist:

– die Ideologie setzt das Individuum in ein imaginäres Verhältnis zur Realität,
– die Ideologie produziert eine Subjektillusion (s. Althusser 1977, S. 130–153).

Beide Aussagen sind zentriert auf das Verhältnis der Individuen zu sich selbst und zu der sie umgebenden Realität. Im Gegensatz zu imaginär steht real, d. h., die Individuen haben durch die Ideologie(n) ein verkennendes, also nicht erkennendes Verhältnis zur Realität. Das zentrale Moment des Verkennens liegt darin, daß sich die Individuen durch die Ideologie als Subjekte der sie umgebenden gesellschaftlichen Verhältnisse, Bedingungen, der Realität erfahren; als Bestimmende und nicht als Bestimmte – obwohl's »wirklich« genau umkehrt sei. Althusser verwendet hier die Doppeldeutigkeit des französischen *sujet*, das sowohl Subjekt als auch Unterworfenes meint.

Subjektillusion läßt die Individuen verkennen, daß sie wirklich die Unterworfenen der, Bestimmte durch die Verhältnisse und Bedingungen sind, in bzw. unter denen sie leben, und suggeriert, sie seien die Bestimmenden (Bewirkende-Bewirkte).

Althusser ist – zu Recht – der Determinismus seiner Theorie vorgeworfen worden, ob es sich um die des Überbaus durch die Basis oder um die der Menschen durch die Verhältnisse handelt. Freiheit bleibt (bei ihm) übrig als Illusion, alles ist zurückführbar auf die Determinierung durch Strukturen.

In der Behauptung, daß Mangel artikuliert ist und nicht existiert, wird die Auffassung vom imaginären Verhältnis zur Realität von Althusser übernommen und die von der Subjektillusion verworfen.

»Unter Ideologie verstehe ich die mentalen Rahmen – die Sprachen, Konzepte, Kategorien, Denkbilder und Vorstellungssysteme –, die verschiedene Klassen und soziale Gruppen entwickeln, um der Funktionsweise der Gesellschaft einen Sinn zu geben, sie zu definieren, auszugestalten, verständlich zu machen.« (Hall 1984, S. 99)

In dieser Definition haben Ideologien die Aufgabe, den Menschen ›ihre Welt‹ verständlich zu machen.

Sinn hat hier etwas mit der Möglichkeit zu tun, die Welt, in der mensch lebt, zu verstehen, in dieser Welt nicht fremd zu sein, sondern eine bestimmte Bekanntheit, Vertrautheit zu stiften.

Ideologien sind zusammengesetzt aus Artikulationen und Bereichsdiskursen: Diskursen, die sich auf einen bestimmten Bereich des individuellen und gesellschaftlichen Lebens beziehen und diesen verständlich, d.h. erklärbar machen.

Artikulationen und *Diskurse* haben die Struktur, die auch für den Sinn angenommen wurde, der Sprache zugrunde liegt. Sie verknüpfen Differentes: Objekte mit Zeichen und Zeichen mit Bedeutungen sowie Wahrnehmungen mit Bewertungen.

Artikulationen und Diskurse als ein geordnetes Feld von Artikulationen leisten nichts anderes, als daß sie Wahrnehmungen interpretieren. Der Zusammenhang Objekt-Wahrnehmung-Bewertung/Vorstellung wird verknüpft, d.h. artikuliert. Diese Verknüpfung von Differentem, die Artikulation, ist zwischen den Individuen kommunizierbar. Es handelt sich bei diesen Verknüpfungen um nicht-notwendige Relationen zwischen den verknüpften Teilen – Objekt-Zeichen-Empfindung-Erfahrung –: der Diskurs ist ein Feld der differentiellen Artikulation dessen, was nicht als notwendige Form von einem Kontext verlangt ist (s. Laclau 1982, S. 14).

Es besteht keine determinierte, d.h. zwingende, notwendige Beziehung zwischen der Verknüpfung von Differentem in einer Artikulation. Die Artikulation und das Feld, in dem sie eingeordnet ist, dem sie zugehörig ist (der Diskurs), wird nicht als notwendige Form vom Kontext (den Objekten und Bedingungen) verlangt.

Artikulationen und Diskurse sind – im Innen- und Außenverhältnis – nicht determiniert, sondern entstehen aufgrund freier Wahl und Entscheidung.

Die Verkennung dieser Qualität von Artikulationen und Diskursen setzt die Menschen in ein imaginäres Verhältnis zur Realität. Die Artikulationen und Diskurse werden verkannt, indem sie als notwendig und gegeben – so und nicht anders – erscheinen.

Ideologien und Sinn sind solch ein Ausdruck der Verkennung der *Nicht*determiniertheit der Artikulationen und Diskurse. Das Imaginäre, Verkennende besteht darin, daß sie als notwendig, determiniert von den Individuen begriffen werden, die sie in freier Wahl und Entscheidung hervorbringen.

Darin liegt das »Falsche« am Sinn und der Ideologie, die vorgeben, so ist es, und nicht sagen, so kann es sein und es kann auch anders sein. Das »Falsche« ist nicht die Verknüpfung, sondern die Verwechslung von Realität und Vorstellung.

Mangel ist solch eine sinn-hafte, ideologische Artikulation in dem diskursiven Feld: Verhältnis von Mensch–Natur.

Verknappung und zeitweises Fehlen des Benötigten – Mittel, Ressourcen – wird als Mangel artikuliert, dieser Mangel als Bedrohung durch die Natur bzw. sie steuernd und bewirkend angenommen.

Tatsächlich finden sich die betroffenen Individuen nicht mit der Verknappung ab, sondern entwickeln Mittel und Fähigkeiten, die sie die Verknappung überstehen und neue Ressourcen finden lassen.

Natur, sei's die menschliche oder außermenschliche, wird mit Mangel artikuliert, der Zusammenhang zwischen Mensch und Natur gespalten, denn Natur ist nun feindlich, weil mangelhaft, daher bedrohend, sie muß beherrscht, unterworfen und bekämpft werden.

Die sinnhafte Artikulation der Natur als eine, die durch Mangel bedroht, gibt sich als notwendige aus, weil sie sonst nicht begreifbar bliebe.

Wird eine Vorstellung als notwendig und wahr artikuliert, verliert sie die Veränderungsmöglichkeit. Die Menschen, die diese Vorstellungen schaffen, verlieren die Einsicht, daß sie diese Vorstellung geschaffen und darum auch wieder verändern können.

Es ist ein ähnlicher Vorgang, wie mit dem Suchen und Finden des Sinns, indem von einem vorhandenen und nicht ständig hergestellten ausgegangen wird.

Existiert Mangel nicht, sondern ist ausschließlich sinnhaft artikuliert, dann bliebe nichts anderes übrig, als Mangel und Sinn durch neue Artikulationen und Diskurse zu negieren, die sinnhaften Mangelartikulationen zu desartikulieren. Befreiung der Natur als Versöhnung mit ihr und die der Menschen untereinander führt über solche Negationen bzw. Desartikulationen. Das ist einfach geschrieben, denn Macht hat ein vitales Interesse am Mangel.

In Theorie und Praxis, vor allem in letzterer, dürften sich massive Barrieren ergeben, nicht zuletzt aufgrund der totalen Durchherrschung der Individuen und Verhältnisse bis in die Mikrostrukturen durch Macht. Foucault erzählte darüber immer wieder, wenn er auch die Macht als produktive Grundstruktur begreift und damit die Macht, bei aller zutreffenden Machtkritik, eine sinnhafte Artikulation wurde.

Bewußte Sinn-verweigerung wäre ein nicht-explosiver, sondern implosiver Weg der Desartikulation von Mangel und Sinn.

Es ist zu fürchten, daß er praktisch nicht stattfindet, sondern viel eher, wie zur Zeit beobachtbar, die Plausibilität des Mangels zunimmt. Daher bleiben die Versuche bei einer begrifflichen Negation von Mangel und Sinn stehen: um eines wenigstens darzustellen, daß Sinn und Mangel nicht befreien, sondern der Befreiung im Wege stehen.

Arm an Sinn, reich an Erfahrung

Die Verteilung des Mangels, nicht mehr die des Überflusses wird angesichts der bedrohten Natur, die »uns« die Mittel zum Überleben zu versagen scheint, weil sie zugrunde gerichtet wird, plausibler, nicht unähnlich dem, wie Brecht in den zwanziger Jahren Kommunismus definierte: »Kommunismus sei nicht die gerechte Verteilung des Reichtums, sondern der Armut.« (Brecht zit. nach Benjamin 1961, S. 313) Freiwillliger Verzicht, Konsumverzicht aus dem Vollen, Bescheidenheit und Askese stiften wieder einmal Sinn.

Heißt es bei Adorno, »daß kein Sinn sei, und dadurch in bestimmter Negation die Kategorie des Sinn bewahrt (wird)«, ist die bisherige Darstellung diesem Verständnis von Negation wenig gerecht geworden: Negation zwar als Aufhebung, aber was aufgehoben wird, von dem wird auch immer etwas bewahrt.

Dargestellt wurde das Falsche an sinnhaften Diskursen, ohne hinreichend hervorzuheben, daß im Falschen immer auch Richtiges verborgen, im Falschen das Geheimnis des Richtigen enthalten ist, dessen man erst in der Negation des Falschen gewahr wird.

Den Mangel als Gegebenheit zu akzeptieren, nicht mehr nur aus dem Vollen schöpfen zu wollen, weil's sonst erschöpft wird, zum Verzicht bereiter zu werden, könnte auch als Tendenz, daß ein anderes Verhältnis zur Verarmung, Armut sich entwickelt, begriffen werden. In sinnhaften Diskursen ist latent deren Negation verborgen. Am Beispiel von solchen über Armut kann das ansatzweise entwickelt werden.

Die Armen waren und sind zum einen die Überflüssigen, die

niemand braucht, deren Arbeitskraft nicht mehr verwertet wird, die von Spenden, Almosen der anderen leben bzw. sozialstaatlich versorgt werden. Zum anderen waren und sind sie es, die ausgebeutet werden, ohne die notwendigen Mittel zu ihrer Reproduktion zu erhalten.

Beide Formen von Armut werden durch sinnhafte Diskurse und Repression erhalten und bestätigt. Daneben gibt es eine dritte Form, die der freiwilligen Armut, des freiwilligen Verzichts, die frei gewählte Besitzlosigkeit. Diese Form hat einen changierenden Charakter: Verzicht aus Überdruß und Ekel, Verzicht, um neue Perspektiven zu gewinnen, Verzicht, um zu opfern. Sie enthält ein für diesen Zusammenhang wichtiges Moment: Freiwillige Armut wird sinn-voll, weil neue, erweiterte und intensivere Erfahrungen locken. Verzicht auf die Mittel der Mangelbeseitigung verspricht Erfahrungserweiterung und -intensivierung, freiwilliger Mangel kann zu Erfahrungsfülle, zum Erfahrungsreichtum führen: durch Askese zur Vertiefung der Erfahrung.

Das Merkwürdige an diesem sinn-haften Diskurs, der immer in bestimmten historischen Situationen – Umbruchzeiten – auftaucht, besteht darin, daß hier der Sinn auf der Kippe steht. Freiwillige Armut ist anfangs durch »Sinnsuche« bestimmt, kann aber dazu führen, daß irgendwann auf diesem Weg der Erfahrungen nicht mehr Sinn im Zentrum steht, sondern Erfahrungstiefe und -fülle, die sich in Abwendung vom Sinn äußert: Sinn wird überflüssig, an die Stelle von Sinn tritt Erfahrung, Erfahrungsreichtum. Pervertiert wird dieser Weg, wenn er von Sekten vernutzt wird oder mit ihm Weltverbesserungsvorschläge legitimiert werden.

Armut, ob freiwillig oder erzwungen, hat eine eigenartige Anziehungskraft. Die Gesicherten lockt bei aller Angst und auch Abscheu vor den Armen immer etwas Unbestimmtes an der Armut. Es ist das Moment des (scheinbar) Unbesorgten, des »die Feste feiern, wie sie fallen«, das Ungeplante, Chaotische, in einem Wort das Spontane.

Ist Armut aufgezwungen, bleibt zwar nicht viel mehr übrig als der Anschein von Fülle, zuzugreifen, wenn's was gibt und, wenn nicht, es schicksalhaft und abwartend zu ertragen.

Daraus entsteht das Image der »glücklichen Armen«, die den Zwängen nicht so stark unterworfen zu sein scheinen und deshalb so lockend sind: Armut schändet nicht; arm, aber ehrlich.

Teilen will von den ambivalent Angezogenen wohl kaum einer dieses Schicksal, weil das Überflüssigsein die mühsam errichtete Identität zerstörte. Entzogen zwar der Ausbeutung und Konkurrenz, aber unerträglich, weil die Mittel zum Lebenserhalt fehlen, wobei dieser Abgrund eigentlich ständig droht. Das macht die Mischung aus Wut, Mitleid, Ekel und Verklärung aus, die sich gegenüber den Armen äußert.

Überleben zu können, ohne sorgen zu müssen, weil's Wichtigeres gibt als Sorgen, dies ist der Traum des freiwilligen Verzichts.

Armut balanciert immer auf der Grenze zur Negation von Sinn. Als freiwillige enthält sie Momente der Ignoranz des Mangels und damit der sinnhaften Artikulation des Mangels. Wer aber in Armut unfreiwillig hineingezogen wird, muß sich anders arrangieren. Er ist mit dem Mangel so konfrontiert, daß er ihn nicht als vollends bedrohlich wahrnehmen darf, um überhaupt noch zu überleben. Ständige Angst vor'm Mangel lähmte ihn, er muß ihn zeitweise ignorieren, um wenigstens Augenblicke des Glücks zu erfahren, und die kommen am ehesten im Rausch.

Armut stößt, ob sie erzwungen oder freiwillig ist, ständig an die Grenze des Mangels.

Armut bewahrt die Negation: Sinn soll nicht, Mangel darf nicht sein, damit Erfahrung möglich wird.

In den bestehenden Verhältnissen muß Armut sinn-voll bleiben. Sie kreist zwar um die Aufhebung von Sinn als Bewahrung und Auflösung von Mangel, ohne sie aber aufheben zu können – im Gegenteil, sie bestätigt sie sinnhaft.

Bewahrung meint die Erinnerung an den Mangel, den es dann nicht mehr gäbe, der aber ganze Epochen der Menschheitsgeschichte zu bestimmen und unterdrücken vermochte. Negation von Sinn stößt auf Armut, die tatsächliche, aber auch die der Erfahrung und Erinnerung (s. Benjamin 1961, S. 313ff.).

Opfern macht Sinn

Armut läßt vergessen, konzentriert auf ganz weniges, bewirkt, mit wenigem auszukommen. Darin liegt ihre Anziehungskraft.

Wer in der Konkurrenz zurechtkommen will, darf nicht nach rechts oder links blicken, muß nach vorne schauen, aufpassen, nicht zu stolpern, messen und sich messen lassen, keine Erinnerung, kein Blick zurück dürfen stören: Vorwärts und vergessen. Es zählen nur die Siege und Niederlagen, schon die Erinnerung an die letzte Niederlage könnte lähmen, die des anderen erhebt. Erfahrungen, nein, Wiederholung des Immergleichen, dennoch bleibt die Angst, aus der Wiederholung in die Erfahrung verstoßen zu werden.

Auch die materielle Armut läßt vergessen, sonst wäre sie kaum aushaltbar, dennoch muß hier ein Rest von Erinnerung bewahrt, Hoffnungen behalten werden, daß es einmal anders war und werden kann. Denen es nicht an Mitteln mangelt, sind hin und wieder erschrocken und mildtätig mit der Armut konfrontiert. Ein kurzer, aber schnell vergessener Gedankenblitz, das könnte auch ich sein, gleichzeitig die Beruhigung, so trifft's mich nie, und ein dritter, zum Glück geht's mir gut.

Armut ist sinnvoll für das Soziale, so wie's auch die Opfer (des Arbeitsmarktes) sind. Sie werden geopfert, Überflüssige, die Opfer des Überflusses sind. Zwar keine freiwilligen, sondern ausgeschieden nach den Kriterien der Vergleichbarkeit, also gerechte Opfer, wer nicht mithält, muß dran glauben. Sie erweisen allen anderen einen guten Dienst, obwohl's die drinnen denen, die nun draußen sind, nicht einmal danken. Denn die drinnen fürchten, für die draußen Opfer bringen, mehr abgeben zu müssen, damit die draußen unauffällig leben können. Aber so ist die Gerechtigkeit wieder hergestellt: Alle bringen ein Opfer, die einen mehr, die anderen weniger. Das Opfer ist eine Versicherung (s. Horkheimer/Adorno 1944, S. 64), es enthält Momente des Tausches (dies., S. 65).

An den ›Opfern des Arbeitsmarktes‹ wird deutlich, was Horkheimer und Adorno als ein wesentliches Moment des Opfers benennen:

»Solange Einzelne geopfert werden, solange das Opfer den Gegensatz von Kollektiv und Individuum einbegreift, solange ist objektiv der Betrug am Opfer mitgesetzt.« (S. 66) »Der ehrwürdige Glaube ans Opfer aber ist wahrscheinlich bereits ein eingedrilltes Schema, nach welchem die Unterworfenen das ihnen angetane Unrecht sich selbst nochmals antun, um es ertragen zu können.« (S. 67)

Erfahrungsarmut und materielle Armut sind die zu erbringenden Opfer, um das Ganze zu erhalten.

Soll das Versprechen, daß der Mangel eingedämmt und einmal

aufhören wird, Sinn haben, muß es Armut geben, damit erkennbar bleibt, was es mit dem Mangel auf sich hat, sonst müßte seine Eindämmung nicht versprochen werden. Der Aufschwung ist nur zu propagieren, wenn der Abschwung da ist.

Sinnhafte Diskurse sind dem Opfer nachgebildet. Dem Sinn liegt das Opfer zugrunde. Sinn ist, wie das Opfer, dem Tausch verwandt.

Im Opfer soll die zürnende Gewalt durch es besänftigt und versöhnt werden. Hat es sich bewährt, ist eines deutlich, es kann so gut wie alles beim alten oder neuen bleiben. Ist die Gewalt erzürnt, wird geopfert. Das beste ist, es regelmäßig zu tun, denn man kann nie sicher sein, daß eine Handlung irgendeine Gewalt aus welchem Grund auch immer erzürnt, deshalb präventiv und reaktiv zugleich regelmäßig opfern.

Ich opfere und du wirst besänftigt, wir tauschen mein Opfer gegen die Besänftigung deines Zornes.

Und beim Sinn? Ich muß konkurrieren und funktionieren, was zwar am Leben erhält, aber noch keinen Sinn macht, dennoch tue ich es, um etwas Besserem, Höherem, Wertvollem willen. Wie beim Opfer wird beim Sinn zwischen Handlung und Absicht Vermittelndes dazwischen geschoben.

Das Opfer wird nötig, weil eine bestimmte Handlung die Gewalt erzürnt. Um mit der Gewalt in's reine zu kommen, daß sie das Individuum oder Kollektiv nicht vernichtet oder zumindest behindert, erhält die Gewalt eine Gabe, die sie milde stimmen, versöhnen soll. Mit der Gabe wird Strafnachlaß eingetauscht.

Sinn, der ein Leben sinn-voll macht, ist nun keine materielle Gabe mehr. Er betrifft das Selbst des Individuums und antwortet auf die Frage: Wozu das alles? Wäre es nur Kampf und Konkurrenz, wäre kein Sinn vonnöten, es muß plausibel werden, warum ich meinen Nächsten lieben und bekämpfen muß, sinnvoller wäre es ja wohl, ihn nur zu lieben?

Sinn ist die »Gabe«, die zwischen »gegen« und »für« vermittelt, das »gegen« mit dem »für« vereinbar macht:

»Die Geschichte der Zivilisation ist die Geschichte der Introversion des Opfers. Mit anderen Worten: die Geschichte der Entsagung. Jeder Entsagende gibt mehr von seinem Leben als ihm zurückgegeben wird, mehr als das Leben, das er verteidigt. Das entfaltet sich im Zusammenhang der falschen Gesellschaft. In ihr ist jeder zu viel und wird betrogen. Aber es ist die gesellschaftliche

Not, daß der, welcher dem universalen, ungleichen und ungerechten Tausch sich entziehen, nicht entsagen, sogleich das ungeschmälerte Ganze ergreifen würde, eben damit alles verlöre, noch den kargen Rest, den Selbsterhaltung ihm gewährt.« (dies., S. 71)

Wenn Luhmann sagt: »Sinn ermöglicht die bewußte Erfassung und Reduktion hoher Komplexität« (Luhmann 1977, S. 61), bestätigt er die Kompromißfunktion von Sinn, Unvereinbares vereinen zu können, wobei es bei ihm nichts Unvereinbares gibt, sondern Sinn die Vereinbarung von Komplexität leistet.

Die Vielheit soll erhalten werden und auf Eindeutigkeit, Ertragbarkeit und Begreifbarkeit reduziert werden. Das Gegebene als Bestehendes ist sinn-voll zu machen, lautet die Botschaft. Daß dies nur unter Entsagung, Not, Armut, Unterdrückung und Ungerechtigkeit zu leisten ist, muß Luhmanns Systembeschwörung verschweigen. Von Luhmann ist zu lernen, was Sinn-Reduktion bedeutet. Sinn endet in Erfahrungsarmut, und die ist, wie Benjamin sagt, eine Form von Barbarei.

Auch der Negation von Sinn folgte Barbarei, sollte er nur umstandslos abgeschafft werden.

Im Sinn ist die Erfahrung der Unterdrückung von Vielfältigkeit bewahrt, die Erfahrung, nicht mehr zu erfahren, sondern zu wiederholen.

Könnte er seine Geschichte erzählen, würde die Geschichte der Sinnbildungen berichtet, wüßte er davon zu sagen, wieviel er reduzieren mußte, damit's den Anschein von lebenswertem Leben geben konnte.

Negation von Sinn kann deshalb nur heißen, »daß kein Sinn sei, und dadurch in bestimmter Negation die Kategorie des Sinns bewahrt (bleibt)« (Adorno 1970, S. 235).

Sinn umgehen

Ist Auflösung von Sinn möglich?

Es hat den Anschein, daß alles unter die Herrschaft von Sinn gerät, immer schon eingeholt, eingefangen ist. Selbst die Sinnlosigkeit wird vom Sinn eingeschlossen. Der Sinn trachtet immer nach dem Leben.

Auch Wahrheit und Gesetz erweisen sich bei näherer Betrachtung nicht als Alternativen, durch die sich Sinn auf- oder ablösen ließe. Sie sind entweder dessen Voraussetzungen oder Verfestigungen.

Handlungen und Objekte sind seine Gefäße, die er füllt oder leert: sinn-voll-leer. Sind sie nicht sinn-voll, werden sie bedeutungslos, exkommuniziert. Selbst der Widerstand gegen den Sinn erzeugt nur wieder Sinn. Darin sind sich Sinn und Macht ähnlich. Gegen Macht ist Widerstand möglich. Ist der Widerstand gegen die Macht einmal erfolgreich, bestehende aufgelöst, entsteht im Handumdrehen eine neue. Zu vermuten ist, daß Macht an sich nicht existiert, sondern andauernde Kämpfe, um sie zu sichern oder zu entmachten.

Auch »Sinn ist immer gesetzter Sinn. Er hat keine ansichseiende Existenz, außerhalb der ihn hervorbringenden Interpretationen« (Kimmerle 1983, S. 148). Es ist ein dauernder Auf- und Abbau von Sinn, eine permanente Konstruktion und Dekonstruktion. Sinn existiert nicht vorgegeben, sondern ausschließlich im andauernden Hervorbringen, Entkräften, Hervorbringen ...

Ergeben sich »neue« Handlungen und Objekte, werden sie sogleich mit Sinn gefüllt. Desgleichen anhaltende Versuche, den einmal gegebenen Sinn zu nehmen, um neuen zu geben. Die Momente des Überganges zwischen Entleerung des alten, Einfüllen, Einfließenlassen von neuem Sinn sind die Augenblicke von Sinn-losigkeit und -leere, die auf neue Substanz warten.

Sinn bleibt in dem Zirkel von Produktion – Destruktion, Konstruktion – Dekonstruktion. Den Sinn aufzulösen scheint am ehesten möglich in den Augenblicken, in denen alter entleert wird, um neuen einzufüllen.

Die Bedeutungszusammenhänge von Sinn zeigen, was bekannt ist: Sinn zu haben, ist positiv, entbehrt etwas Sinn, wird's negativ.

Sinn, ahd. mhd. *sin*, verw. mit ahd. *sind* »Weg, Reise« (vgl. *sinnen, Gesinde, senden*), urverw. mit lat. *sēnsus, sentire*, die die gleiche Entwicklung vom physischen zum psychischen Erfahren durchgemacht haben (wie auch *erfahren*, vgl. d.). Statt des Pl. *Sinne* im 17./18. Jh. häufig *Sinnen*, meist nur, wenn der pluralische Sinn nicht deutlich hervortritt, eine Verwendung, die früher häufiger war als jetzt: *Du hattest mir die Sinnen eingewiegt* Goe. Iph. 516, *das soll ihnen frische Sinnen geben* Goe. Br. 12. 1. 78, doch vgl. auch *seine fünf Sinnen* Goe. Br. 8. 4. 85; erhalten ist die schwache Form in Zuss. wie *Sinnenlust, Sinnenfreude, Sinnenwelt* (Kant). Als Grdbd. werden wir vielleicht anzunehmen haben »Bemühung um Wahrnehmen«, der dann die Bdtg. »Bewußtsein« nahe liegt. Auf einer Spezialisierung beruht die Unterscheidung der *fünf Sinne*. Die *Sinne* vermitteln nicht nur die Wahrnehmung, sondern auch Genuß; dies Moment tritt erst in dem neueren Sprachgebrauch hervor. Scherzhaft spricht man von *sieben Sinnen*, insbesondere nach einem alten Glauben beim Bären: *er hat sieben Sinne wie ein Bär*, Goe. Lilis Park 100: *Wie ihn alle sieben Sinne jücken.* Ferner von dem *sechsten S.*, worunter ein fast übersinnliches Ahnungsvermögen verstanden wird; im 18. Jh. wurde zuweilen auch der Geschlechtstrieb damit gemeint: *unserm Amtmann krachts im sechsten Sinn* Schi. Die Wendung *seine fünf Sinne haben* ist soviel wie »seinen richtigen Verstand haben«. An den Gebrauch von *S.* für die einzelnen Fähigkeiten zur äußeren Wahrnehmung schließt sich jetzt *sinnlich, uns., übers., versinnlichen.* Wenn man von dem *innern S.* spricht, so wird dabei auch Fähigkeit für die Wahrnehmung der Außendinge als die eigentliche Bedeutung vorausgesetzt. Dieselbe liegt auch zugrunde bei *Farbens., Formens., Kunsts., Ortss.* u. dgl. *S.* ist hier die Empfänglichkeit für etwas, vgl. auch *er hat (keinen) S. dafür.* Doch verbindet sich damit auch leicht Neigung und Anlage zu praktischer Ausübung, wie z. B. in *Diebssinn* u. dgl. Der Mangel an Empfänglichkeit ist *Stumpfs.* Die Vorstellung des Bewußtseins schlechthin tritt besonders hervor in *bei Sinnen sein, von Sinnen kommen, seiner Sinne mächtig, Meister sein, die Sinne schwinden, vergehen;* vgl. noch *alle Sinnen gingen mir um* Goe. Egmont 1,3, *meine Sinnen verwirren sich* Goe., *mir schwindeln alle Sinnen* Eichendorff. Im Sg. bezieht sich *S.* auf das Denken an etwas Bestimmtes, wobei sich, wenn es etwas Zukünftiges ist, auch die Vorstellung eines Strebens einmischen kann; vgl. *es liegt mir im S.*, *ich habe im S.*, *das will mir nicht in den S.*, *aus dem S.*, *es kommt mir in den S.*, auch *es kommt mir zu Sinne* (Wi., Schi.), *sich etwas aus dem S. schlagen, aus den Augen aus dem S.*, *mein S. ist darauf gerichtet, steht danach;* schweiz. ist eine Wendung wie *es kam ihnen kein S. daran* (es fiel ihnen nicht ein) Pest. Im Mhd. ist *sin* sehr gewöhnlich = »Überlegung, Verstand«; so auch noch manchmal in der neueren Sprache, vgl. *und das Gewürz, wie mit S. gewählt* Voß, *du verteilst sie mit S.*, *ich müßte dem Zufall gehorchen* Goe. HuD. 2, 73, besonders aber in der Verbindung *ohne S. und Verstand*, in Zuss. bzw. Rückbildungen wie *Uns.*, *Wahns.*, *Blöds.*, *Irrs.*, *Scharfs.*, *Tiefs.*, *sinnig*, *wahnsinnig* usw., *sinnvoll*, *sinnlos*, *widersinnig;* in *bei Sinnen*, *von Sinnen;* auch in *kluger*, *weiser S.* u. dgl., wo das Beiwort diese Auffassung unterstützt. Sonst bezieht sich *S.* in der neueren Sprache auf Empfindung und Stimmung, wo man im Mhd. *muot* verwendete, vgl. *ein edler*, *hoher*, *reiner S.* u. dgl.; *sein S. ist gerichtet auf*, *steht nach; anderen Sinnes werden*, *auf seinem Sinne bestehen*, *einem durch den S. fahren; nach*, *in seinem Sinne; Eigens.*, *Freis.*, *Frohs.*, *Trübs.*, *Tiefs.*, *Gerads.*, *Hochs.*, *Leichts.*, *Schwachs.*, *Starrs.*, *Zarts.*, *Heldens.*, *eigensinnig* usw., *gesinnt.* Schon mhd. ist *S.* = »Bedeutung«, »was mit einer Äußerung gemeint ist«: *S. des Wortes*, *Satzes*, *Gesetzes; in diesem*, *jedem*, *eigentlichem*, *allegorischem*, *engerem*, *weiterem*, *einem höheren Sinne.*

sinnig. Die mhd. Bedeutung »bei Verstande, verständig« ist geblieben in *unsinnig*. Auch in der zweiten Hälfte des 18. Jh. erscheint es zuweilen noch so, daß man einfach *verständig* dafür einsetzen könnte, vgl. *die sinnige Penelopeia* Voß, *der sinnige Jüngling* Goe HuD. 8, 91, *zugleich ~ verständig* Goe. Br. 11. 11. 11; andererseits in der Bdtg. »in Gedanken vertieft«, vgl. *s. sitz' ich oft und frage* Bürger, *so still und so s.! es fehlt dir was* Goe. Dann ist es auf Personen bezogen = »zu (gemütvollem) Nachsinnen geneigt«, noch gewöhnlicher auf Sachen und Tätigkeit bezogen – »von Nachsinnen zeugend«, *ein sinniges Gedicht*, *Geschenk*, *Urteil*. Bildungen wie *wahnsinnig*, *hochsinnig* usw. sind Ableitungen aus *Wahnsinn*, *Hochsinn (hoher S.)* usw.

sinnlich, in der neueren Schriftsprache nur auf die äußeren Sinne bezogen; 1. im Hinblick auf Erkenntnis: *s. Ausdruck*, *Erfahrung*, *s. Darstellung* (für die Sinne faßbar, anschaulich), vgl.

auch *um s. zu machen, daß auch das Nützlichste schädlich sein kann* Heinse; 2. im Hinblick auf Genuß, so am gewöhnlichsten *ein ~er Mund, Menschen ... die ... recht ~ genießen* Goe. Lj. 23, 55, 17, *mochte wohl der Begriff des ~en und sittlichen Menschen ein Ganzes bilden* Goe. DuW. 29, 144, 25 Landschaftl. *mir ist s.* »ich glaube mich zu erinnern«.

sinnlos früher auch = »des Bewußtseins beraubt«: *man brachte ihn s. weg* Miller; noch jetzt *s. betrunken*. In diesem Sinne kommt auch die Form *sinnenlos* vor, vgl. *sinnenlos, herzlos, lieg' ich an dem Boden* Goe. D. Epim. Erw. 577.

† Sinnpflanze, gewissermaßen »mit Sinn, mit Empfindung begabte Pflanze«, Bezeichnung der Mimose, die sich bei der Berührung zusammenzieht. Auch *Sinnkraut*.

(Paul 1966[5], *Deutsches Wörterbuch*)

Synonyma

Sinn, der: 1. ⟨*geistiger Gehalt*⟩ Sinngehalt · Bedeutung · Gehalt – 2. ↗ Wesen (1) – 3. ↗ Wesensart – 4. ↗ Verständnis (1) – 5. ↗ Zweck (1) – 6. dem Sinne nach, dem S. entsprechend: ↗ sinngemäß; im wahrsten Sinne des Wortes: ↗ tatsächlich (2); eines Sinnes sein: ↗ übereinstimmen (1); im S. haben: ↗ beabsichtigen; in den S. kommen: ↗ einfallen (1); [völlig] von Sinnen sein: ↗ verwirrt (3); weder S. noch Verstand haben: ↗ sinnlos (3); nicht mehr Herr seiner Sinne sein: ↗ wüten; sich aus dem S. schlagen: ↗ verzichten; seine fünf Sinne woanders / nicht beisammen haben: ↗ unaufmerksam (2); die fünf / sieben Sinne zusammen[be]halten / beieinander behalten: ↗ beherrschen (II); seine fünf Sinne zusammennehmen: ↗ konzentrieren (II)

sinnähnlich: ↗ synonym

Sinnbild, das: 1. ↗ Symbol (1) – 2. ↗ Bild (1, 3)

sinnbildlich: ↗ bildlich (1)

sinnen: 1. ↗ nachdenken (1) – 2. ↗ beabsichtigen

Sinnenfreude, die: ↗ Sinnlichkeit

Sinnenlust, die: ↗ Sinnlichkeit

Sinnenrausch, der: ↗ Wollust (1)

Sinnenreiz, der: ↗ Wollust (1)

Sinnesart, die: 1. ↗ Gesinnung (1) – 2. ↗ Denkweise – 3. ↗ Wesensart

Sinnesreiz, der: ↗ Reiz (1)
Sinnestaumel, der: ↗ Wollust (1)
Sinnestäuschung, die: Halluzination · Trugbild · Wahnvorstellung · Phantom · Phantasma · Phantasiebild · Täuschung · Erscheinung · Schimäre · Vision · Bilder · Gesicht + Fieberphantasie · Fieberwahn · Fata Morgana · Phantasmagorie; ↗ *auch* Einbildung (1), Schein (2), Vorspiegelung
sinnfällig: ↗ anschaulich
Sinngehalt, der: ↗ Sinn (1)
sinngemäß: dem Sinne nach · [dem Sinn] entsprechend · sinnhaft · analog
sinngleich: ↗ synonym
sinnhaft: ↗ sinngemäß
sinnieren: ↗ grübeln
Sinnierer, der: ↗ Grübler
sinnig: ↗ sinnreich (1)
sinnlich: 1. ⟨*dem Sinnengenuß ergeben*⟩ erotisch · triebhaft · wollüstig · fleischlich · animalisch + genußfreudig; ↗ *auch* lüstern (1) – 2. ↗ wahrnehmbar – 3. sinnliche Liebe ↗ Sinnlichkeit
Sinnlichkeit, die: Sinnenlust · Sinnenfreude · Erotik · Eros · Triebhaftigkeit · Fleischlichkeit · Fleischeslust + sinnliche Liebe · Genußfreude; ↗ *auch* Wollust (1), Lüsternheit, Sexualität
sinnlos: 1. ⟨*ohne Sinn od. Zweck*⟩ unsinnig · widersinnig · töricht · ungereimt ♦ *umg:* blöd[e] · blödsinnig; ↗ *auch* unvernünftig, widersinnig (1) – 2. ↗ nutzlos (1) – 3. s. sein: ⟨*ohne Sinn sein*⟩ weder Sinn noch Verstand haben
Sinnlosigkeit, die: Unsinnigkeit · Torheit · Widersinn + Lächerlichkeit ♦ *umg:* Blödsinnigkeit; ↗ *auch* Widersinn (1)
sinnreich: 1. ⟨*wohl überlegt bzw. ausgedacht*⟩ sinnvoll · zweckvoll · sinnig · vernünftig · mit Verstand; ↗ *auch* zweckmäßig – 2. ↗ zweckmäßig
Sinnspruch, der: Sentenz · Denkspruch
sinnverwandt: ↗ synonym
sinnverwirrend: ↗ berauschend
sinnvoll: 1. ↗ sinnreich (1) – 2. ↗ zweckmäßig
sinnwidrig: ↗ falsch (1)

(Görner/Kempcke 1980, *Synonym-Wörterbuch*)

Gegenwörter

Sinn: Unsinn, Sinnloses ◊ Form
sinnentsprechend / sinngemäß: sinnwidrig ◊ formal ◊ wörtlich
sinnhaft / sinnreich / sinnvoll: sinnlos, sinnwidrig, unsinnig, widersinnig ◊ ungereimt, unvernünftig, unnütz, dumm
sinnlich: seelisch, geistig ◊ asketisch ◊ unsinnlich
sinnlos: bei Sinnen / Besinnung ◊ sinnvoll, sinnreich, vernünftig
sinnreich / sinnvoll: ↑ sinnhaft
sinnwidrig: sinnvoll, sinnentsprechend
Unsinn: Sinn, Sinnvolles
unsinnig: sinnvoll, sinnhaft, sinnreich, ◊ gescheit
unsinnlich: sinnlich

Form: Inhalt, Wesen ◊ Sinn ◊ Material
formal: inhaltlich, stofflich ◊ inhaltsgemäß, sinngemäß

Inhalt: Verpackung, Umhüllung ◊ Form, das Äußere
inhaltlich: formal, äußerlich
inhaltsgemäß: formal
inhaltsleer / inhaltslos: inhaltsreich, inhaltsträchtig, gehaltvoll
inhaltsreich / inhaltsträchtig: inhaltsleer, inhaltslos, dürftig, leer, gehaltlos

(Agricola/Agricola 1980, *Wörter und Gegenwörter*)

Das Gegenwort Form zeigt auf eine wesentliche Eigenschaft: Sinn ist innen. Zu ihm gelangt man auf dem Weg von außen nach innen. Dieser Weg ist zu gehen, von außen nach innen, ins Zentrum, die Mitte – Verlust der Mitte, der Sinn ist verloren.

Wer verweigern sollte oder im Verdacht steht, Orientierungsschwierigkeiten zu haben, ist »dumm, unnütz, unvernünftig« (siehe Gegenwörter zu sinnhaft/sinnreich/sinnvoll).

Die Dummen und Unnützen werden ausgeschlossen, um sie einzuschließen.

Der Vorstellung vom Sinn liegt die Unterscheidung von Innen und Außen zugrunde (Form – Inhalt), eine Konstruktion, die auch »Menschenbilder« bestimmt: Verhalten – Bedürfnis/Motivation/Trieb.

Das eine ist sichtbar, das andere, weil innen, interpretativ zugänglich, wie der Sinn.

Aber auch: Erscheinung – Wesen.

Eine weitere Konstruktion tritt hinzu, in der das Außen-Innen des Individuums als zu balancieren begriffen wird: Identität als Balance. Dabei geht es um die Vorstellung, daß im Individuum eine Instanz ausgebildet wird, die das Gegeneinander von Verhalten – Bedürfnis, Verhalten – Motivation, Verhalten – Trieb ausbalanciert. Im Verhalten sollen nur die »erlaubten«, d. h. gesellschaftsfähigen Anteile des Innen sichtbar werden, es geht darum, die erlaubten Innenanteile ins Verhalten zu integrieren, die störenden auszuschließen, indem mensch sie einschließt. Zum anderen heißt Identitätsarbeit, die Vorstellungen, die ein Individuum von sich selbst entwickelt, mit den Erwartungen von außen zu verbinden, Balance zwischen Selbst- und Fremdbild, Selbstbild – Erwartungen herzustellen.

Wenn Sinn aus einem ständigen Auf und Ab von Konstruktion und Dekonstruktion besteht, ist dem Individuum die Sinn-Aufgabe gestellt, andauernd zwischen Konstruktion und Dekonstruktion zu balancieren.

Bestätigt wird diese Balance-Anforderung dadurch, daß dem Individuum immer wieder eigene und/oder tradierte Sinnsetzungen durch gesellschaftliche Entwicklungen entzogen werden, es ständig vor der Aufgabe steht, dekonstruierten Sinn zu kompensieren, neuen zu übernehmen oder zu finden bzw. starrköpfig am alten festzuhalten.

Die Möglichkeit, die Leere, die durch Entkräftung von tradiertem Sinn entsteht, nicht mehr zu füllen, Sinn-Austausch zu verweigern, aus der Sinn-Zirkulation herauszutreten, besteht nicht; denn Teilnahme am Sozialen ist auf Teilhabe am Sinn angewiesen.

Bei der Akzeptanz von Sinn handelt es sich um eine Zwangsstruktur, es ist unmöglich, sich dem Sinn zu entziehen. Schon wer auf anderem Sinn als dem »normalen« besteht, läuft Gefahr, ausgeschlossen zu werden.

Wird die Teilnahme an der Sinn-Zirkulation akzeptiert, bestehen begrenzte Wahlmöglichkeiten.

Eine Möglichkeit, dem Sinn fast unmerklich auszuweichen, liegt in simulierenden Handlungen, wie sie Baudrillard vorschlägt: »Simulieren heißt fingieren, etwas zu haben, was man nicht hat.« (1978, S. 10) »Diese Undeutlichkeit« – ob simuliert wird oder nicht, z. B. eine Krankheit – »ist die schlimmste aller Subversionen« (1978, S. 12).

Während jemand, der dissimuliert, weiter am Sinn teilnimmt; denn »dissimulieren heißt fingieren, etwas, das man hat, nicht zu haben« (1978, S. 10).

Sinn zu dissimulieren, ist eine detektivisch-therapeutische Methode: Gibt jemand in einem Gespräch, in dem man selbst Sinn dissimuliert, um zu überprüfen, wie beständig der Sinn des anderen ist, zu: »ja, es stimmt, ich seh auch keinen Sinn mehr, das Ganze hat doch keinen Sinn«, kann man ihm auf dieser gemeinsamen Basis neuen Sinn nahe- oder beibringen, wobei man dann als »Retter in der Not« erscheint.

Dissimulation von Sinn affirmiert mit Raffinesse den Sinnzwang. Simulation hingegen eröffnet Perspektiven, im Sinnzwang vordergründig mitzuspielen und sich trotzdem zu entziehen. Sinn zu dissimulieren, wird durch dessen »Innen« erleichtert – wie's drinnen aussieht, weiß keiner genau.

Wie viele simulieren schon? Um diese Perspektive nicht allzu vielversprechend erscheinen zu lassen: Wird im Grunde genommen nicht nur Simulation gefordert? So tun als ob, sich dementsprechend verhalten, ob jemand simuliert oder Sinn gefunden hat, ist gleichgültig, nötig ist nur, daß sein Verhalten, Rede, Umgang mit Objekten so scheinen, als ob sie sinnvoll, sinn-haft, in der Sinn-Haft sind. Sinn als Simulation zu begreifen, läßt den Sinn kalt.

Sinn ist nicht vorgegeben, sondern eine bestimmte hinzugefügte Erklärung, Deutung, Bewertung, Strukturierung wahrgenommener Realität. Sinn repräsentiert, ist nicht Realität, sondern erklärt, ordnet, bewertet, deutet, vermittelt Ziele, Perspektiven, Orientierungen. Sinn begründet die Illusion des autonomen Individuums. Sinn als Simulation zu begreifen, nähert ihn dem Ideologiebegriff an – ich habe bereits darauf hingewiesen –, wie ihn Althusser entwickelt (s. Althusser 1977, S. 133 ff.).

Obwohl Sinn der Realität hinzugefügt, eingegeben, eingeflößt werden muß, suggeriert Sinn-findung einen immer schon vorhandenen, einen Sinn, der da ist und »nur« gefunden werden muß. In der Sinn-findung bezeugt der Sinn seine Abkunft aus Gottesvorstellungen und der Dichotomie von Wesen und Erscheinung.

Obwohl Simulation den Sinn »kalt läßt«, bietet sie eine Möglichkeit, dem Sinn auszuweichen, wenn auch nicht, ihn aufzulösen; denn unter Simulation kann zweifaches verstanden werden:

– Sinn-findung macht deutlich, daß, obwohl Sinn ein Konstrukt ist, nicht vor-gegebener Sinn als vorgegeben simuliert wird.

– Sinn zu simulieren ist eine List, sich dem Sinnzwang unmerklich zu entziehen, die aber Begrenzungen und Unsicherheiten nach sich zieht.

Begreift man Simulation als Subversion, besteht die eigentliche Subversion im spielerisch-simulierenden Umgang mit Sinn. Die Begrenzungen und Unsicherheiten resultieren daraus, daß man sich doch nur wieder mit Sinn infiziert. Allzu gewohnt ist Suchen und Finden, allzu befriedigend der Zustand, zu meinen, endlich den Sinn gefunden zu haben. Der Simulant weiß in manchen Situationen selbst nicht mehr, ob er nun wirklich »krank« ist oder die »Krankheit« nur vortäuscht. Ähnliche Erfahrungen sind beim Simulieren von Sinn zu machen. Aber besser in dieser Weise, als der Simulation von Sinn durch Sinnfindung aufzusitzen: »alle Verrückten simulieren in diesem Sinn. Diese Undeutlichkeit ist die schlimmste aller Subversionen.« (Baudrillard 1977, S. 11)

Ob Sinn aufzulösen ist, scheint fraglich – möglich erscheint auszuweichen; denn bisher hat sich ergeben,

- daß Sinn als realitätsstrukturierende Konstruktion angewendet wird;
- daß Wahrheit und Gesetz den gleichen Prinzipien wie der Sinn gehorchen, Sinn voraussetzen bzw. nach sich ziehen;
- daß Sinn eingängig ist, auch weil er der grundlegenden Wirklichkeitskonstruktion von Innen–Außen, Wesen–Erscheinung folgt;
- daß Sinn zu simulieren als eine Praxis erscheint, die zwar nicht vor der Infektion mit Sinn schützt, aber, wenn mit Spiel und Subversion verbunden, einen listigen Umgang mit dem Sinnzwang eröffnet;
- daß unbekannt ist, wie viele schon heute Sinn simulieren, ob gleichgültig oder spielerisch.

Einen anderen Ausblick auf Sinn-freiheit eröffnet eine Bemerkung von Foucault über die Bilder von Paul Klee: »Klee ist es, der der Oberfläche der Welt eine ganze Reihe von Figuren entnommen hat, die als Zeichen galten. Und das hat mich ... so fasziniert: das Zeichen in seiner Seinsweise als Zeichen, und nicht in seiner Fähigkeit, den Sinn zur Erscheinung zu bringen [zu verwenden].« (Foucault 1978, S. 23)

Nicht nach dem Innen, dem Sinn des Zeichens zu suchen, weist auf ein bisher noch nicht genanntes Ausweichen, die Sinnlichkeit.

Es ist auffallend, daß Sinn und Sinnlichkeit dem gleichen Wortfeld entstammen und zumeist gegensätzlich verwendet werden.

Sinnlichkeit ist die Erfahrung des Außen als außen, der Reiz der Sinne durch das Außen, wobei die Erfahrung des Reizes nach innen verlegt wird, dort soll er sinn-voll verarbeitet werden – obwohl der Reiz ein anderes Außen, ein sichtbares und fühlbares hervorrufen könnte. Aber wer tanzt oder singt schon vor einem Baum, einem Bild als ein Außen auf Außen?

Die Reize werden nach innen gewendet, damit es Sinn macht. Die Opposition von Sinn und Sinnlichkeit, daß Sinnlichkeit durch Sinn veredelt, verfeinert, kultiviert werden muß, zeigt einmal mehr das Sinn-diktat.

Strukturierung der Realität nach dem Modell Innen–Außen, Wesen–Erscheinung läßt die Reizung der Sinne nur unter der Kontrolle des Sinns zu, läßt Sinnlichkeit und Sinn nur als Kräftespiel zu, der Sinn balanciert die Sinnlichkeit.

Würde der Sinn in der Sinnlichkeit aufgehoben, das Verborgene in das Sichtbare, kämen wir wieder zu Sinnen, sogar mit Sinn und Verstand, wobei Verstehen ein unmittelbares wäre, ohne nach dem Sinn suchen zu müssen.

Listiges Umgehen von Sinn

Sinn ist eine anthropologische Konstante (s. Schelsky 1975, S. 51 ff.), es gibt kein sinnloses Erleben (s. Luhmann 1977, S. 32 ff.). Menschliches Leben benötigt, schenkt man diesen Behauptungen Glauben, unumstößlich Sinn. Dann ist es wohl ein unvernünftiges Unterfangen, Sinn negieren zu wollen? Würde Verzicht auf Sinn nicht zur Folge haben, einer Reiz-Reaktion-Reduktion, der Sensation anheim zu fallen?

»Und in der Tat kann sich ein Ich behaglich oder resignativ in die Welt des gestanzten Erlebens, also des gesellschaftlich Gängigen flüchten. Es weicht dann nachhaltig den Erfahrungen von Sinn und denen des Sinnlosen aus – freilich unter Umständen mit selbstzerstörerischem Erfolg.« (Koch 1975, S. 138)

Sinn-kritik sollte demzufolge herrschenden Sinn entkräften, anderen, befreienden vorbereiten und nicht Sinn negieren? Leistet der Versuch, Sinn aufzulösen, nicht Zuarbeit für Macht- und

Konsumapparate, affirmiert, wenn auch ungewollt, einen Zustand der Gleichgültigkeit und Reflexhaftigkeit auf Sensationen, der sich immer weiter ausbreitet?

Bei Versuchen, Sinn zu negieren, ist man mit Zweifeln konfrontiert. Alles spricht dagegen. Es soll etwas zersetzt werden, ohne etwas Gleichwertiges, »Besseres« an dessen Stelle zu setzen – wer denkt da nicht an destruktive Kritik. Die Gewohnheit, eine freie Stelle nicht leer zu lassen, sie neu zu besetzen, will ihr Recht fordern.

Negation von Sinn kann sich der Ordnung, wonach ein freier Platz wieder zu besetzen ist, nicht vollends entziehen. Immerhin soll kein anderer, besserer, befreiender Sinn die Lücke füllen; Sinn befreit in keiner Qualität und Ausformung. Nach der Negation soll Sinn-freiheit entstehen.

Negation von Sinn ist, solange Sinn besteht, auf ihren Widerspruch, den Sinn, fixiert, ob das nun Auflösung oder Umgehung genannt wird. Solange Sinn das Soziale konstituiert, ob anthropologisch oder systemnotwendig begründet, bleiben nur Versuche zu umgehen. Die »leere Stelle« wird, wenn nicht mit neuem Sinn, so doch mit der Praxis des Umgehens besetzt: Nicht aufzuhören, dem Sinn zu widersprechen, versuchen, sich ihm zu entziehen, zu simulieren, wenn nötig, um nicht ins Abseits des Ausschlusses mit nachfolgendem Einschluß zu geraten, ist allemal befreiender, als sich dem Sinn-zwang zu unterwerfen. Nötig sind deshalb Vertiefungen der Negation.

Roland Barthes hat in seiner Antrittsvorlesung am Collège de France am 7. 1. 1977 einen analogen Prozeß, bezogen auf die Sprache, dargestellt:

»In der Sprache verschmelzen also unvermeidlich Unterwerfung und Macht. Wenn man die Freiheit nicht nur die Kraft nennt, sich der Macht zu entziehen, sondern vor allem die, niemanden zu unterwerfen, kann es also Freiheit nur außerhalb der Rede geben. Unglücklicherweise besteht für die menschliche Rede kein Außerhalb: sie ist geschlossener Ort ... Uns jedoch, die wir weder Ritter des Glaubens noch Übermenschen sind, bleibt nichts, wenn ich so sagen kann, als *listig mit der Sprache umzugehen*, als sie zu überlisten. Dieses heilsame Überlisten, dieses Umgehen, dieses großartige Lockmittel, das es möglich macht, die außerhalb der Macht stehende Sprache in dem Glanz einer permanenten Revolution der Rede zu hören, nenne ich: Literatur.« (Barthes 1980,

S. 21–23; Hervorhebung von mir [D. L.])

Wie sich die Bilder gleichen. Die Nähe von Sinn und Sprache ist evident – wo anders taucht er auf als in Sprache? Sinn unterwirft und übt Macht aus. Im Sinn verschmelzen Unterwerfung und Macht. Freiheit wäre demnach nur außerhalb des Sinns möglich. Jedoch scheint für menschliches Handeln kein Außerhalb von Sinn zu bestehen.

Im Sprechen wird man vom vorgegebenen Sinn immer wieder eingeholt, sei's durch die Zucht der Grammatik oder die Bedeutungen der Worte.

Da an die Stelle von Sprache nichts zu setzen ist, es kein Außerhalb der Sprache für die Individuen gibt, schlägt Barthes vor, listig mit der Sprache umzugehen, sie zu überlisten. Dieses heilsame Überlisten, Umgehen, wird möglich in der Literatur – als freier, nicht fixierter Umgang mit der Sprache, in dem die fixierende Sprache »in ihrem Inneren selbst bekämpft und umgelenkt wird« (Barthes 1980, S. 25).

Listig mit dem Sinn umgehen, indem man ihn umgeht, hieße das nicht Simulation von Sinn?

Sprache in Literatur aufzuheben, Literatur als heilsames Überlisten und Umlenken der Sprache in ihrem Inneren, als Sprachgestaltung, die außerhalb von Macht steht, die Sprache von der Macht, die Macht aus der Sprache entfernt ist als aufhebende Kritik der Sprache schlüssig. Was bleibt für den Sinn?

Das Negierte, das negiert wird, weil es Unterwerfung verlangt und Macht ausübt, das kein Ausweichen und Außerhalb zuläßt, mit dem die Verbindung nicht abreißt, selbst wenn es negiert wird, das sich der Aufhebung entzieht, keiner rettenden Kritik zugänglich ist – ist Negation von Sinn also nur als Simulation möglich – analog zur Sprache, auf die nicht verzichtet werden kann, die kein Außerhalb kennt, weshalb nur die Möglichkeit offensteht, die Sprache in der Literatur von der Macht der Unterwerfung zu befreien? Da weder Flucht noch Auflösung in Frage kommen, bedeutet Negation beim Nicht-Entkommen-Können: listiger Umgang mit dem Negierten, listiges Umgehen des Negierten, um das Negierte von der Macht zu befreien. Sinn wie Sprache als geschlossene Orte, ohne irgendein Außerhalb?

Etwas hat oder macht Sinn?

Daß etwas Sinn hat, ist auszuschließen, denn Sinn ist nicht vorgegeben, zu finden, sondern hergestellt, erzeugt.

Etwas macht Sinn, oder dem Etwas wird der Sinn beigebracht. Etwas wird vom Sinn bemächtigt. »Unbeabsichtigt« entsteht die Verbindung von Sinn und Macht.

Etwas macht Sinn: Dem Etwas, das vom Sinn bemächtigt ist, wurde vorher der Sinn beigebracht.

Was macht Sinn? Er produziert Einordnungen und Bewertungen, die Vergleiche ermöglichen. Objekte und Handlungen werden vergleichbar, sie können sortiert werden: in richtige und falsche, sinnvolle und sinnlose. Nicht mehr die Einzigartigkeit, sondern Vergleichbarkeit, das Besondere wird gleichgeltend.

Sinn ist die ideelle Münze, das ideelle Geld, mit dem die Handlungen und Objekte bewertet werden ... der Sinn der Sache.

Was sich nicht auf den Sinnmaßstab reduzieren läßt, wird ausgeschlossen. Es gibt keine eigene Qualität, sondern Austausch, in dem der Sinn von Sache und Handlung zählt. Sind die Objekte und Handlungen mit Sinn gefüllt, können sie sich mit Sinn austauschen, werden sie aufgenommen, sind sie integriert in die Sinn-zirkulation, dort kreisen sie, bis sie unidentifizierbar geworden sind, Formen, die einen Sinn transportieren. Sind die Formen haltbar, können sie von einem Sinn entleert und mit dem nächsten gefüllt werden. Anfällige zerbrechen dabei.

Sinn besetzt und erobert jegliche Form – wie fremde Territorien besetzt und erobert werden, bis sie durchdrungen sind von der Sprache und Lebensweise der Eroberer – Sinn-imperialismus.

Was sich nicht füllen läßt, wird zerstört, ausgeschieden oder zerbricht.

Sinn schließt Etwas immer an eine bestimmte Ordnung an.

Sinn konstituiert das Soziale

Wird Sinn als das Soziale konstituierend begriffen, ist marxistische Kritik gleichzeitig tangiert und verlassen. Der Rückbezug auf marxistische Theorie ist deshalb notwendig, weil sie wie keine andere die Totalität des Sozialen darstellt und dadurch radikale Kritik an den versteinerten Verhältnissen begründet.

Wird Sinn als zentrale Kategorie des Sozialen entwickelt, werden eine Reihe marxistischer Setzungen problematisch: vor allem das Basis-Überbau-Theorem, die Determinierung des ideologischen Überbaus durch die ökonomische Basis. Sinn müßte, würde dieser Bestimmung gefolgt, abgeleitet werden aus seiner Determinierung durch die ökonomische Basis, denn er gehört in diesem Verständnis allzumal zum ideologischen Überbau.

Wird Sinn jedoch als das Soziale konstituierend begriffen, determiniert die ökonomische Basis nicht den Sinn, sondern Produktion und Produktionsverhältnisse sind diskursiv artikuliert:

»Betrachten wir irgendeinen materiellen Produktionsprozeß! In ihm kommen die materiellen Eigenschaften der Objekte in einen Kontext, der sie mit bestimmten produktiven Techniken artikuliert [verknüpft, in Verbindung bringt] und mit gewissen Formen gesellschaftlicher Arbeitsteilung. Zwei Möglichkeiten tun sich auf: Entweder die Elemente dieses Kontexts behalten untereinander Relationen vom Typ der Notwendigkeit – wodurch der Vorgang sich den Naturprozessen angleicht – oder sie hätten anders artikuliert werden können – weder die Ausnutzung der materiellen Eigenschaften der Objekte diktiert notwendige Formen von Produktionstechniken, noch erklären die Produktionstechniken die soziale Teilung der Arbeit. Wenn aber die Präsenz jedes Objekts *nicht* durch seinen Kontext erklärt ist, dann handelt es sich um eine *Sinnbeziehung*, das heißt einen *Diskurs*... Die Naturalisierung der sozialen Prozesse verbirgt uns auch den Prozeß der *diskursiven Konstitution der sozialen Realität.*« (Laclau 1982, S. 16–17; Hervorhebung von mir [D. L.])

Die Einbeziehung von »Sinn« in eine kritische Theorie der Gesellschaft, wie sie Ernesto Laclau entwickelt, ist nicht nur möglich, sondern notwendig. Zumal eine Theorie, die »soziale Realität als durch Diskurse konstituiert« (Laclau, S. 16), auf Sinnrelationen basierend begreift, marxistische Theorie von der Naturalisierung des Sozialen befreit und so dem Marxschen Diktum, nach dem die Menschen ihre eigene Geschichte, aber unter vorgefundenen Bedingungen machen, gerecht wird. Zwar ist nicht mehr der »sichere Sieg« der unterdrückten Klasse endgültig, es geht eher um die Frage »Sozialismus oder Barbarei«, aber jedwede Berufung auf »Sachzwänge« und/oder geschichtliche Notwendigkeiten entfällt. Die Möglichkeit radikaler Kritik, die sich ausschließlich auf menschliche Praxis gründet, wird damit eröffnet.

Die Kritik der Naturalisierung des Sozialen gehört so zur notwendigen Entrümpelung von Resten des 19. Jahrhunderts in Teilen der marxistischen Theoriebildung – von der Praxis ganz zu schweigen. Sehr fraglich ist dann aber, ob ein Rückgriff auf das Klassenkampfkonzept, das bei Laclau als Kampf der Diskurse neu belebt wird, haltbar ist – es feiern nur naturhafte Wendungen aus dem vorigen Jahrhundert Auferstehung:

»Wenn wir das materialistische Projekt, die Geschichte als einen Prozeß diskursiver Konstruktion des Sozialen zu begreifen, bis auf seine letzte Konsequenz annehmen, müssen wir auf jede metaphysische Garantie verzichten, die ihr einen letzten Sinn zu geben behauptet, eine Art coincidentia oppositorum, so daß der Widerspruch endgültig beseitigt wäre. Nur der Kampf wird über die Zukunft entscheiden, und diese ›Zukunft‹ wird auch ein ›Heute‹ sein, verletzlich und widersprüchlich. *Desto wichtiger ist der Kampf*« (Laclau, S. 22; Hervorhebung von mir [D. L.]).

Zu leugnen, daß »Kampf« ein wesentlicher Bestandteil derzeitiger Realität gesellschaftlicher Verhältnisse ist, wäre mindestens ignorant. Ob aber die Verbindung Kampf – Fortentwicklung/Fortschritt aufrechtzuerhalten ist, muß nicht nur mit Blick auf die Geschichte bezweifelt werden. Es ist zu fragen, ob es sich beim Klassenkampf oder dem Kampf der Diskurse nicht doch in letzter Instanz um eine Naturalisierung des Sozialen handelt. Wenn Geschichte, gesellschaftliche Entwicklung, menschliches Zusammenleben, das Soziale »immer« auf Kampf verwiesen bleiben, ist damit erneut eine determinierende Kategorie geschaffen. Der Einfluß von Darwins Kampf der Arten als Basis der Entwicklung vom Niederen zu Höherem ist hier wohl der Vater des Gedankens.

Um Mißverständnisse zu vermeiden, sei wiederholt, daß Kämpfe real sind und die Geschichte mit all ihren Konsequenzen füllen, daß Klassenkämpfe nach wie vor geführt werden, kann nicht geleugnet werden. Bezweifelt, ja bestritten wird, daß Kämpfe, um mit Laclau gegen ihn zu argumentieren, eine »metaphysische Garantie« auf Fortentwicklung, eine Entwicklung zum Besseren, abgeben.

Der letzte Satz in dem zitierten Aufsatz von Laclau lautet: »Desto wichtiger ist der Kampf«, der optimistisch als einziger Garant der besseren, wenn auch »verletzlichen, widersprüchlichen Zukunft« verstanden wird. Nein, das ist kein optimistischer, sondern ein tragischer Satz. Die Kämpfe bleiben – für wie lange, weiß keiner (nur ist weder von den Niederlagen, von den Siegen auch nicht, selbst denen der Unterdrückten eine Befreiung zu erwarten). Kampf–Sieg vermag nichts anderes zu produzieren als erneute Unterwerfung und Macht.

Soll ein herrschaftloses – machtfreies Soziales denkbar werden, ja sogar entstehen, kann es nicht aus Kämpfen hervorgehen. Der Traum von der Aufhebung der Unterdrückung, geboren aus dem Sieg »im letzten Kampf«, ist ein Alptraum.

Der befreiende Gedanke von Laclau besteht darin, daß deterministische und naturalisierende Bestandteile der marxistischen Theorie aufgelöst und sie so erst zu einer wirklich kritischen werden kann, daß Sinn also als Zentrum des Sozialen entwickelt wird. Ohne diese Fortentwicklung wäre Kritik von Sinn nicht möglich, der Sinn bliebe Domäne konservativer und reaktionärer Kulturkritik, die ihn – allerdings aus ganz anderen Gründen – zur Mitte des Lebens stilisiert und Sinngebung als Rettung verspricht.

Naturalisierung ist eine zentrale Legitimationsfigur für die Aufrechterhaltung von Macht und Unterdrückung, läßt deren Aufhebung nicht einmal denkbar werden, sondern muß sie als geschichtliche und gesellschaftliche Konstante bewahren.

Kritische Theorie und Praxis werden erst dann befreiend, wenn die letzten Reste von Macht- und Unterwerfungslegitimationen theoretisch und praktisch negiert sind – und dazu gehört wesentlich die von Sinn.

»Die Wissenschaft ist grobschlächtig, das Leben subtil: um diesen Unterschied auszugleichen, bedürfen wir der Literatur. Andererseits ist das von ihr mobilisierte Wissen weder vollständig noch letztgültig; die Literatur sagt niemals, daß sie etwas weiß, sondern daß sie von etwas weiß, oder besser: daß sie viel davon weiß – daß sie über die Menschen Bescheid weiß.« (Roland Barthes)

Zwei kleine Prosastücke

I.

Freundlich sind dort die Menschen. Sie haben das schöne Bedürfnis, einander zu fragen, ob sie einander unterstützen können. Sie gehen nicht gleichgültig aneinander vorbei; aber ebensowenig belästigen sie einander. Liebevoll sind sie, aber nicht neugierig, nähern sich einander, aber quälen einander nicht. Wer dort unglücklich ist, ist es nicht lange; wer sich dort wohl fühlt, ist nicht dafür übermütig.

Die Menschen, die dort wohnen, wo die Gedanken wohnen, sind weit davon entfernt, bei irgend jemand anderes Unlust eine Lust, und wo sich ein anderer in Verlegenheit sieht, eine abscheuliche Freude zu fühlen. Sie schämen sich dort jeglicher Schadenfreude; lieber sind sie selber beschädigt, als daß sie gerne sähen, wie ein anderer Schaden nimmt. Dort haben die Menschen insofern ein Bedürfnis nach Schönheit, als sie nicht gerne ihres Mitmenschen Schaden sehen. Alle Leute wünschen dort allen nur das Beste. Dort lebt keiner, der nur sich selber Gutes wünscht, nur die eigene Frau und die eigenen Kinder wohl aufgehoben wissen will. Er will, daß Frau und Kinder auch des andern sich glücklich fühlen.

Wenn dort ein Mensch irgendeinen Unglücklichen sieht, so ist auch sein eigenes Glück bereits zerstört. Dort, wo Nächstenliebe wohnt, ist die Menschheit eine Familie. Dort kann niemand glücklich sein, wenn nicht jedermann es ist. Neid und Mißgunst sind dort unbekannt, und die Rache ist ein Ding der Unmöglichkeit. Kein Mensch ist dort dem andern im Weg. Keiner triumphiert über den andern.

Legt dort einer Schwächen an den Tag, so wird sich niemand beeilen, sich dieselben zunutze zu machen. Alle nehmen Rücksicht aufeinander. Dort besitzen alle eine ähnliche Kraft und üben eine gleichmäßige Macht aus; deshalb kann der Starke und Mächtige keine Bewunderung ernten.

In anmutigem, Vernunft und Verstand nicht verletzendem Wechsel geben und nehmen dort die Menschen. Liebe ist dort das bedeutendste Gesetz; Freundschaft die vorderste Regel.

Arm und Reich gibt es nicht. Könige und Kaiser hat es, wo der gesunde Mensch wohnt, nie gegeben. Die Frau herrscht dort nicht über den Mann, der Mann aber ebensowenig über die Frau. Außer jedes über sich selber, herrscht dort keines.

Alles dient dort allem, und der allgemeine Wunsch strebt deutlich dahin, den Schmerz zu beseitigen. Genießen will niemand; darum tun es alle. Alle wollen arm sein; hieraus folgt, daß niemand arm ist.

Dort ist es schön, dort möchte ich leben! Unter Menschen, die sich frei fühlen, weil sie sich beschränken, unter Menschen, die einander achten, unter Menschen, die keine Angst kennen, möchte ich leben! Doch ich muß einsehen, daß ich phantasiere.

2.

Einmal gab es eine Welt, worin alles ganz langsam zuging. Eine angenehme, man möchte sagen, gesunde Trägheit beherrschte das Menschenleben. Die Menschen gingen gewissermaßen müßig. Was sie taten, das taten sie nachdenklich und langsam. Sie taten nicht so unmenschlich viel, fühlten sich auf keine Weise bewogen oder verpflichtet, sich aufzureiben und abzuarbeiten. Hast und Unruhe oder übermäßige Eilfertigkeit gab es unter diesen Menschen keine. Niemand strengte sich sonderlich an, und eben darum war das Leben so freundlich.

Wer hart arbeiten muß oder überhaupt in hohem Grad tätig ist, der ist für die Freude verdorben, der macht ein mürrisches Gesicht, und alles, was er denkt, ist unfroh und traurig.

Müßiggang sei aller Laster Anfang, sagt ein altes abgegriffenes Sprichwort.

Die Menschen, von denen hier die Rede ist, machten den Sinn dieses etwas vorlauten Sprichwortes in keiner Hinsicht wahr; im Gegenteil, sie widerlegten es und entkleideten es jeglicher Bedeutung.

Indem sie es sich auf harmloser, zutraulicher Erde wohl sein ließen, genossen sie still ihr Sein in traumhaft schöner Ruhe, und dem Laster blieben sie insoweit gänzlich fern, als ihnen gar kein Gedanke danach kam. Sie blieben gute Menschen, weil sie keine Zerstreuungssucht kannten; sie aßen und tranken wenig; denn sie hatten keinerlei Bedürfnis zu schlemmen.

Langeweile, d. h. das was man so darunter versteht, war ihnen völlig unbekannt. Mit allerlei vernünftigen Erwägungen beschäftigt, lebten sie ernst und zugleich heiter dahin. Werk- und Sonntage hatten sie nicht; jeder Tag war gleich. Das Leben floß wie ein ruhiger Fluß dahin, und niemandem fiel es ein, sich über Mangel an Reiz und Aufmunterung zu beklagen.

Diese Menschen lebten ein ebenso einfaches wie glückliches Leben. Ihr Dasein war süß, sanft und sonnig. Fern von Ruhmgier, Ehrsucht und Eitelkeit waren sie vor drei fürchterlichen Krankheiten behütet, und fern von Lieblosigkeit, wußten sie von einer Seuche nichts, die das Menschenleben verpestet.

Wie Blumen lebten und welkten sie. Keine Pläne unruhvoller, aufregender Art störten und belästigten die Köpfe, wodurch ihnen unermeßliches Leid ewig fremd und unbekannt blieb.

Auf den Tod waren sie still gefaßt; beweinten weder die Toten noch sich selbst der Gestorbenen wegen so sehr. Da einander alle liebten, war einzelnes nicht übertrieben geliebt und daher der Schmerz beim Abschied nicht so groß.

Wilde Liebe steht bei wildem Haß, wilde Lust bei ebensolcher Trauer. Wo Vernunft ist, da ist alles gebändigt, und alles ist sanft, geduldig und verständig.

(Robert Walser, *Poetenleben*, Frankfurt/Main 1978, S. 99–101)

Spaltungen

Sinn beglaubigt Spaltungen

Mit den folgenden Thesen und Erläuterungen vom Zusammenhang von Sinn–Macht–Spaltung gelangt man in das Zentrum, aus dem der Sinn seine Fälligkeit bezieht.

Seine Durchdringlichkeit bekommt er aus der Verbindung zur Macht, zur Bedrohung, zum Mangel und zur Spaltung.

Alle vier Momente, mit denen der Sinn verbunden ist, denen er seine Existenz und Notwendigkeit verdankt, bestimmen menschliches Leben in fast jedem Augenblick, sind aber Begriffe für Verhältnisse zwischen Menschen bzw. Mensch und Natur. Es sind Begriffe, die Kräfteverhältnisse der Über- und Unterordnung repräsentieren, deren Auswirkungen permanent erfahrbar werden. Macht wird durch Personen repräsentiert und ausgeübt. Aus der Ausübung und Darstellung von Macht ergeben sich bestimmte Beziehungen/Verhältnisse zwischen denen, die sie »haben«, und denen, die ohnmächtig, unterworfen sind. Ähnliches gilt für den Mangel, der ein spezifisches Verhältnis zwischen Mensch–Natur repräsentiert.

Macht, Bedrohung, Unterdrückung und Mangel sind Verhältnisse, die ein gemeinsames haben: Spaltung.

Macht und Unterdrückung spaltet die über sie Verfügenden von denen, die ohnmächtig sind. Mangel und Bedrohung spaltet Mensch und Natur. Es entsteht ein Gegeneinander (Spaltung) zwischen denen, die unterschiedliche Positionen in den Verhältnissen einnehmen. In Machtverhältnissen werden Unterdrükkungs-, Gewaltapparate aufgebaut, damit es beim Gegeneinander bleibt und nicht zum Widerstand der Ohnmächtigen kommt bzw. dieser erfolgreich bekämpft werden kann. Im Bedrohungsverhältnis Mensch–Natur wird versucht, die Natur zu zähmen, d. h. zu beherrschen, damit Mangel und Bedrohung abnehmen. Nur führt das, wie bekannt, zu gegenteiligen Wirkungen; trotz aller Zähmung und Beherrschung werden Mangel und Bedrohung nicht weniger, sondern gerade deswegen mehr.

Verhältnisse der Spaltung, ob zwischen Menschen oder zwischen Mensch und Natur, entwickeln, wie aus der Geschichte erfahrbar, immer wieder die Gefahr ihrer völligen Aufhebung. Alle bisherigen Versuche, Spaltungen mit den »bekannten Mitteln« aufzuheben, endeten in gegenseitiger Vernichtung.

Die Konsequenz des gegeneinander gebildeten Kräfteverhältnisses der Spaltung ist zwar Gegenseitigkeit, aber die Gegenseitigkeit der Auslöschung der gegeneinander gerichteten Kräfte.

Daher sind Instanzen nötig, welche eine Aufrechterhaltung des Gegeneinanders bei gleichzeitiger Entschärfung/Entkräftung der Spaltung garantieren. Eine dieser Instanzen ist, wie in den folgenden Thesen entwickelt wird, der Staat, eine andere der Sinn (im Zusammenhang mit dem Staat: Ideologien).

Diese Instanzen tun nichts anderes, als Einheit bei bestehender Spaltung zu suggerieren, eine Einheit, die real nicht ist, sondern vorgestellt wird. Sinn leistet in diesem Zusammenhang, wie bereits dargelegt, die Synthetisierung/Vereinheitlichung der widersprüchlichen Erfahrungen, die Menschen in Verhältnissen der Spaltung, die sich als Einheit ausgeben, machen (müssen).

Diese (Kräfte-)Verhältnisse und deren Vereinheitlichungen basieren nicht auf naturhaften, notwendigen Gegebenheiten, sondern sind von den Menschen im Laufe ihrer Geschichte entwickelt worden. Es sind nicht Gegebenheiten, wenn sie auch als solche erfahren werden, sondern Artikulationen/Diskurse, die diese Verhältnisse zu dem gemacht haben, wie sie erlebt und erlitten werden (die Begriffe Artikulation/Diskurs werden in den Thesen im Zusammenhang entwickelt).

Der Zweifel am Sinn erlangt seine Überzeugungskraft dadurch, daß es der Sinn ist, neben Staat und Ideologien, der diese Kräfteverhältnisse, die auf ihre vernichtende und auslöschende Aufhebung trotz aller Vereinheitlichungen tendieren, beglaubigt.

Sinn – Macht – Spaltung*

1. »Sinn geht meist Hand in Hand mit Macht und Unterwerfung.« (Karpfenstein 1977, S. 61)

2. Sinn und Macht sind nicht identisch, bezeichnen unterschiedliche Kräfteverhältnisse, aber wo Macht ist, wird sie von Sinn

* Die folgenden Thesen und Sätze verdanken dem Aufsatz von Michael Jäger *Über Macht und Parteien*, Berlin 1983, S. 38–S. 122, insbesondere dem ersten Teil, »Versuche über das kleine Einmaleins der Macht«, wesentliche Impulse.

begleitet und gestützt.

3. Solange Gefahren als Bedrohung der Selbsterhaltung, als Mangel aufgenommen werden oder existent erscheinen, entsteht ein Verhältnis des »*entgegen*«.

4. Wird etwas als Gefahr bzw. Feind artikuliert, entsteht ein Kräfteverhältnis des »*entgegen*«.

5. Artikulation und Diskurs sind grundlegende gesellschaftliche Praxen. Artikulation heißt die Verknüpfung von Objekt und Bezeichnung. Bezeichnung und Objekt sind nicht identisch, sondern different, werden in der Artikulation verknüpft. Artikulation als Zusammenhang von Differentem entsteht in gesellschaftlicher Praxis und begründet sie. Diskurs heißt ein System aufeinander bezogener Artikulationen. Im Diskurs herrscht Ordnung, die durch Regeln hergestellt wird, die Ordnung regelt die Verbindung der einzelnen Artikulationen zueinander, ebenso die Verknüpfung von Objekt und Bezeichnung. Der Diskurs stellt eine Ordnung der Verknüpfung von Differentem her – einige Autoren gebrauchen Artikulation und Diskurs auch synonym, weil beiden der gleiche Vorgang, die Verknüpfung von Differenten, zugrunde liegt (s. Laclau 1981, S. 207–208).

6. Kräfteverhältnisse sind Beziehungen der Spannung zwischen differenten Positionen. Kräfteverhältnisse des »*entgegen*«, die auf der Artikulation von Gefahr, Bedrohung, Mangel basieren, sind Konstellationen der Spaltung.

7. Artikulation von Gefahr, Bedrohung, Mangel bedeutet immer, daß etwas als Gefahr, Bedrohung, Mangel artikuliert wird. Das Kräfteverhältnis der Spaltung kann begrifflich als Macht bezeichnet werden.

8. Sinn entwickelt sich in Konstellationen der Spaltung. Laclau denkt Gesellschaft offensichtlich als schon gespaltene, in der Macht artikuliert ist: »Unter Diskursivem verstehe ich... das Ensemble der gesellschaftlichen Sinnproduktion, das eine Gesellschaft als solche begründet.« (1981, S. 176) »Wenn schließlich alle gesellschaftliche Praxis sinnproduzierend ist und jede Sinnproduktion die Produktion eines Systems von Differenzen.« (1981, S. 177) Dem ist entgegenzuhalten: Gesellschaften ohne Spaltung, d. h. ohne Macht, benötigten keine Sinnproduktion, wenn auch Artikulationen und Diskurse. Das problematische ist, daß Sinnproduktion und Artikulation/Diskurs von Laclau identisch gesetzt werden. Damit wird die Entfaltung eines kritischen Begriffes

von Artikulation/Diskurs unmöglich, weil diese von vornherein mit Sinn und Macht verbunden ist. Sinn-freie Artikulationen kann es in diesem Verständnis nicht geben, die Macht ist diskursiv, und die Diskurse sind machtbesetzt. Damit nähert sich Laclau der Auffassung von Sprache, wie sie bei Barthes anzutreffen ist. Gleichzeitig wird Sinn a priori gesetzt, was Negation von Sinn verhindert. Sinn wird anthropologisiert.

9. Spaltung setzt nicht Einheit voraus. Aufhebung von Spaltung heißt nicht Erzeugung von Einheit. Desartikulation von Gefahr, Bedrohung, Mangel, Aufhebung von Sinn ist die Umwandlung eines Kräfteverhältnisses des »*entgegen*« in ein Kräfteverhältnis der Spannung.

10. Desartikulation von Spaltung, Artikulation von Spannung läßt Sinn entbehrlich werden.

Macht – Spaltung ersten Grades

1. Macht ist ein Kräfteverhältnis des »*entgegen*«, der Spaltung.

2. Macht ist eine Kampfbeziehung zwischen Kontrahenten.

3. Wo entgegengesetzte Kräfte aufeinanderprallen, handelt es sich um ein Verhältnis der Spaltung, damit um Macht.

4. Die Entgegensetzung führt zum Kampf.

5. Kampf ist darin begründet, daß etwas (ein Gegenstand, ein Tier, ein Mensch) als Gefahr, Bedrohung, Ursache des Mangels artikuliert wird. Etwas wird als Feind artikuliert.

6. Durch Artikulation ist etwas zur Gefahr, Bedrohung der Selbsterhaltung, Ursache des Mangels geworden – *gemacht* worden. Es geht dabei um die Differenz von sein/ist–werden/gemacht werden: das Bedrohliche *ist nicht* an sich bedrohlich, sondern als Bedrohung/Bedrohliches artikuliert. Etwas, das bedrohlich erscheint, wird als Feind artikuliert, selbst wenn es nicht bedrohlich ist/wäre. Durch die Artikulation kann es sich dem Kräfteverhältnis der Spaltung nicht mehr entziehen. Es muß sich verteidigen, kämpfen, ergeben, es mit sich geschehen lassen. Ist der Feind/das Feindliche durch Zerstörung oder Ergebung besiegt, ist es möglich, dieses Kräfteverhältnis der Spaltung zu desartikulieren, in diesem Fall nicht in eines der Spannung, sondern in das mit dem Namen Sieg.

7. Der Feind, das Feindliche ist *sinn-voll.*

8. Spaltungen ersten Grades sind Artikulationen der Bedrohung, die zu Kämpfen zwischen Kontrahenten führen, direkte unvermittelte Machtkonstellationen.

Spaltungen zweiten Grades

1. In Kräfteverhältnissen, in denen die Beteiligten auf Zusammenbleiben angewiesen sind, gibt es Versuche, die Auswirkungen von Spaltungen zu harmonisieren: Staat, Recht, psychische Identität, Sinn: eine Einheit zu (re-)konstruieren. Tatsächlich erweist sich, daß diese Versuche nichts anderes darstellen als komplexere Formen der Spaltung.

2. Tritt zwischen Kontrahenten eine dritte Kraft – ob sie sich aus den Kontrahenten bildet oder von außen kommt, macht zwar einen Unterschied, verändert aber nicht den Effekt –, die den Kampf zu beenden oder zu begrenzen oder abzumildern sucht, d. h., so in den Kampf eingreift, daß sich die Kontrahenten, die aufeinander angewiesen sind, nicht vollends zerstören, handelt es sich um eine Spaltung zweiten Grades.

3. Auf die Spaltung des Kampfes reagiert die dritte Kraft mit der Spaltung der Spaltung. Die Konfliktelemente, die, würde man sie gewähren lassen, zur Selbstvernichtung eines Zusammenhanges, der auf Zusammenbleiben angewiesen ist, führten, werden durch die dritte Kraft abgespalten, desartikuliert. Der Staat als dritte Kraft, die das Gewaltmonopol hat: Machtkämpfe zwischen konkurrierenden Gruppen, zwischen antagonistischen Klassen dürfen ausgetragen werden, jedoch nicht den Zusammenhang der gegenseitigen Abhängigkeit und Angewiesenheit grundlegend gefährden. Deshalb werden den Kontrahenten Mittel der gegenseitigen Vernichtung enteignet, wird der Antagonismus der Klassen artikuliert als Differenz (s. Laclau 1981, S. 176–185).

Erläuterungen

I. Als Beispiel für den Gebrauch des Verbs »spalten« wird im *Deutschen Wörterbuch* (Paul 1966) angeführt: »die Menge spaltete sich in verschiedene Parteien«.

Das Beispiel verdeutlicht: Spaltung muß nicht vom Begriff der

Einheit bestimmt, nicht als Gegensatz von Einheit verstanden werden.

Menge bezeichnet eine unbestimmte Anzahl von Menschen oder Dingen, keinesfalls eine Einheit. Unter dem Stichwort »Einheit« heißt es im *Handwörterbuch der deutschen Sprache* (Sanders 1888): »die Eigenschaft, daß Etwas eins, ein in sich geschlossenes ist – im Ggs. der Mehrheit, Vielheit, Verschiedenheit, des Mangels an Übereinstimmung...« Menge ist solche Vielfalt, die durch Verschiedenheit bestimmt ist, keinesfalls etwas in sich Geschlossenes. Spaltung, spalten bedeutet, daß etwas, das zusammen ist, sich trennt, getrennt wird.

Indem sich die Menge in Parteien spaltet (oder gespalten wird), entsteht ein Kräfteverhältnis. Die Menge teilt sich (pars: Teil), weil verschiedene Teile – aus welchen Gründen auch immer – für Unterschiedliches Partei ergreifen, Partei werden.

Es entsteht ein Kräfteverhältnis zwischen den Parteien. Partei meint, bestimmte Positionen zu beziehen. Was nützt aber die beste Position, wenn sie nicht durchgesetzt wird gegen die andere(n) Position(en).

Ein Kräfteverhältnis des »*entgegen*«, eine Konstellation der Macht ist entstanden, in dem eine Partei ihre Position gegen die der anderen durchzusetzen sucht.

Die Spaltung der Menge in Parteien hat einen weiteren Effekt: Verschiedene Einzelne vereinen sich auf eine Position, werden zu einer Einheit, die gegen andere Einheiten auftritt.

Macht, als Kräfteverhältnis der Spaltung, setzt nicht Einheit, aber Zusammentreffen (zeit- und ortgleich) voraus.

Spaltung, artikuliert in einem Kräfteverhältnis des »*entgegen*« und des/der Feinde(s), bewirkt mit Notwendigkeit, eigene Positionen gegen die andere, feindliche durchzusetzen suchen. Die feindliche Position gefährdet die eigene.

Solange nur unterschiedliche Positionen artikuliert sind, ist es noch möglich, daß ein Kräfteverhältnis der Spannung entsteht, das jedoch durch die Artikulation der anderen Position als feindliche, bedrohliche für die eigene ständig gefährdet ist.

II. Durchsetzung von eigenen Positionen gegen andere, entgegengesetzte, die im Verlauf dieses Prozesses als bedrohlich, feindlich artikuliert werden, ist Spaltung ersten Grades. Die Konstellation des Kampfes ist programmiert.

Ist aber die Menge, die sich in Parteien gespalten hat, auf Zusammenbleiben angewiesen, müssen alle Mittel bzw. Artikulationen, die gegenseitige Zerstörung ermöglichen bzw. fordern, enteignet bzw. entkräftet werden.

Zunächst erscheint das in Konstellationen des Kampfes unmöglich, da die gegnerische Position als Gefahrenquelle, als Bedrohung des Selbsterhalts, als Ursache des Mangels artikuliert ist, daher auch mit dem Ziel der Vernichtung bekämpft werden muß.

Die auf Zusammenbleiben, sich in gegenseitiger Abhängigkeit befindende, aufeinander angewiesene, aber in Parteien gespaltene Menge gerät in Gefahr – Überlebensgefahr. Es gilt, eine Instanz zu schaffen, soll diese selbstzerstörerische Entwicklung aufgehalten werden, die die feindlichen Parteien nochmals spaltet, d. h., die Artikulationen desartikuliert, die gegenseitige Zerstörung fordern, die Mittel enteignet, die Vernichtung ermöglichen – Gewaltmonopol des Staates.

Die »dritte Kraft«, Instanz der Spaltung zweiten Grades, artikuliert die in Parteien gespaltene Menge als Einheit (Volk, Staat, Nation). Die Menge bleibt zwar real gespalten, aber selbstdestruktive Elemente wurden durch Artikulation von Einheit desartikuliert, die Spaltung ist nur noch komplexer geworden.

III. Sinn begleitet Spaltungen ersten und zweiten Grades. Die Feinderklärung muß sinn-voll sein. Bei einem Kräfteverhältnis der Spaltung, dessen Parteien auf Zusammenhalt trotz Spaltung angewiesen sind, synthetisiert Sinn dieses, läßt es als Einheit erscheinen:

- die Spaltung von Sinnlichkeit und Rationalität wird durch Sinn synthetisiert;
- das topische Modell von Freud: Es, Überich, Ich kann als synthetisiertes Kräfteverhältnis begriffen werden, wobei das Ich die Instanz der Einheitsbildung spielt;
- das Modell der psychischen Identität, Identität als Vereinheitlichung widersprüchlicher Anforderungen durch Balance;
- »der Staat« – sei nach Engels »das Eingeständnis, daß diese Gesellschaft sich in einem unlösbaren Widerspruch mit sich selbst verwickelt, eine scheinbar über den Klassen stehende Macht ..., die den Konflikt der Klassen dämpfen, innerhalb der Schranken der Ordnung halten soll« (MEW 21, S. 165).

Der Erhalt des Sozialen, wie es historisch entwickelt wurde, der

Selbsterhalt der Individuen in diesen gesellschaftlichen Verhältnissen muß über Instanzen, die Spaltungen synthetisieren, organisiert werden, solange die Individuen das Soziale als Gespaltenes artikulieren, solange sie etwas – Natur/andere Menschen – als Quelle der Gefahren, bedrohlich, als Feind artikulieren.

IV. Sinn ist eine mächtige Instanz, Sinnverluste und vermehrter Bedarf werden in Zeiten, in denen Zustände als Krisen artikuliert werden, beklagt und angemeldet.

Vorzuschlagen, Sinn aus der Welt zu schaffen, ist so lange eine Illusion, wie Kräfteverhältnisse der Spaltung artikuliert werden. Spaltungen und Feinderklärungen benötigen unweigerlich Sinn.

Analyse als Zergliederung und Zerlegung meint Kritik im Sinne der begrifflichen Auflösung der Vereinheitlichung – Analyse und Synthese stehen als widersprüchliche Begriffe, Analyse negiert Synthese. Sinn-kritik ist Analyse der Synthetisierung, in der Sinn artikuliert wird.

Es wäre ein fataler Irrweg, Sinn durch die Rekonstruktion einer ursprünglichen Einheit ersetzen zu wollen. Das hieße, Sinn als Ersatz einer verlorengegangenen Identität zu begreifen und nur zu wiederholen, was er tatsächlich artikuliert, den Aufbau der Illusion einer Einheit.

Das Sperrige an der Negation von Sinn besteht darin, daß sie Spaltungen negiert, ohne eine Einheit a priori oder a posteriori anzunehmen.

»Modell des Fortschritts, und würde er in die Gottheit verlegt, ist die Kontrolle außer- und innermenschlicher Natur. Die Unterdrückung, die durch solche Kontrolle geübt wird und die ihre geistige Reflexionsform im Identitätsprinzip der Vernunft hat, reproduziert den Antagonismus. Je mehr Identität durch den herrschaftlichen Geist gesetzt wird, desto mehr Unrecht widerfährt dem Nichtidentischen. Das Unrecht erbt sich fort an dessen Widerstand. Er wiederum verstärkt das unterdrückende Prinzip, während zugleich das Unterdrückte vergiftet sich weiterschleppt.« (Adorno 1969, S. 35)

Die Artikulation von etwas als Gefahr, Ursache des Mangels, Feind, erzeugt das Kräfteverhältnis der Spaltung, deren zerstörerischer Wirkung Einhalt geboten werden muß, wenn es sich um einen Zusammenhang handelt, der bei Drohung des Unterganges auf Zusammenbleiben angewiesen ist. Zwang zur Identität, zur

Übereinstimmung ist angesagt, Einheit wird artikuliert und durchgesetzt.

Das zum Erhalt der Hegemonie Nützliche, sei es die Natur oder das Proletariat, wird ausgebeutet und unterdrückt. Aber die Instanz der Spaltung zweiten Grades – der Staat – kontrolliert und begrenzt mit Hilfe des Gewaltmonopols zum einen das ausbeutende Kapital insoweit, daß es seine Ressourcen – Natur und Proletariat – nicht vollends zerstört, unterdrückt zum anderen die Ausgebeuteten, damit sie den Widerstand gegen die Ausbeuter in bestimmten Grenzen austragen, artikuliert Ausbeuter und Ausgebeutete als Arbeitsgemeinschaft, die beide, jeder an seinem Platz, dem Wohl der Nation dienen. (Wird der Schutz der Natur ins Grundgesetz einbezogen, wie das beabsichtigt scheint, geschieht mit der Natur Analoges wie mit den Lohnabhängigen, sie wird als wehrlose, zu schützende in die Gemeinschaft aufgenommen, damit sie nicht völlig zugrunde gerichtet werden kann, währenddessen sie weiter beraubt und zerstört wird.)

Durch die Artikulation von Einheit und Gemeinschaft trotz bestehender Spaltung, anhaltender Ausbeutung und Unterdrükkung wird außer- und innermenschliche Natur der Kontrolle unterworfen, indem es in Übereinstimmung gebracht wird, der Vernutzung angeglichen. Dies kann nur effektiv sein, wenn sich das Vernutzte nicht zur Wehr setzt, in eine Einheit – trotz bestehender Spaltung – mit und ohne Gewalt integriert wird und darin einen Sinn, d.h. Perspektive und Orientierung, findet. Daher ist Synthetisierung analog zur Setzung von Identität; das Nichtidentische, das sich nicht zur Wehr setzen kann, seiner Widerstandsmöglichkeit enteignet ist, wird angeglichen, identisch gemacht.

Die Artikulation von Identität – Sinnproduktion – sucht das Nichtidentische zu desartikulieren, zu entkräften: durch Integration, durch Zwang zum Ergeben nach Niederlagen.

Sinn-kritik als Negation von Kräfteverhältnissen der Spaltung regredierte, falls sie Einheit postulierte – hinterrücks wäre das Identitätsprinzip als Unterwerfung des Nichtidentischen eingeführt.

V. Sinnkritik ist auch immer Machtkritik, zielt auf Entmachtung, Verwandlung von Kräfteverhältnissen der Entgegnung in solche der Spannung.

Sollte der Eindruck entstehen, daß Spaltungen bestimmten Sinn benötigen, mögen folgende Einwände dies korrigieren:

- Mit welchem Sinn Spaltungen synthetisiert werden, ist offen, nicht determiniert, mal gelten feindliche, mal gemeinschaftliche, mal friedliche Artikulationen.
- Sinn und Macht gehen Hand in Hand: Spaltung und Synthetisierung werden gleichzeitig artikuliert.

Wo Macht besteht, da ist Sinn. Macht als Spaltung benötigt Sinn, Sinn benötigt Macht als Lebenselixier. Macht verspricht Auflösung von Bedrohung, Mangel, Gefahr durch Sieg, Mächtigersein, Unterdrückung und Ausbeutung sind angewiesen auf den Zwang zur Identität. Es bliebe nichts auszubeuten und zu unterdrücken übrig, wenn das andere zerstört wäre, das Nichtidentische muß identisch gemacht werden, darf nicht zerstört werden – wo sonst wäre die Nutzbarmachung und Beraubung möglich? –, sie brauchen das Andere, das sich nicht zur Wehr setzt, sondern in Übereinstimmung – optimal ist Zustimmung – gebracht wurde.

Synthetisierung als Vereinheitlichung durch Unterwerfung, Integration als zunächst erzwungene, dann selbstverständliche Form des Vernutztwerdens, als Angleichung des Nichtidentischen.

Macht und Sinn sind unteilbar, zwar different, aber abhängige Effekte der Spaltung, die auf Artikulation der Bedrohung und des Mangels basiert.

Desartikulation der Bedrohung ist die Umwandlung eines Kräfteverhältnisses der Spaltung in eines der Spannung, das von Spaltung bedroht bleibt.

Spannung als unbedrohliches Verhältnis zwischen differenten Positionen ist das Ziel von Sinnkritik. Damit wird die Struktur von Artikulation akzeptiert, die von Sinn negiert; denn es ist eine machtlose Differenz denkbar, in der die Differenz erhalten, das Nichtidentische nicht identisch gemacht wird. Wird allerdings Kraft so konnotiert, wie Deleuze es in einer Nietzsche-Interpretation tut – »Jede Kraft ist Aneignung, Beherrschung, Ausbeutung eines Realitätsquantum« (Deleuze 1976) –, dann schließen sich Kräfteverhältnisse und Spannung gegenseitig aus, dann heißt Kräfteverhältnis ausschließlich Spaltung.

Die Unterscheidung zwischen Differenz/Spannung und Spaltung/Macht wäre aufgelöst; zurück bliebe der »Wille zur Macht« als ausschließliches Prinzip. Bewegendes und vernichtendes Prinzip, Kritik der Macht erübrigte sich, weil Macht unhintergehbar, vorgegeben wäre, ein Prinzip a priori.

VI. Wenn auf der begrifflichen Ebene auch Negation von Sinn als die von Spaltung einleuchten mag, welche Folgen ergeben sich daraus?

Soziale Realität erscheint als Austragen ideologischer und anderer Kämpfe. Partei ergreifen für die »Gegenmacht« der Unterdrückten und Ausgebeuteten hier und anderswo ... oder für die Seite der Kontrolle und Herrschaft.

Wäre es nicht zynisch, den Beherrschten zu raten, sich nicht zur Wehr zu setzen, wird nicht beklagt, daß sich so viele, zu viele abfinden mit ihrem Schicksal?

Die Individuen sind eingesponnen in ein komplexes Netz von Machtverhältnissen, die unzähligen Spaltungen des Sozialen und des Individuums werden synthetisiert durch Sinn.

Es fehlen Beispiele, wo Kräfteverhältnisse der Spaltung desartikuliert wurden, um Spannung zu artikulieren. Auch die wenigen erfolgreichen Revolutionen, vor allem aber nachrevolutionäre Verhältnisse bieten dafür keinen Anschauungsunterricht.

Menschen, denen es nicht gelingt, individuelle Spaltungen zu überbrücken, eine funktionierende Identität aufzubauen, deren Ich gespalten ist, werden ausgeschlossen, abgeschoben, eingeschlossen.

Durch Kämpfe Bedrohungen zu überwinden, ist real, immer neue tauchen am Horizont auf, das macht Sinn.

Die Bedrohung ist überall.

Ohne Bedrohung wird der Wille zur Macht die Macht los.

VII. Geschichte kann als Geschichte der Spaltungen erzählt werden, Erinnerungen an die Erzählung der Geschichte als einer der Klassenkämpfe werden wach.

Spaltung wird dennoch nicht als »Gesetz« der Geschichte begriffen.

Kräfteverhältnisse der Spaltung sind nicht notwendig.

Spaltung als Gesetz zu postulieren, mündet in den Willen zur Macht als unhintergehbares Prinzip. »Von Anfang an richten sich die Kämpfe, die wir als Macht-Kämpfe begreifen, nicht gegen die wirkliche Gefahrenquelle.« (Jäger 1983, S. 61)

Wenn Jäger diese Aussage auch durch fragwürdige Beispiele – Tierexperimente – belegt, ist ihr doch zuzustimmen: Das Feindliche repräsentiert nicht die »wirkliche Gefahrenquelle«, Spaltungen sind nie Repräsentation, sondern Artikulationen von Gefahr.

Zum anderen wäre es durchaus möglich, daß in dem unvermittelten Auftauchen von geschundener Natur (Tierexperimenten) eine Ahnung durchbricht, daß die Spaltungen, die »am Anfang« stehen, etwas mit dem Verhältnis von Mensch und Natur zu tun haben.

»Schicksal, die Naturverfallenheit der Mythen, stammt aus Zeiten totaler gesellschaftlicher Unmündigkeit, einem Zeitalter, darin Selbstbestimmung noch nicht die Augen aufschlug, Subjekt noch nicht war. Anstatt jenes Zeitalter durch kollektive Praxis zur Wiederkehr zu beschwören, wäre der Bann des alten Ungeschiedenen zu tilgen. Seine Verlängerung ist das Identitätsbewußtsein des Geistes, der repressiv sein Anderes gleichmacht.« (Adorno 1969, S. 153)

»Denn das aufklärerische Moment darin, das in der Versöhnung mit Natur terminiert, indem es den Schrecken der Natur beschwichtigt, ist verschwistert mit dem der Naturbeherrschung.« (Adorno 1969, S. 35)

Eine andere Spaltung, die Trennung des Todes vom Leben, erzählt Baudrillard:

»Die Einheit von Toten und Lebendem unterbrechen, den Austausch von Leben und Tod zu unterbrechen, das Leben vom Tode wegdrängen und den Tod und die Toten mit einem Verbot belegen, das ist der erste Punkt des Auftauchens sozialer Kontrolle. Die Macht ist nur möglich, wenn der Tod nicht mehr in Freiheit ist, wenn die Toten unter Überwachung gestellt werden, wobei die künftige Einschließung allen Lebens zu erwarten ist...

Aus der Geschichte weiß man, daß die priesterliche Macht auf dem Monopol über den Tod und der exklusiven Kontrolle der Beziehungen zu den Toten basiert. Die Toten sind der erste reservierte Bereich, der allein durch die obligatorische Vermittlung der Priester dem Austausch wieder übergeben werden kann. Die Macht installiert sich auf dieser Barriere zum Tode. Später nährt sie sich von anderen bis ins unendliche verzweigten Trennungen: diejenige von Seele und Körper, von männlich und weiblich, von gut und böse etc., aber die erste Trennung ist die von Leben und Tod... sie [die Macht] ist diese Schranke... zwischen Leben und Tod, dieses Dekret, das den Austausch zwischen Tod und Leben unterbricht...« (Baudrillard 1979, S. 18)

Beide – Adorno und Baudrillard – sehen »Rettung« in der Auflösung von Spaltungen, nicht einer, die Einheit rekonstruiert, sondern im Erhalt des Nichtidentischen, das sich im Anderssein mit dem Anderen begegnen kann, ohne den Zwang, daß das Andere das Selbe werden muß. Diese Kommunikation machte Sinn entbehrlich.

»Wäre Spekulation über den Stand der Versöhnung erlaubt, so ließe in ihm weder die ununterschiedene Einheit von Subjekt und Objekt noch ihre feindliche Antithetik sich vorstellen, eher die Kommunikation des Unterschiedenen. Dann erst käme der Begriff von Kommunikation, als objektiver, an seine Stelle. Der gegenwärtige ist so schmählich, weil er das Beste, das Potential eines Einverständnisses von Menschen und Dingen, an die Mitteilung zwischen Subjekten nach den Erfordernissen subjektiver Vernunft verrät. An seiner rechten Stelle wäre, auch erkenntnistheoretisch, das Verhältnis von Subjekt und Objekt im verwirklichten Frieden sowohl zwischen den Menschen wie zwischen ihnen und ihrem Anderen. Friede ist der Stand eines Unterschiedenen ohne Herrschaft, indem das Unterschiedene teilhat aneinander.« (Adorno 1969, S. 153)

»Die Revolution kann nur in der Abschaffung der Abtrennung des Todes bestehen und nicht in der Gleichheit des Überlebens.« (Baudrillard 1979, S. 16)

Die begriffliche Negation von Spaltung – sowie ihrer Effekte Macht und Sinn – ist nicht umstandslos praxisrelevant. Erst Vermittlung, Kommunikation von Theorie und Praxis als Kommunikation des Unterschiedenen, ermöglichte Einsichten in die Artikulation der Spannung.

Bedrohung macht Sinn

Über das Bedrohliche

Daß etwas als bedrohlich artikuliert wird, ist zufällig. Sofern kein Wille zur Macht gegeben ist, muß ein anderes die zufällige Ursache sein. Macht benötigt diese Artikulation, um die bedrohte oder verlorene Einheit durch Spaltung zu rekonstruieren.

Einheit als Versprechen der Macht braucht Gespaltenes und Spaltungen, damit sie machtvoll bleibt.

Einheit ist eine Artikulation des Zusammenhanges von Spaltung, Bedrohung und Macht.

Zu erzählen ist vom Benötigten, das identisch wurde mit seinem Mangel und dem Bedrohlichen.

Leben benötigt anderes Leben, um zu existieren. Das benötigte Leben flüchtet, setzt sich zur Wehr, um nicht gefangen oder verzehrt zu werden, anderes läßt sich nehmen, ist ergeben. Leben ist angewiesen auf den Zusammenhang mit anderem, geschuldet dem Lebenserhalt. Nötig und vorhanden sind Luft, Wasser, Sonne, Erde, Wärme und Kälte. Leben schützt sich – Höhlen, Hütten –, um am Leben zu bleiben. Schützen, flüchten, sich zur Wehr setzen, angreifen sind Praxen des Lebenserhalts, fernab irgendeiner Artikulation von Bedrohung, wenn auch Gewalt anwesend ist, so doch keine Macht.

Gewalt ist ein momentanes Verhältnis, kein dauerhaftes, geschuldet dem Lebenserhalt.

Der gefangene Fisch, das erlegte Tier, der gefällte Baum, die gepflückte Frucht sind Mittel des Lebenserhalts, keine Objekte der Beherrschung.

Der Lebenszusammenhang braucht, daß angegriffen, sich geschützt, zur Wehr gesetzt, geflüchtet wird, um das Leben zu erhalten oder zu verlieren. Leben und Tod stehen in einem Zusammenhang, im permanenten Austausch (s. Baudrillard 1979).

Der andauernde Austausch von Leben und Tod vermittelt die Erfahrung, daß der Gestorbene unter den Lebenden ist, anwesend, nicht abwesend. Der Tod ist nicht ausgegrenzt aus dem Leben, ist die Begleitung des Lebens. Es ist ein Leben vor dem Tod und ein Tod vor dem Leben.

Furcht ist als momentane Erregung, Empfindung bekannt, Bedrohung im Kontinuum von Leben und Tod, in deren permanentem Austausch ausgeschlossen.

Macht, Spaltung, Sinn und Einheit sind abwesend.

Das Benötigte ist vorhanden, muß zwar angeeignet, aber nicht bemächtigt werden. Annäherung und Differenz sind die wesentlichen Momente dieses Lebens-Todes-Zusammenhangs.

Wird das Benötigte zum Mangel, sind Erklärungen notwendig. Das vorhandene Benötigte braucht keine Erklärung. Mangel am Benötigten kann als Bedrohung artikuliert werden.

Wenn es am Benötigten mangelt, wird der Mangel als Bedrohung artikuliert. Gleichzeitig stockt der Austausch zwischen Leben und Tod, der Tod wird als Bedrohung artikuliert. Die Toten selbst, vorher freundliche Begleiter der Lebenden, werden bedrohlich.

Der Austausch zwischen Leben und Tod wird begrenzt, findet nur noch durch Vermittlung weniger statt, wird kontrolliert, ist nicht mehr die Praxis aller, der Zusammenhang von Leben und Tod ist gespalten.

Ist das Benötigte vorhanden, ist es kein Bedarf, wenn es mangelt, herrscht Bedarf.

Das, was mangelt, wird als bedrohlich artikuliert, die Artikulation der Bedrohung wird zur Beschwörung und Suche nach einer verlorenen Einheit, in der das Benötigte kein Mangel war. Gleichzeitig werden Versprechen gegeben, die, wenn man ihnen folgte, die Einheit wiederherstellen könnten.

Der Mangel muß einen Verursacher haben. Das Etwas, das zum Verursacher erklärt wird, ist zu fürchten, zu verehren, zu versöhnen. Damit ES sich nicht weiter durch Mangel am Benötigten rächt, müssen Opfer gebracht werden. Das Leben zu erhalten benötigt nun eine Reihe zusätzlicher Handlungen. Die Praxen des Lebenserhalts werden erweitert durch Beschwörung und Versöhnung.

Leben verdoppelt sich in Artikulationen der Bedrohung und deren Versöhnung sowie Handlungen, die unvermittelt dem Lebenserhalt dienen, wobei die Artikulationen den Praxen des Lebenserhalts vorgeordnet sind. Leben wird zur Einheit von Artikulation und Praxis.

Die Opfer sollen Mangel wenden, die Rache besänftigen. Sinn entsteht in den Artikulationen der Bedrohung, Versöhnung und Besänftigung. Der Mangel am Benötigten wird sinn-voll. Natur wird zum Reservoir der Opfer.

Die Menschen lösen sich aus dem Naturzusammenhang, sie spalten die Natur in die Ressource des Lebenserhalts und das Reservoir der Opfer.

Gleichzeitig vollzieht sich die Abtrennung des Todes vom Leben, der Tod wird zum Mangel am Leben, als Bedrohung artikuliert. Er erhält seinen Sinn als Strafe und Rache.

Naturereignisse wie Dürre, Flut, Sturm, Beben werden als Rache und Strafe für unterlassene Opfer und Beschwörungen gedeutet.

Die Menschen erleben sich als diejenigen, die von den Naturereignissen *gemeint* sind, ihnen gelten die Anschläge der Natur, die ihnen das Benötigte nimmt, sie sind es, die vernichtet werden sollen (Gleiches gilt für Krankheiten und Unfälle).

Bedrohung wird in Opferritualen eingeprägt, Natur in feindliche und nützliche Objekte und Ereignisse gespalten. Nützlich ist, was nicht flieht und sich nicht schützt, nicht angreift, ergeben ist. Die Einprägung der Bedrohung erzeugt feste Einteilungen der Objekte, Ereignisse und Erfahrungen.

Die Angst vor dem Mangel, vereint mit der Artikulation der Bedrohung, erzeugt die Spaltung zwischen Mensch und Natur. Natur, durch die ständig Mangel droht, muß versöhnt und beherrscht werden.

Die Versöhnung gilt allerdings nicht in erster Linie der Natur, sondern einem Etwas, das Natur als Mittel des Mangels und der Bedrohung benutzt und beherrscht. Natur ist ausschließlich das Medium des Mangels. Indem die Menschen die Natur »verlassen«, wird diese Objekt der Beraubung.

Je öfter erfahren wird, daß das Etwas nicht zu versöhnen ist, unberechenbar bleibt, daß trotz aller Anstrengungen der Beschwörung und Besänftigung Natur feindlich oder trotz unterlassener Rituale der Mangel konstant bleibt oder sogar nachläßt, konzentrieren sich die Aktivitäten, Artikulationen auf die Natur selbst.

Nicht mehr ein Etwas ist bedrohlich und muß versöhnt werden, sondern die Natur selbst ist feindlich und muß beherrscht werden.

Versöhnung mit der Natur enthalten diese Diskurse nicht, Versöhnung galt dem Unbekannten, nicht Greifbaren, das sich in verschiedenen Gestalten zeigte, aber unerkennbar blieb. Die wilde, feindliche, vor allem aber greifbare Natur muß gebändigt und kontrollierbar werden. Teile der Natur, die widersetzlich sind, müssen zerstört werden.

Nun rächt sich die Natur selbst, die Wut auf sie nimmt zu, ihre Zerstörung als Unterwerfung wird sinnvoll. Alles kreist um Mangel und Bedrohung, die mittlerweile eine unzertrennliche Einheit bilden.

Die Einheit von Bedrohung und Mangel, der Ausschluß des Todes aus dem Leben rechtfertigen die Zerstörung desjenigen, der als Ursache des Mangels artikuliert wird, seien es andere Menschen, Tiere oder anderes der Natur.

Die Zerstörung, die der Unterwerfung des Bedrohlichen immanent bleibt, enthält das Versprechen der Beseitigung des Mangels, der Wiederherstellung einer verloren geglaubten Einheit. Entwächst ihr weiterer Mangel, wird nicht eingehalten, im Gegenteil – seinen Sinn findet das Ganze in dem Einheitsversprechen.

Wird der Mangel größer, sind Grenzen der Belastbarkeit der geschundenen und beraubten Natur abzusehen, beginnt der alte Diskurs der Versöhnung auf's neue. Nicht mehr ein numinoses Etwas wird beschworen, nun gelten die Versöhnungsanstrengungen der Natur selbst! Versöhnung bleibt an Opfer gebunden – woher die Opfer nehmen, wenn sich der Mensch mit der Natur versöhnen will?

Alles verlangt nach Sinn. Sinn ist an seine Grenzen gekommen, Sinn kompensiert kaum mehr Bedrohliches. Sinn und Bedrohung drohen sich voneinander zu lösen. Die Praxen der Zerstörung und Unterwerfung drohen sich vom Sinn zu lösen, wo die totale Selbstdestruktion möglich wird und näherzurücken scheint.

Sinn bleibt an Zerstörung und Unterwerfung gebunden. Sinn versöhnt mit ihnen. Sinn sucht seine Wurzeln und kommt auf Versöhnung.

Nach wie vor: Bedrohung, Mangel, Sehnsucht nach Einheit, Spaltungen, Sinn, Versöhnung, nur die Namen haben sich geändert.

Es fehlt

Mangel ist nicht. Wenn das Benötigte fehlt, wird es als Mangel artikuliert, wenn Aneignungsmöglichkeiten nicht entwickelt sind, das Gewohnte und Vertraute ausbleibt, sich nicht mehr finden läßt.

Das zum Überleben Nötige dürfte – bis auf Ausnahmefälle –

immer vorhanden sein. Das bisher nicht Gebrauchte, Verwendete, das vorhanden ist, wird nicht als das Benötigte erkannt.

Ist das Gewohnte, Vertraute nicht zu finden, bleibt aus, für das Aneignungsmöglichkeiten entwickelt sind, stellt sich Furcht ein. Ich realisiert: Mir fehlt etwas.

Obwohl »mir fehlt etwas« bedeuten könnte, mir fehlen Fertigkeiten, etwas anderes zu gebrauchen, wird primär wahrgenommen: etwas, mit dem ich gerechnet habe, dessen ich sicher bin, ist nicht vorhanden, das Gewohnte bleibt aus. Die Ursache wird im Außen gesucht, als Rache, Unglück, Schicksal gedeutet. Das Gefühl des Ausgeliefertseins stellt sich ein, Abhängigkeit wird realisiert. Es wird ausgeglichen durch die Artikulation von Mangel und Bedrohung.

Das Außen wird feindlich, bzw. etwas, das das Außen bewegt, ist feindlich, muß versöhnt werden. Diese Deutungen münden in Versöhnungshandlungen, mit Hilfe derer das Vertraute wieder herbeigeholt werden soll. Dabei werden »neue« Aneignungsmöglichkeiten, Fertigkeiten entwickelt.

Die Bedrohung durch den Mangel wird zum tradierten Wissen, Weltbild, und bildet die Basis der Bewußtseinsentwicklung.

Mangel und Bedrohung sind Ausdruck noch nicht entwickelter Aneignungsmöglichkeiten.

Das Außen bildet eine Einheit aus Benötigtem und Mangel.

Werden »neue« Fertigkeiten entwickelt, bleibt die Artikulation von Mangel und Bedrohung erhalten. Sie entfaltet die eigenartige Wirkung der Entwicklung neuer Möglichkeiten, auch wenn sie unverändert ist – allein die Objekte, die sie artikuliert, ändern sich im Laufe der Zeit. Sie produziert das Wissen der Abhängigkeit. Mangel ist passiv: Unter Mangel leiden begründet gleichzeitig neue Aktivitäten.

Damit nimmt der Fortschritt seinen Lauf: die gerichtete Bewegung, sich aus der Abhängigkeit herausarbeiten zu wollen, mündet in der Beherrschung des Außen und des Innen – Kontrolle außer- und innermenschlicher Natur. Abhängigkeit ist durch Beherrschung zu überwinden – innen wie außen Selbstbeherrschung –, etwas, das beherrscht wird, macht nicht mehr abhängig, sondern ist abhängig gemacht worden. Der Spieß wird umgedreht, fühlte sich der Mensch zunächst abhängig, macht er nun abhängig.

Mangel und Knappheit als Bedrohung sind Movens der Entwicklung von Aneignungsmöglichkeiten, von Fertigkeiten des Bewußtseins, die als wachsende Naturbeherrschung und Überwindung von Naturabhängigkeit als Fortschritt begriffen werden.

Fortschritt verdankt sich der Mangelartikulation, die deshalb auch mit immer neuen Namen tradiert werden muß.

Fortschritt benötigt die Legitimation der Ressourcenknappheit und, darin versteckt, die Anklage gegen die Natur, warum sie mangelhaft sei...

Mittlerweile stellt sich allerdings Mißtrauen ein, ob nicht die vorgebliche Mangelbeseitigung, Überwindung der Knappheit, die nächste erzeugt.

Alle Diskurse, die Abhängigkeit und Determination sowie deren Überwindung zum Ausdruck bringen, basieren auf der Mangelartikulation. Überwindung der Determinierung bedeutet nichts anderes, als sie umzukehren, das vormals Determinierende soll zum Determinierten werden. Dies ist die Substanz des Diskurses vom Fortschritt.

Er nimmt seinen Ausgang am Selbsterhalt: Leben will leben, Leben verteidigt das eigene Leben, je selbstbewußter Leben wird, um so drängender wird die Verteidigung, wenn Leben sich bedroht empfindet.

Leben, das sich gegen das Lebensbedrohliche zur Wehr setzt (setzen muß), ist das nicht ein Naturgesetz? Das Gesetz des Lebens heißt Kampf, das Stärkere überlebt, das Schwache vergeht.

So sagen die Naturbeobachter, sie zeigen auf die ausgestorbenen Pflanzen- und Tierarten: die haben nicht überlebt, weil sie zu schwach waren, den natürlichen Feinden nicht standhalten konnten; andere meinen, denen gelang die Anpassung an veränderte Bedingungen nicht.

Wie dem auch sei, das Aussterben von Arten wird in den Diskurs der Stärke und Schwäche, des Mangels und der Bedrohung, des Kampfes integriert; all dies rechtfertigt das Überleben der »Menschenart«. Sie haben den Kampf durch Anpassung und Entwicklung gewonnen.

Das durch uns entwickelte Begriffliche zeigte sich dem Nichtbegrifflichen überlegen.

Wir sind im Begriff, die Gesetze des Lebens zu begreifen, wir können es leisten (uns leisten), der Natur und uns selbst den Untergang anzudrohen.

Leben nach der Abspaltung des Todes bleibt ein immer bedrohtes, das gerettet werden kann, wenn's nützlich ist, das zerstört werden muß, wenn's feindlich ist. Was feindlich ist, bestimmt der Angreifer, dem Angegriffenen bleibt nur übrig, den Angreifer als Feind zu bestimmen.

Das Leben ist eingeschlossen in den Diskurs der Rettung und Vernichtung, von Erhalt und Zerstörung. Selbst wenn es möglich wird, das Leben vollends begrifflich zu rekonstruieren, entfaltet Rettung auch immer sein Gegenteil, die Vernichtung, solange das Bedrohliche erhalten bleibt.

Die Materie, die Natur kennt keine Fortentwicklung vom Niederen zum Höheren, ihre Bewegung ist der Wechsel von Entstehen und Verschwinden. Diese Bewegung wurde in der historischen Entwicklung als Fortschritt durch Zerstörung – Kampf der Arten – artikuliert, Zerstörung gilt hinfort als Voraussetzung des Lebenserhalts. Wird der Tod als Gegensatz des Lebens begriffen, dann ist die Zerstörung die Aktivität, auf der Leben aufbaut. Zerstörung als ultima ratio des Lebens.

Sich um den Lebenserhalt zu kümmern ist nützlich und human. Aber Kummer und Sorge verweisen auf die Bedrohung. Kummer und Sorge legitimieren ihre Ursache, Mangel und Bedrohung.

Alle bekannten Diskurse über das Leben enthalten die Artikulation des Mangels, schicksalhaft bleiben sie dem fatalen Ausdruck der Bedrohung verbunden. Die Artikulation von Mangel und Bedrohung macht den Begriff, der das Nichtbegriffliche in Übereinstimmung mit sich zu bringen trachtet, totalitär.

Bedrohung macht Sinn

Einheit existiert ausschließlich als artikuliertes Verhältnis. Spaltungen benötigen den Einheitsdiskurs.

Was führt dazu, daß etwas als bedrohlich artikuliert wird?

Gäbe es keine Gefahr, wäre Macht nicht vonnöten, gäbe es keine Bedrohung, wäre Sinn nicht notwendig.

Es könnte jemand erzählen: »Wenn mich der/das andere nicht bedrohte, müßte ich mich nicht zur Wehr setzen, müßte keine Macht anwenden, um die Bedrohung abzuwehren, müßte nicht danach streben, mächtig zu werden. Ach, es ist eine elende, ungerechte Welt, wo die Macht vor dem Recht geht.«

Ein anderer könnte antworten: »Es hat mancher gedroht, wo's gar nicht not tat.«

Ist die Bedrohung nicht real, sondern artikuliert, produziert sie doch reale Auswirkungen. Würde Bedrohung als Artikulation erkannt, könnte sie desartikuliert werden, was in Politik und Alltag auch oft geschieht. Danach meint jedoch jeder, die Bedrohung sei geschwunden.

Wendet das Nutzlose ins Nützliche, weicht das Abweichende auf, heißt die Parole der Macht. Die Differenz zwischen Begriff und Nichtbegrifflichem muß zum Verschwinden gebracht werden: greifen – zugreifen – begreifen.

Würde Natur sich zur Wehr setzen, wäre Existenz nicht möglich. Der Sturm, das Erdbeben, das Tier haben keine Absicht zu vernichten, sie existieren.

In dem sich entwickelnden Bewußtsein des Mangels liegt eine Ursache dafür, daß etwas als bedrohlich artikuliert wird.

Das Benötigte und das Bedrohliche werden identisch. Was benötigt wird, ist bedrohlich, weil es fehlen, sich zur Wehr setzen könnte, weil Mangel am Benötigten entstünde.

Wird erst nach der Zerstörung Versöhnung möglich?

Sinn ist der Versuch, Zerstörung dem Sein zuzuordnen. Sinn täuscht über die Zerstörung.

Der Begriff, der vom Nichtbegrifflichen gebildet wird, ist kein notwendiger, es könnte auch ein anderer sein.

Bedrohung ist Nähe und Brauchen.

Das Verzehrte muß als Unverzehrtes böse sein, sonst könnte es nicht verzehrt werden.

Sinn rechtfertigt die Verschlingung der Existenz.

Versöhnung, die auf Zerstörung folgte, wäre Täuschung des Versöhnten.

Die Artikulation von Bedrohung bewirkt Handlungen. Das Etwas, das als bedrohlich artikuliert wurde, wird unterworfen oder zerstört – wenn's sich nicht »erfolgreich« zur Wehr setzt.

Diese Praxis der Artikulation vereint sich mit der von Unterwerfung und Zerstörung, einer bestimmten Bemächtigung des Objekts. Sie verschwindet in der Praxis der Bemächtigung.

Um Bedrohung aufzuheben, müßten zunächst Artikulation und Bemächtigung entzweit, getrennt werden.

Eine paradoxe Konstellation ist entstanden: Aufhebung der Bedrohung fordert Spaltung.

Kräfteverhältnisse der Spaltung zu entkräften, macht notwendig, die Einheit von Artikulation und Bemächtigung zu trennen.

Vermöge dieser Trennung wäre die Ineinssetzung von Artikulation und Bemächtigung, deren Identität, aufzulösen, damit die Artikulation als solche erkennbar und Desartikulation möglich würde.

Solange Artikulationen gleichgesetzt bleiben mit »das ist«, muß das Bedrohliche unbedrohlich werden, darf sich nicht entziehen, muß stets verfügbar sein. Würde erkennbar werden, daß etwas nicht bedrohlich *ist*, könnte es desartikuliert werden.

»...anstelle des Einheitsprinzips und der Allherrschaft des Begriffs die Idee dessen rücken, was außerhalb des Banns solcher Einheit wäre.« (Adorno 1966, S. 107)

Wie der Begriff den Mangel löst

Der Untergang des Nichtbegrifflichen

Begriffe entwickeln eine totale Vereinnahmung des Nichtbegrifflichen: Bewegungen des Einkreisens und Aufsaugens.

Das Nichtbegriffliche muß identifiziert, identisch werden mit dem Begriff, damit die Differenz zwischen beiden vollends schwinde.

Begreifen, begründen, entschlüsseln, enträtseln, eindringen, aushöhlen, besetzen – so lange, bis das Nichtbegriffliche nur noch als Begriff zu identifizieren ist; die detektivische, polizeiliche Arbeit, die der Begriff zu leisten hat; Verfolgung, Bespitzelung, Umzingelung und dann, als krönender Absch(l)uß, wird das Nichtbegriffliche zur Strecke gebracht. Gebildet wird die Einheit von Begriff und Nichtbegrifflichem.

Mangel bleibt das, was noch nicht Begriff ist, was der Begriff noch nicht besetzt hat. Mangel ist, wenn Begriffsbesetzungen fehlen. Fülle ist die der Begriffe. Ist alles in Begriffen aufgelöst, alles von ihnen besetzt, gibt es keinen Mangel.

Die Begriffe sind gespeichert und vernetzt. Die totale Herrschaft durch Begriffe. Die Macht der Fülle: keine Rätsel, keine Geheimnisse, alles ist verwendbar, zu benutzen, verfügbar. Nichts widersteht, das Nichtbegriffliche ist aufgegangen im Begriff. Der Traum der Identität ist zu Ende geträumt, unerbittliche Einheit herrscht. Die Spalten sind zugeschmiert. Keine Öffnungen. Kein Netz, sondern eine undurchdringliche Wand von Begriffen, fugenlos.

Es gibt weder Außen noch Innen. Kein Entkommen. Das ist der Untergang.

Das Nichtbegriffliche ist im Begriff untergegangen.

Der Begriff folgt der Artikulation auf's Wort

Daß der Begriff das Nichtbegriffliche vereinnahmt, daß Identität von Begriff und Begriffenem angesagt ist, daß Einheit droht, ist erkennbar, aber schwerlich aufzuhalten.

Ist der Begriff – seinem Wesen nach – totalitär, auf Identität fixiert oder *wird* er erst zum identifizierenden?

»Er [der Widerspruch] ist Index der Unwahrheit von Identität, des Aufgehens des Begriffenem im Begriff. Der Schein von Identität wohnt jedoch dem Denken selber seiner puren Form nach inne. Denken heißt identifizieren. Befriedigt schiebt die begriffliche Ordnung sich vor das, was Denken begreifen will.« (Adorno 1966, S. 17)

Die »Unwahrheit der Identität« ist zwar erkennbar, treibt jedoch ungestört ihr Unwesen. Wenn »dem Denken der Schein der Identität innewohnt«, es identifizieren heißt, dann ist der Begriff selbst nicht auf Identität festgelegt, sondern wird von Denkenden als identifizierender entwickelt.

Wenn Denken identifizieren heißt, könnte das bedeuten, daß es wesenhaft auf Identität fixiert ist und bleibt. Das identifizierende Denken infiziert den Begriff mit dem Identitätsprinzip. Da die Unwahrheit des Identitätsprinzips erkennbar bleibt, zum anderen einer kritischen Theorie keine Fixierung auf Unabänderliches erlaubt ist, sollte es besser heißen, Denken hat sich als Identifizieren entwickelt.

Offen bleibt nach wie vor die Frage, wie, durch welche Ursachen es dazu kommt, daß Nichtbegriffliches als Begriffenes im Begriff aufgeht? Daß dies entweder im Wesen des Menschen oder des Begriffs begründet sein könnte, scheint als Erklärung unbefriedigend. Der Begriff selbst *ist nicht* identifizierend, sondern er wird dazu auf der Basis, daß etwas als Mangel und Bedrohung artikuliert wird.

Die Artikulation behält als Prinzip die Differenz, die Verknüpfung von Differentem, die dann aber im Begriff durch Identifizieren aufzuheben versucht wird.

»Artikulation: Die spezifische Form, die ein System von Beziehungen zwischen heterogenen Elementen annimmt...« (Laclau 1981, S. 207)

Der Begriff ist eine zweite Ordnung, die sich auf der Grundlage von Artikulationen entwickelt und von ihnen die Aufgabe der Identifizierung gestellt bekommt; denn Artikulationen können die »Identitätsarbeit« nicht leisten.

Der Begriff soll die Voraussetzung schaffen, daß Mangel und Bedrohung aufhören, indem er Nichtbegriffliches in Begriffenes verwandelt. Sinnbildung bleibt der Artikulation überlassen, die das begriffene Nichtbegriffliche als in die Einheit zurückgeholte artikulieren kann, in der, wenn alles identifiziert ist, es keinen

Mangel mehr geben *wird*.

Artikulationen und Begriffe verändern sich zwar historisch, wobei jedoch ihr je eigenes Prinzip und das ihrer »Kooperation« gleich bleiben:

Etwas wird als bedrohlich artikuliert, weil Mangel entstanden, die Einheit zerbrochen ist. Das Etwas zu identifizieren, das den Mangel bewirkt, ist Aufgabe des Begriffes. Ist das Nichtbegriffliche, das den Mangel bewirkt, identifiziert, mit dem Begriff in Übereinstimmung gebracht, können Aktivitäten entwickelt werden, die das Bedrohliche bekämpfen, Ursachen des Mangels versöhnen oder abschaffen, als einheitsstiftende artikuliert werden.

Tritt an die Stelle der Versöhnung und Beschwörung das Erforschen der Naturgesetze, verändern sich die Artikulationen. Das Etwas, das den Mangel bewirkt, ist die Natur selbst, die noch unbegriffenen Naturgesetze.

Wenn Natur total beobachtet und begriffen ist, dann wird/ist die – verlorene – Einheit wieder rekonstruiert. Arbeit, Wissenschaft und Forschung sind die Aktivitäten, die Mangel und Bedrohung aus der Welt schaffen, nicht mehr versöhnende und beschwörende, sondern bearbeitende, forschende werden als sinnvoll artikuliert, als die, die Einheit entstehen lassen.

Leben/Natur wird zunehmend begrifflich erfaßt, Diskurse vom Erhalt, der Rettung und der Zerstörung, der Vernichtung des Feindlichen und Bedrohlichen bleiben jedoch erhalten. Der Begriff des Lebens ist eingebettet in diese Diskurse, wird durch deren Ordnung bestimmt, entkommt ihr nicht. Der Begriff bezieht das totalitäre Prinzip, das der Identität, aus ihnen, obwohl er einem anderen als dem der Differenz gehorcht.

Der Begriff bleibt durch den Diskurs determiniert. Das Identitätsprinzip ist geschuldet der Artikulation des Mangels und der Bedrohung. Der Begriff könnte einem anderen Prinzip verbunden sein. Kritik gilt daher zuerst der Artikulation.

Sinn-bildung bleibt als zentrale Aufgabe der Diskurse notwendig. Führt doch Nachdenken, aber auch künstlerisches Gestalten zum Erkennen des grundlegenden Widerspruches dieser Ordnung der Diskurse, der auch der Begriff subsumiert ist: Versprochen wird zwar Einheit als Abschaffung von Mangel, Bedrohung und Leiden, obwohl »diese Einheit« durch Zerstörung und Bedrohung hergestellt wird.

Sinn muß diese Zerstörung sinn-voll machen, indem er sie als Notwendigkeit und Voraussetzung des Erhalts von Leben und Rettung artikuliert.

Zu negieren bleibt der Sinn, der aus der Artikulation von Mangel und Bedrohung entsteht; denn anderer Sinn existiert nicht, anderen als diesen wird es nicht geben.

Die Evidenz des Mangels

Daß Mangel und Knappheit nicht notwendig sind, zeigt schon ein oberflächlicher Blick auf die Verteilung von Hunger und Elend auf der einen und Überfluß auf der anderen Seite. Knappheit an Gütern, Hunger und Armut sind auf Verknappung, Ausbeutung und Unterdrückung zurückzuführen, die Mittel, daß sie nicht existierten, sind vorhanden.

Die Teilung der Welt in ausgebeutete, unterdrückte Regionen, sogenannte arme Länder auf der einen und ausbeutende, unterdrückende, im Überfluß lebende Nationen auf der anderen Seite bezeugen die Gemachtheit des Elends, Millionen von Menschen verhungern, weil sie mit der Waffe der Verknappung und anderen gemordet werden. Mangel ist kein unveränderbarer, notwendiger Zustand, sondern erzeugt.

Die Artikulation des Mangels verändert das Verhältnis zwischen Menschen und Natur und das zwischen Menschen grundlegend. Das »Heraustreten« des Menschen aus dem Naturzusammenhang, Emanzipation werden mit ihr begründet. Das Verhältnis von Mensch und Natur, das zwischen Menschen wird zur Abhängigkeit des Menschen von der Natur, der Menschen untereinander, aus der sie sich herausarbeiten müssen – darin liegt die Richtigkeit des Kantschen Diktums von der »selbstverschuldeteten Unmündigkeit« –: was abhängig macht, soll abhängig gemacht werden, so begründet die Mangelartikulation Unterwerfung und Beraubung.

Erklärungen, die die Artikulation des Mangels ökonomisch begründen, lassen sich in der marxistischen Tradition finden (siehe z. B. Eder (Hg.) 1973, *Seminar: Die Entstehung von Klassengesellschaften)*: Genannt werden u. a.: Seßhaftwerden nomadischer Gruppen und damit verbundenes Bevölkerungswachstum, einsetzende Arbeitsteilung, beginnende Eigentumsbildung.

In der hier gewählten Darstellung verbietet es sich, die Mangelartikulation determiniert zu begründen, denn »der Diskurs ist ein Feld der differentiellen Artikulation dessen, was *nicht* als *notwendige* Form von einem Kontext verlangt ist« (Laclau 1982, S. 14). Trotz Arbeitsteilung, Seßhaftwerden und damit einhergehendem Bevölkerungswachstum und Eigentumsbildung ist die Artikulation der Bedrohung keine notwendige Relation zwischen Menschen und Natur sowie der Menschen untereinander – »andere Artikulationsformen wären gleichfalls möglich im selben Kontext« (Laclau 1982, S. 16).

Annahmen zu entwickeln, wie es zu dieser grundlegenden Artikulation kam, der sich keine Gesellschaftsformation entziehen, warum sie bisher noch nicht desartikuliert werden konnte, Diskurse und Begriffe von ihr determiniert werden, ist notwendig, gerade im Bewußtsein, daß Entkräftung prinzipiell möglich bleibt, daß ihr die alles bedrohende Zerstörung geschuldet ist.

Damit wird der Geschichtsoptimismus der naturgesetzlichen Entwicklung der Geschichte großer Teile des historischen Materialismus enttäuscht, ihm widersprochen. »Die Naturalisierung der sozialen Prozesse verbirgt uns auch den Prozeß der diskursiven Konstitution der sozialen Realität.« (Laclau 1982, S. 21)

Mangel, Knappheit und Bedrohung sind so evident, daß sie als Voraussetzung und natürliche Bedingung des Lebenserhalts und Fortschrittes begriffen werden, dermaleinst zu überwinden, zur Zeit aber Gesetz des Lebens. Wesentliche ökonomische und soziologische Theorien über den Menschen, z. B. in der Form von Bedürfnistheorien, enthalten den Mangel als konstituierendes Moment.

Seine Realität ist auch nicht zu leugnen, seiner Überwindung gelten rückwärts und vorwärts gerichtete Utopien.

»Es passiert genau das, was wir zuvor Naturalisierung des Sozialen genannt haben. Genau unter solchen Umständen neigt die Sprache dazu ..., die diskursiven Prozesse der Konstruktion der Beziehungen zwischen Objekten ... als notwendige Relationen zwischen Sachen zu präsentieren.« (Laclau 1982, S. 19)

Für Baudrillard beginnen Ausschließung und Macht mit der Auflösung des Kontinuums von Leben und Tod. Solange Leben und Tod als ein Zusammenhang artikuliert waren, der Tod nicht vom Leben abgespalten, das Leben nicht vom Tod, gab es keine Bedrohung und darauf fußende Macht. Die Artikulation des Mangels geht einher mit der Ausschließung des Todes. »Es gibt eine Ausschließung, die allen anderen vorhergeht, (die) radikaler ist als die der Wahnsinnigen, Kinder und niederen Rassen, eine Ausschließung, die ihnen allen vorhergeht und ihnen als Modell dient und die an der Basis selbst der ›Rationalität‹ unserer Kultur steht: das ist die Ausschließung der Toten und des Todes.« (S. 9)

»Die erste abstrakte gesellschaftliche Zeit installiert sich in diesem Bruch der unteilbaren Einheit von Leben und Tod (weit vor der Zeit abstrakter gesellschaftlicher Arbeit!). Alle spätere Entfremdung, Teilung und Abstraktion, welche die politische Ökonomie von Marx kritisierte, wurzelt in dieser Abtrennung des Todes.« (Baudrillard 1979, S. 19)

Die folgenschwere Verwechslung von Artikulation und Realität

Die von Baudrillard geschilderte Ausschließung des Todes, die Desartikulation des Zusammenhanges von Leben und Tod, in dessen Folge der Tod bedrohlich wird, das Leben bedroht, der allgemeine Diskurs des Mangels könnten der Verwechslung von Realität und Artikulation geschuldet sein: »... unter solchen Umständen neigt die Sprache dazu ..., die diskursiven Prozesse der Konstruktion der Beziehungen zwischen Objekten ... als notwendige Relationen zwischen Sachen zu präsentieren.« (Laclau 1982, S. 19)

Es ist die Schwierigkeit, zwischen Artikulation und Realität unterscheiden zu können – das zeigt sich in Auffassungen von der Sprache, in denen entweder die Sprache Realität abbildet oder Sprache Realität schafft. In den deterministischen Vorstellungen, die sich wie ein roter Faden durch alte und neue Natur-Menschen-Gesellschaftsbilder ziehen, muß geleugnet werden, daß das Soziale diskursiv konstituiert ist, daß Artikulationen nicht-notwendige Beziehungen herstellen, die dann aber für das Verhältnis zur Realität und für das Handeln »bestimmend« werden.

Das »man« des Alltags, das Sicherheit und Orientierung gibt, in dem einmal sicher gewordene Erfahrungen als natürliche gesetzt bleiben, enthält schon die ganze Komplexität des Verhältnisses von Artikulation und Realität.

Wenn Marx schreibt, daß die Menschen ihre Geschichte machen, aber unter vorgefundenen Bedingungen, so werden sie doch zumeist nicht als gemachte, entstandene begriffen, sondern als natürliche, notwendige. Trotzdem kommt es zu Veränderungen, die im Bewußtsein der Handelnden als Weiterentwicklung begriffen werden. Weiterentwicklung meint aber Fortsetzung, -führung, die bestimmt bleibt von den Bedingungen. Veränderung als Weiterentwicklung ist determiniert, sie erscheint um so sinnvoller, je nachweisbarer ist, daß sie von Bedingungen und Traditionen geprägt ist.

Der Übergang vom Kontinuum Leben und Tod zur Ausschließung des Todes, einhergehend mit dem Realitätsbezug Mangel, erscheint als Bruch, dürfte von den Individuen selbst jedoch als »Weiterentwicklung« empfunden worden sein.

Natur, aus der die Menschen Lebensmittel entnehmen, kann als nützlich oder feindlich oder beides zugleich artikuliert sein, das hängt von den Verknüpfungen und den Praxen der Entnahme und Aneignung ab. Je »einfacher« die Entnahme, um so nützlicher, ja freundlicher erscheint Natur, um so zugehöriger zu ihr empfinden sich die Individuen, je widersetzlicher, schwieriger sich die Entnahme der Lebensmittel gestaltet, um so feindlicher erscheint Natur. Wie sich die Besorgung der Lebensmittel gestaltet, hängt von den Formen der Praxis, der Entwicklung der Arbeitsgeräte und des eigenen Körpers sowie der Fähigkeiten ab.

Die »gewählten« Relationen zwischen Mensch und Natur dienen einem primären Zweck, dem Lebenserhalt. Sie erscheinen im Bewußtsein als notwendige.

Blieben Artikulationen rein gedankliche, sprachliche Verknüpfungen ohne wesentliche Auswirkung auf die Praxis, würden sie nicht Praxis ausmachen, könnte ihr nicht-notwendiger Charakter anerkannt werden. Da sie jedoch Ziel und Bedeutung, aber auch die Handlungs- und Arbeitsformen menschlicher Praxis begründen, bleibt ihre nicht-notwendige Struktur im wesentlichen uneinsichtig – aber nicht notwendig uneinsichtig.

Determination, die in der Rede von den Sachzwängen in marxistischen Diskursen permanent Verwendung findet, bringt, bei aller Unannehmlichkeit, eindeutige Rechtfertigungen und Begründungen für ein bestimmtes Handeln, bleibt die überzeugendste Figur der Legitimation von Macht und Ohnmacht.

Solange Herrschaft legitimiert werden muß, d.h. unterwirft, muß jeder Diskurs determiniert scheinen. Das Soziale bleibt so konstituiert durch den Mangel.

Die Ohnmacht der Zeichen

Mit Hilfe von Zeichen verständigen sich die Menschen, setzen sich in Beziehung zu der sie umgebenden Natur. Zeichen werden als Vorbereitung und Vorwegnahme zukünftiger Handlungen, deren Ziel darin besteht, das Benötigte aus der Natur zu beschaffen, entwickelt. Sie bekommen eine besondere Bedeutung als Hilfsmittel, um den Lebensunterhalt zu organisieren.

Die Praxis der Zeichenentwicklung geht einher mit der Erfahrung der Arbeitserleichterung, leistet bessere Vorbereitung und Planungen von Arbeit, die Möglichkeiten, Erfahrungen mitteilen und verallgemeinern zu können, lassen sich ständig erweitern. Gleichzeitig entstehen aber Illusionen der Sicherheit im Bewußtsein der Individuen, die leicht zu enttäuschen sind.

Die Zeichenpraxis läßt gewisse Allmachtsvorstellungen entstehen, fast alles scheint verfügbar zu sein. Dann geraten die Individuen in Situationen, in denen sich die Zeichen als zu »schwach« erweisen, nicht halten, was man ihnen zutraute. Die gesicherte Verfügbarkeit, die erwiesen schien, ist in Frage gestellt.

Die Zeichen gewährleisten nicht mehr den Selbsterhalt. Eine Krise ist entstanden, die gewählten Artikulationen versagen, die für sicher gehaltene Realität wird unsicher. Die Zeichen haben für die Individuen notwendige Relationen zwischen sich und der Realität hergestellt, es schien sicher, daß es so bleibt, daß Benötigtes zu besorgen ist. Das Sichere ist unsicher geworden. Für die betroffenen Individuen kann das heißen, daß ihre Zeichen versagt haben, daß sie ihre Praxis verändern müssen, daß etwas in der Realität, Natur, ihnen feindlich gesonnen ist, sie bedroht. Das letztere dürften sie als wirklich annehmen – daß sich dann aufgrund dieser Annahme ihre Praxis und ihre Zeichen verändern werden, wird in der »Krise« nicht realisiert. Zunächst muß das unerklärliche Bedrohliche erklärt und dann versöhnt werden.

In dieser Krise trifft es dann wahrscheinlich zuerst die Toten. Sie haben sich gegen die Lebenden verschworen, sie müssen beschworen und versöhnt werden. Der Prozeß, daß sie »immer mehr aus der Gruppe der Lebenden verbannt werden« (Baudrillard 1979, S. 10), beginnt. Die Toten, der Tod werden unheimlich und feindlich, da sie rächend werden, fürchtet man sich vor dem Kontakt mit ihnen. Der Kontakt, auf den man noch nicht verzichten kann, wird besonderen Individuen übertragen, die die Verständigung mit ihnen aushalten, die in der Lage sind, sie zu beschwichtigen, gut zu stimmen, zu versöhnen, damit sie ihre Rache aufgeben.

Die Ursachen der Krise werden nach außen verlegt. Im Bewußtsein der Betroffenen handelt es sich nicht um eine Krise der Artikulationen und der Praxis, sondern um eine, die von den die Natur bewegenden Kräften ausgeht.

Die Natur und die Toten sind in diesem Prozeß zum Anderen, das bedrohlich und feindlich, in der Lage ist, das Benötigte vorzuenthalten, geworden. Der Zusammenhang Leben–Natur–Tod ist gespalten.

Die Menschen ziehen aus der Natur und dem Kontinuum Tod–Leben aus und beginnen den Fortschritt vorzubereiten, der den Zusammenhang, der nun Einheit heißt, wiederbringen soll. Angesagt ist das Heraustreten aus Naturzusammenhängen, das später zur Aufklärung und Emanzipation erklärt wird.

Nicht geleugnet werden soll, daß Zustände eintreten können, die als Mangel zu begreifen sind, weil die gewohnte Zirkulation der Lebensmittel unterbrochen ist.

Die Tragik liegt darin, daß die Ursachen dafür im Außen, im Anderen gesucht und dann gefunden werden. Diese »Außensteuerung« bewirkt eine Veränderung der Praxen des Lebenserhalts, der Produktionsmittel, der Fähigkeiten, artikuliert gleichzeitig die Natur und andere Menschen als feindlich und bedrohlich.

Wären Artikulationen gewählt worden, in deren Zentrum die eigenen, noch fehlenden Handlungsmöglichkeiten gestanden hätten, müßte das Außen, das Andere, die anderen Menschen, die Natur nicht zum Feindlichen und Bedrohlichen geworden sein. Die Ursache dafür könnte in der Suggestion der Zeichen liegen.

Negation von Sinn

Freie Beziehungen

Der Begriff und das Vernünftige sind eingeschlossen in die Ordnung der Diskurse. Beruht dessen Konstruktion auf der Verknüpfung von Differentem, produziert dieser Identität. Wäre nicht Mangel, könnte Differenz Spannung und Annäherung sein, müßten Diskurse sich nicht als notwendige Verknüpfung ausgeben, Begriffe nicht identifizieren. Mangel läßt es nicht zu, fordert unweigerlich Kampf um den Selbsterhalt, der in Zerstörung mündet. Jede Unterwerfung zerstört, wenn auch nicht das Gesamte, so doch Wesentliches vom Unterworfenen, Annäherung wird unmöglich, schon aus gegenseitiger Furcht; Distanz herrscht zwischen Unterworfenem und Bezwinger. Aber soll doch zu versprochener und ersehnter Einheit, zu Mangellosigkeit führen, sonst bliebe alle Zerstörung und Unterwerfung sinnlos.

Bei aller Zerstörung bleibt ein Rest, eine Sehnsucht nach dem Nicht-Zerstörerischen, dem Unzerstörten, die umschlagen könnte in Verweigerung. Diese muß ausgeschlossen werden, indem sie eingeschlossen wird, aus ihr entsteht Sinn, sie bildet das Fundament von Sinn, der tiefe, nur noch geahnte Wunsch wird aufgegriffen, »eingesperrt«, bearbeitet und kommt als »geläutertes« Gegenteil wieder zum Vorschein. Sinnbildung affiziert die Artikulationen und Begriffe, so daß Destruktion vernünftig, der Begriff identifizierend wird, die Artikulation Differentes nicht mehr frei, sondern notwendig verknüpft.

Sinn-bildung ist daher nicht mit Artikulation gleichzusetzen. Sie ist zwar eine spezifische Form – denn etwas, eine Handlung, wird mit Sinn verknüpft –, die aber deren befreiendes Moment verkehrt; erhalten bleibt die Verknüpfung von Differentem, die freie Wahl der Verknüpfung wird jedoch in eine notwendige, determinierte verkehrt und somit das Wesentliche der Artikulation außer Kraft gesetzt. Sinn-bildung ist die Verstellung der Artikulation.

Der Einwand, es existiere mittlerweile nicht ein Sinn, sondern divergierende seien zulässig, widerspricht dieser Feststellung nicht; denn in welcher Ausformung auch immer, Sinn funktioniert nur, wenn etwas als Bedrohung oder Mangel artikuliert ist und Einheit durch Kampf versprochen werden kann.

»Aber was ich mir sehr wohl als Aufgabe der Sozialwissenschaften vorstellen könnte, wäre: den Weberschen Entzauberungsprozeß mythischer Weltdeutungen an den heutigen Systemmythen, den angeblichen Unausweichlichkeiten und den Sachzwängen komplexer Gesellschaften fortzusetzen. Um nur ein Beispiel zu nennen: die angebliche Unaufheblichkeit der Knappheit und die vielfältigen bewußten und unbewußten Normierungen sozialen Handelns, die aus diesem Prinzip folgen. Wie die sozialwissenschaftliche Literaturflut zeigt, ist diese unbewußte Verhaltenssteuerung durch das Prinzip der Knappheit auch eines unser ureigenen Probleme, und so ergibt sich die einmalige Chance, mit diesem Aufklärungspozeß gleich bei uns selbst anzufangen.« (Deutschmann 1983, S. 336/337)

Sich den Systemmythen zu widersetzen, sie zu desartikulieren versuchen, ist ein Beginn der Negation von Sinn, die fortgesetzt werden könnte mit der Entwicklung von Begriffen, die sich dem Nichtbegrifflichen annähern, es nicht identisch machen. Zu finden sind derartige Versuche eher in der Literatur – im Verständnis von Barthes – sowie in der Betrachtungsweise der Gegenstände und der Natur in der bildenden Kunst als in der Wissenschaft, sei es die vom Menschen oder die der Natur.

Negation von Sinn setzt voraus, daß Menschen in Beziehungen zueinander stehen, Individuen in ein Netz komplexer Relationen eingebunden sind, das sie selbst herstellen. Nicht Subjektlosigkeit, keiner subjektlosen Theorie, in welcher Variante auch immer, wird das Wort geredet. Die Individuen handeln selbst, indem sie Beziehungen aufbauen, vorfindbare wie herzustellende sind keine notwendigen Verknüpfungen, sondern von ihnen selbst »geknüpft«. Daß sich im Bewußtsein der Individuen der gesamte Prozeß als notwendiger, determinierter darstellt, ist davon zu unterscheiden, da es durch die bereits angesprochenen historischen Entwicklungen verursacht wurde. Negation von Sinn beinhaltet, das Soziale mit Diskurs gleichzusetzen, weil nur dies einen nicht determinierten Weg ins Freie zuläßt, aber auch den in die Barbarei.

Der Mythos vom Mangel

Sinn ist dennoch nicht auszuhungern, solange Mangel artikuliert bleibt – der Bedarf nach ihm würde ansonsten nur zunehmen. Schon das Beklagen von Sinnlosigkeit setzt neue Sinnschübe frei. Versuche, Sinn-bildungen aufzulösen, ohne den Mangel und dessen reale Folgen wie Elend und Hunger zu desartikulieren, d.h. abzuschaffen, führten nur wieder zu mehr »Hunger nach Sinn«.

Der Diskurs vom drohenden Mangel und seiner Beseitigung wird von Macht und Widerstand geführt. Auf Sinn und damit Legitimation des Handelns kann keiner verzichten. Die Mangelartikulation scheint überall angemessen, ob Macht und Ausbeutung oder Widerstand und Rettung begründet werden sollen. So gesehen, wäre es ein unersetzlicher Verlust, diese Basis-Artikulation aufgeben zu müssen: was bliebe noch? Der Weg ins Freie, aber ohne die Sicherheit der Notwendigkeit...

Auch wenn Sinn nur Simulation wäre, ohne ihn scheint es nicht abzugehen. Selbst wenn die Wissenschaften behaupten, sie hätten die Mythen aus der Welt geschafft, benötigen sie, wie der Alltag und die Macht, einen, nämlich den vom Mangel.

Wunsch – Versagung – Lücke

Jedes Falsche hat sein anderes integriert, darum kann's bestehen. Im Falschen bleibt Richtiges verborgen, so auch im Sinn. Der Wunsch des Lebens nach Unzerstörtem, das bewahrt bleibt, um zu sich zu kommen, gibt ihm die Kraft, zum ergreifenden zu werden, der vor die Erfüllung die Zerstörung setzt. Sinn läßt nicht zu, daß es zu sich kommt, sondern verknüpft den Wunsch nach Erfüllung mit Versagung. Wunsch nach Erfüllung wäre die Negation der Versagung, darum muß Sinn den Wunsch verkehren.

»Soviel ist wahr an den Jeremiaden über die Leere des Daseins. Nur wäre sie nicht zu kurieren von innen her, dadurch, daß die Menschen anderen Sinns werden, sondern einzig durch die Abschaffung des versagenden Prinzips. Mit ihm verschwände am Ende auch der Zyklos von Erfüllung und Aneignung: so sehr sind Metaphysik und Einrichtung des Lebens ineinander.« (Adorno 1966, S. 371)

Das versagende Prinzip, das Sinnbildung benötigt, ist ein Bann, gebildet aus Notwendigkeit, Determination und Gesetzmäßigkeit, einer, der auch durch materialistische Theorie affirmiert zu werden scheint.

»Vielen materialistischen Philosophen wird immer wieder vorgeworfen der Widerspruch, daß sie alles, auch den Menschen, in diese totale Determination hineinnehmen und dadurch die Möglichkeit der Freiheit bestritten wird, daß sie aber andererseits immer wieder von spontanen Aktionen, gar von Revolution und ähnlichen Dingen reden...

Ich möchte sagen, in diesem Widerspruch des Materialismus drückt sich der wirkliche Widerspruch aus, daß die Welt und gar die gesellschaftliche Welt, in der wir leben, ein in sich geschlossener Determinationszusammenhang ist, daß aber die Möglichkeit menschenwürdigen Lebens daran hängt, daß aus diesem Zusammenhang herausgetreten wird...

Das Telos, die Idee des Marxischen Materialismus ist die Abschaffung eben eines Zustandes, in dem der blinde Zwang materieller Bedingungen über die Menschen gebrochen wird und in dem die Frage nach der Freiheit erst wahrhaft sinnvoll wäre. Diese Situation dürfte bis zu einem gewissen Grade die eigentümliche Struktur der meisten materialistischen Theoreme erklären, die auf der einen Seite Determinismus, und zwar Naturdeterminismus lehren, und auf der anderen Seite Ideen eines richtigen Lebens lehren.« (Adorno 1974, Bd. 2, S. 197–198)

Wäre der Determinismus, der Bann, der blinde Zwang materieller Bedingungen über die Menschen gebrochen, könnte Leben zu sich kommen und müßte nicht mehr nach dem Sinn fragen. »Leben, das Sinn hätte, fragte nicht danach.« (Adorno 1966, S. 369)

Leben unter dem Zwang braucht Vorträge über den Sinn, um den Sinn im Bann zu finden, und nicht zuletzt, um ihn auszuhalten. »...nun reist er herum und hält Angestellten Vorträge über den Sinn.« (Adorno 1966, S. 369)

Was hindert am Heraustreten aus dem Bann, wenn es doch zumindest denkbar ist?

Zwischen der Befangenheit unter dem Bann und dem »Heraustreten« klafft eine Lücke: »die handlungstheoretische« (s. Schmidt 1983, S. 19).

Kann man sich damit abfinden?

Die Notwendigkeit des »Heraustretens« ist einzusehen, das »Telos« läßt sich ausmachen, aber wie ist es zu überwinden?

Negation und Ratlosigkeit bleiben, wenn der Sinn verlassen wird, das Bestehende und das »Andere« werden durchsichtig, wie der Ausblick ins »gelobte Land«, nur mit dem Unterschied, daß es hier kein Versprechen gibt, es zu erreichen.

Vorschnelles Eingreifen wirft zurück, deshalb ist es *zunächst* vernünftiger, keine Antwort zu geben, als nur wieder sinn-volle Praxis zu postulieren, die das Handeln identifizierend festlegt.

Anstrengung

Es ist die Lücke zwischen Sein und Sollen, die Frage, wie vom Bestehenden ins Andere zu kommen ist, die – bei Schmidt (1983) – als handlungstheoretische benannt wird.

Für Marx und eine Reihe von »Nachfolgern« scheint sie so nicht vorhanden, denn sie überbrückt sich gleichermaßen eigenständig, mit der Notwendigkeit eines »Naturprozesses«. Folgerichtig heißt es gegen Schluß des ersten Bandes des *Kapitals*:

»Die aus der kapitalistischen Produktionsweise hervorgehende kapitalistische Aneignungsweise, daher das kapitalistische Privateigentum, ist die erste Negation des individuellen, auf eigene Arbeit gegründeten Privateigentums. Aber die kapitalistische Produktion erzeugt mit der Notwendigkeit eines Naturprozesses ihre eigene Negation. Es ist die Negation der Negation. Diese stellt nicht das Privateigentum wieder her, wohl aber das individuelle Eigentum auf der Grundlage der Errungenschaften der kapitalistischen Ära: der Kooperation und des Gemeinbesitzes der Erde und der durch Arbeit selbst produzierten Produktionsmittel.« (MEW 23, S. 791)

Da leuchtet etwas auf, aber die Notwendigkeit verbleibt im Diskurs der Determinationen und Naturalisierungen.

Zu beachten ist, wie »schwierig« der Übergang vom Bestehenden ins Andere zu denken, geschweige denn zu »machen« ist. Daß Marx Befreiung von herrschender Determination konzipierte, ist unstrittig, daß er diese »Befreiung« notwendig dachte, mag zeigen, für wie unumgänglich er sie hielt, macht aber die Kritik dieser Notwendigkeit, die auf's Bestehende rekurriert, um so dringlicher.

»Wir« sind mittlerweile belehrt, daß der Übergang nicht notwendig stattfindet, und wenn er unter der Berufung auf diese gelang, nur wieder ins bestehende Sein zurückführte.

Anhand der Geschichte der Arbeiterbewegung in Deutschland, aber auch in anderen kapitalistischen Ländern, könnte beschrieben werden, daß gerade dieses »naturgesetzliche« Versprechen als Legitimation aufgenommen wurde, eher abzuwarten, sich auf den Gang der Geschichte zu verlassen, vorerst zu reformieren, als selbst aktiv den Zustand herbeizuführen, der die Negation der Negation erzeugt.

Der kritische Blick auf die bisherigen (gelungenen oder gescheiterten) Befreiungsversuche ist berechtigt. Allerdings sollte er nicht in das »Besserwissen« führen, sondern könnte die Vergewisserung vorantreiben, wie schwierig die Überwindung der Differenz ist. Nicht Belehrung oder Verurteilung können das Ergebnis sein, sondern nur der Wunsch, das Andere hätte sich artikuliert, und die Einsicht, es wurde wieder vom Bestehenden eingeholt. Die Suche nach dem Heraustreten aus dem Bestehenden ist schutzlos, immer wieder wird sie eingeholt von Mangel und Bedrohung, die Macht als notwendig erscheinen lassen, auch wenn zunächst ein gewisser Sprung – über die Lücke – gelungen scheint.

Ist es also aussichtslos? Der Blick auf das Andere ist möglich, allerdings ohne Notwendigkeit, weil das Notwendige das Freie blockiert.

Den notwendigen Geschichtsverlauf, wie er noch immer in bestimmten Aussagen marxistischer Theorie wiederzufinden ist, kritisiert Laclau, veranlaßt Adorno, nach dem Sieg des Faschismus und der Niederlage der Arbeiterbewegung das unterschätzte Beharrungs- und Integrationsvermögen der bürgerlichen Gesellschaft zu thematisieren und gleichzeitig die gelungene Revolution, die als Hoffnung galt, zu kritisieren. Dies bedeutet nicht, das »Telos« aufzugeben, aber der Abstand zwischen dem real existierenden gesellschaftlichen Sein und dem »richtigen Leben« schwindet nicht mehr mit der »Notwendigkeit eines Naturprozesses«.

All dies zusammen genommen führt in die Ratlosigkeit, die aus der Negation von Sinn folgt. Diese auszuhalten, ohne antworten zu können, erscheint als die bessere Alternative, um nicht ins sogenannte Bessere zu verfallen, das sich beim näheren Hinsehen nur wieder als das schlechte Alte beweist.

Es bleiben die Phasen von Euphorie und Verzweiflung, Überraschung, Überschwang und sich »Totstellen«, weil alles nur Angst macht. Einerseits verzweifelt, weil das Elend nicht abnimmt, sich fürchtend, es gäbe kein Entkommen, andererseits überschwenglich, weil das Andere immer noch möglich bleibt, manchmal sogar am Horizont erscheint.

Die Ambivalenz kann in eine befreite Verzweiflung münden, daß Leben noch möglich ist, aber so, wie es geführt werden muß, nicht zu sich kommen kann, sondern nur im Überleben besteht... sei's in Zynismus, sei's in Wiederfinden vom Sinn oder im Versuch, es zu wenden...

In dem Versuch, es zu wenden, daß es anders werde, beginnen die *Anstrengungen*, die ins Freie führen könnten und deshalb erst einmal nicht begriffen werden sollten, weil herkömmliche Begriffe, es noch immer in Übereinstimmung zu bringen – selbst wenn sie es nicht beabsichtigen –, wieder in den Sinn brächten, sinn-haft würden, in eine Sinn-Haft führten. Die »neuen« nicht identifizierenden, sinn-freien Begriffe bilden sich erst auf dem Weg ins Freie – deshalb kann ihnen nicht vorgegriffen werden, auch wenn sie möglich scheinen.

Kein Sinn ohne Leiden

Bleibt es möglich, den Sinn zu umgehen, so führt der Weg, der ins Freie, Offene, Andere bringen soll, nicht an Mangel und Leiden vorbei, sondern ist mit aller Macht verstellt.

Die Versperrung der Zugänge ist kein Schicksal, sondern gemacht. Dadurch wird das Freiräumen zwar nicht leichter, läßt es aber möglich erscheinen.

Mangel läßt Leiden. Ohne dessen Überwindung, ohne ihm seine Notwendigkeit zu nehmen, bleibt Leiden.

Die Versuche, Mangel als gegeben zu begründen, ihn zu anthropologisieren, sind vielfältig, auch solche, die mit aufklärerischer, befreiender Absicht entworfen wurden – wie z. B. bei Sartre in der *Kritik der dialektischen Vernunft*. Alle Darstellungen, die den Mangel als gegebenes Zentrum konzipieren, hemmen, verstellen, ganz gleich mit welcher Absicht, das Begreifen eines Anderen, Offenen und Freien, denn Befreiung bleibt so befangen, letztlich undenkbar.

Mangel ist die Abwesenheit von etwas, das benötigt wird. Dem

Mangel wird abgeholfen, so das Benötigte anwesend ist, das Weggestellte wird hergestellt.

Bedürfnis, Bedürftigkeit sei im Mangel begründet, Befriedigung zeitlich begrenzte Abwesenheit des Mangels.

Zeiten des Mangels dauerten mindestens ebenso lang wie die der Befriedigung, allerdings nur unter der Voraussetzung, daß das Benötigte, wenn vonnöten, auch hergestellt wird, d. h., anwesend ist. Falls nicht, herrscht Not. Benötigtes ist länger abwesend als im Gebrauch anwesend. Bedarf und Benötigtes zerbrechen, Gebrauchtes wird zur Not.

Mangel wäre Anzeichen des Bedürfnisses, von Not, wenn Benötigtes nicht zugänglich, anwesend gemacht werden könnte.

Bliebe man in diesem Verständnis, ließe sich Mangel ersten und zweiten Grades unterscheiden: Erster Grad: Etwas wird benötigt, kann aber hergestellt, beschafft werden, ist zugänglich. Das Abwesende kann zur Anwesenheit, Erscheinung gebracht werden. Die Zugangsmöglichkeiten zum Benötigten sind offen, nicht verstellt. Wobei Bedürfnis suggeriert, wenn es sich melde, sei Mangel. Durch Zuführen dessen, was es bedarf, wird das Bedürfnis – eigentlich der Mangel – gestillt, befriedigt.

Zweiter Grad: Etwas wird benötigt, kann aber nicht hergestellt werden, ist unzugänglich. Die Zugangsmöglichkeiten zum Benötigten sind versperrt. Mangel wird bedrohlich, zur Not, Existenz so weit eingeschränkt, daß weiteres Existieren unmöglich werden kann (Absterben, weil Befriedigung fehlt).

Die faktische Gleichsetzung von Bedürfnis und Mangel, die in der Definition des ersten Grades vorgenommen wird, läßt beide Begriffe so verschwimmen, daß es angeraten scheint, diesen Zustand nicht als Mangel zu fassen. Wenn das Benötigte zugänglich, herstellbar ist, Bedürfnisse befriedigt werden können, herrscht kein Mangel. Bedarf, Bedürfnis, Benötigtes drücken zur Genüge aus, daß etwas gebraucht wird, um Leben zu erhalten. Wird Mangel als Fehlen oder Abwesenheit begriffen, herrscht er nicht, wenn das Abwesende zum Erscheinen gebracht werden kann, es anwesend wird, zugänglich ist.

Wird Bedürfnis dem Mangel gleichgesetzt, wie es häufig in Bedürfnistheorien geschieht, ist Mangel anthropologisiert. Es macht letztlich keinen Unterschied, ob das Benötigte zugänglich ist oder nicht: Der Mensch sei ein »Mängelwesen«, Macht und Zerstörung bleiben ein für allemal durch das So- und nicht Anderssein des Menschen legitimiert.

Mangel ist der Zustand, in dem etwas Benötigtes nicht mehr zugänglich bzw. herstellbar ist. Daraus entsteht die Mangelartikulation mit all den geschilderten Folgen: das Fehlende wird dem Verschulden des Außen zugeordnet, nicht den eigenen fehlenden Herstellungsmöglichkeiten, das fehlende Benötigte wird mit dem Feindlichen und Bedrohlichen artikuliert, Macht und Zerstörung werden als Abhilfe rechtens.

Leben will leben, soll leben, Leben benötigt Anderes.

Daß es an dem fehlt, was Leben benötigt, trifft zu, auch im Sinne der Notwendigkeit; nicht notwendig war und bleibt, daß etwas als bedrohlich und feindlich artikuliert wird.

Ohne dem Mangel seine Notwendigkeit zu nehmen, bleibt Leiden. Ohne dessen Entkräftung muß Leiden, soll es nicht als Negation des Lebens artikuliert, mit Sinn verknüpft werden. Das Negative muß notwendig und positiv werden. Leiden als Artikulation des Mangels ist Ursache des Sinns. Die positive Wendung des Leidens, dessen Begründung als Lebensnotwendigkeit, läßt Sinnbildungen entstehen, sei es in religiösen oder anderen Formen. *Leiden macht Sinn.* Wobei Sinn, ist er durch Mangelleiden begründet – und er hat keine andere Begründung –, immer seine Aufhebung latent mitschleppt; denn, so positiv und notwendig Leiden auch gewendet wird, es verbirgt immer die Sehnsucht, daß es aufhören möge. Darin ist auch die Aufhebung des Sinns begründet, der ohne Affirmation des Leidens seinen Sinn, sich selbst, verlöre.

»Aller Schmerz und alle Negativität, Motor des dialektischen Gedankens, sind die vielfach vermittelte, manchmal unkenntlich gewordene Gestalt von Physischem, so wie alles Glück auf sinnliche Erfüllung abzielt und an ihr seine Objektivität gewinnt. Ist dem Glück jeglicher Aspekt darauf verstellt, so ist es keines . . .

Das leibhafte Moment meldet der Erkenntnis an, daß Leiden nicht sein, daß es anders werden solle. ›Weh spricht: vergeh.‹ Darum konvergiert das spezifisch Materialistische mit dem Kritischen, mit gesellschaftlich verändernder Praxis. Die Abschaffung des Leidens, oder dessen Milderung hin bis zu einem Grad, der theoretisch nicht vorwegzunehmen, dem keine Grenze anzubefehlen ist, steht nicht bei dem Einzelnen, der das Leid empfindet, sondern allein bei der Gattung, der er dort noch zugehört, wo er subjektiv von ihr sich lossagt und objektiv in die absolute Einsamkeit des hilflosen Objekts gedrängt wird. Alle Tätigkeiten der Gattung verweisen auf ihren physischen Fortbestand, mögen sie es auch verkennen, sich organisatorisch verselbständigen und ihr Geschäft nur noch beiher besorgen. Sogar die Veranstaltungen, welche die Gesellschaft trifft, um sich auszurotten, sind, als losgelassene, widersinnige Selbsterhaltung, zugleich ihrer selbst unbewußten Aktionen gegen das Leiden. Borniert freilich im Eigenen, kehrt ihre totale Partikularität sich auch gegen jenes. Ihnen konfrontiert, verlangt der Zweck, der allein Gesellschaft zur Gesellschaft macht, daß sie so eingerichtet werde, wie die Produktionsverhältnisse hüben und drüben unerbittlich es verhindern, und wie es den Produktivkräften nach hier und heute unmittelbar möglich wäre. Eine solche Einrichtung hätte ihr Telos an der Negation des physischen Leidens noch des letzten ihrer Mitglieder, und der inwendigen Reflexionsformen jenes Leidens. Sie ist das Interesse aller, nachgerade einzig durch eine sich selbst und jedem Lebendigen durchsichtige Solidarität zu verwirklichen.« (Adorno 1966, S. 202–204)

Vorstellungen

Weder Vorstellungen und Beschreibungen noch Darstellungen verrücken die Differenz zwischen Wirklichem und Möglichem. Verrückung und Sprung bleiben dem Weg vorbehalten.

Die Einsicht in die durchschaute Determination des Lebens und die humanistische Forderung, sie solle nicht das letzte Wort behalten, verbünden sich mit der Negation von Sinn. Vorbereitung des Weges scheint möglich, nicht aber er selbst.

Den Sinn versuchen, versuchen, ihn zu umgehen, Wegzeichen aufstellen, aber den Weg ins Freie selber gehen. Den Sinn in Versuchung führen, so daß er sich offenbart – versuchen, den Sinn zu umgehen.

Den Sinn aufzulösen, ist in gesellschaftlichen Verhältnissen, die keinen haben, ihn aber permanent benötigen, kaum möglich, weil den Sinn aufzulösen, ohne den Mangel abzuschaffen, nur wieder neuen Sinn benötigte.

Den Mangel abzuschaffen bleibt begriffliche Forderung und gleichzeitig dessen Überforderung. Viel gewonnen wäre, wenn »Wissenschaften« sagen würden, es gäbe keinen Mangel oder

Knappheit sei ausschließlich produziert, aber kein Schicksal. Doch sie bleiben gebunden an die Mächte, die Mangel und Knappheit benötigen, um ihre Macht zu erhalten. Welche Mächte ließen die Wissenschaft »beweisen«, daß sie nicht nur überflüssig, sondern eine wesentliche Ursache des Mangels sind?

Leben, das Sinn hätte, fragte nicht danach. Oder: Leben, das keinen Sinn hat, muß danach fragen. Es könnte auch heißen, Leben, das keinen Sinn hat, muß ihn sich vormachen. Sich Sinn vorzumachen, heißt, Sinn zu simulieren.

Obwohl Sinn der Kitt für's Bestehende ist, wird er simuliert?

Negation von Sinn bleibt für die Vorstellung eines befreiten Lebens unumgänglich – Sinn ist zu umgehen, wenn Nicht-Notwendiges geahnt werden soll.

In der Negation von Sinn ist immer ein utopisches Moment enthalten, die humanistische Forderung, die Determination solle nicht das letzte Wort behalten.

»Aber, ich meine nun doch – und darüber sollten wir reden, Ernst –, diese Sache hat auch ihr Vertracktes; denn dadurch, daß es uns verboten ist, das Bild zu machen, passiert auch etwas Schlimmes, nämlich daß man zunächst einmal unter das, was sein soll, je mehr es als nur Negatives gesagt werden kann, um so weniger Bestimmtes mehr vorstellen kann. Dann aber – und das ist wahrscheinlich noch viel beängstigender – tendiert dieses Verbot einer konkreten Aussage über Utopie dazu, das utopische Bewußtsein selber zu diffamieren und das zu verschlucken, worauf es eigentlich ankäme, nämlich diesen Willen, daß es anders ist.« (Gespräche zwischen Adorno und Bloch, ca. 1964, zitiert nach Claussen 1984, S. 166–167)

Begriffliche Negation von Sinn löst gesellschaftlich benötigten nicht auf. Utopie kann sich aber nur begrifflich artikulieren, mag zum Aufbruch ermutigen. Umgehungen vom Sinn können zu Vorstellungen ermutigen, daß es anders werden kann, daß Befreiungen, auch die vom Sinn, noch denkbar bleiben.

Sinn und Gesetz

Sinn – Kunst

Dem Gespräch mit Fritz Schwegler, das nachstehend wiedergegeben ist, verdanken die vorliegenden Überlegungen einige wesentliche Anregungen – vor allem die Aussage, »daß der Sinn ist, über den Sinn hinauszukommen«. Sie verdeutlicht die Intention der Überlegung von Adorno, daß »in bestimmter Negation die Kategorie des Sinns bewahrt bleibt, wenn kein Sinn mehr nötig ist«. Schweglers Sätze deuten eine Ambivalenz der Kunst gegenüber dem Sinn an. Wird moderne, zeitgenössische Kunst im gängigen Urteil als unverständlich getadelt, drückt sich darin meistens eine Angst aus, die dann oft in deren Ablehnung umschlägt, da sie am Sinn rüttelt, obwohl sie doch, so die Anmutung, Sinn bewahren, geben und stiften soll. In einer Welt der Kämpfe und Uneinigkeit, der Widersprüche und Ängste soll sie die Einheit und Harmonie vorstellen, die nicht da ist. So falsch diese Erwartungen sind, auch hier verbirgt sich im Falschen ein Richtiges. Wenn es Utopien gibt, die nicht vorschreiben, wie's anders zu sein hat, aber dennoch auf's Andere zeigen, gewaltlose Utopien, die verneinen, daß Anderes über Kampf und Gewalt herstellbar sei, dann sind sie in der Kunst zu finden.

Kunst tut schon das, was mensch von ihr erwartet, aber anders als erwartet, indem sie fragt, ob der Sinn, den wir haben, nicht der ist, der die Harmonie, Einheit und Versöhnung verunmöglicht. Darum muß sie sich vom herrschenden Sinn abkoppeln, will sie auf's Andere zeigen, zumindest einen anderen haben.

Eine andere Möglichkeit bestünde darin, sich zur Sinn-losigkeit zu bekennen.

Beide Möglichkeiten, einen anderen Sinn an die Stelle des herrschenden zu setzen oder Sinn-losigkeit als Ausweg zu suchen, wurden zu umgehen versucht.

Kunst fragt nach dem Sinn, ob er nötig ist oder nicht. Sie tut das mit ihren Mitteln, indem eine Verknüpfung von Gegenstand–Wahrnehmung–Vorstellung vermittelt wird. Für den Rezipienten bleibt zunächst das Bild, der Text, die Musik, und er findet sich nicht wieder in seiner Verknüpfung, und das rüttelt am Harmoniebedürfnis, dem nach Wiederfinden und Übereinstimmung.

Die schwierige Entschlüsselung und die Gefährdung des eigenen Sinns stören. Kunst muß stören, und damit gerät sie in den Sinn hinein und dadurch in die Möglichkeit, daß kein Sinn sei.

Das ist zunächst negativ. Wenn aber der Sinn die Versöhnung als Befreiung negiert, dann muß Kunst Sinn negieren, nicht einen herrschenden, sondern den Sinn selbst, und sie könnte in seiner künstlerischen Aufhebung die Kategorie des Sinns bewahren, als eine Sehnsucht nach dem Anderen.

Daß der Sinn ist, über den Sinn hinauszukommen*

Bei den Sätzen, die ich festhalte, die mir wichtig erscheinen, gehe ich Verschiedenes gleichzeitig an: einerseits inhaltlich, begrifflich oder sinn-gemäß, andererseits Klang und Gewicht, daß ich es spüre, es ist etwas Gewichtiges, ohne wissen zu wollen, was ist der Sinn.

Das ist der Unterschied, den ich nicht ausformulieren kann, dem ich aber vertraue. Man kann ein Gespür entwickeln und sich selbst ausbilden, zu merken, wie die Sätze wiegen. Mit Sinn und Inhalt alleine komme ich nicht mehr durch. Ich setze Klang und Gewicht gleichwertig. Höre ich einen Klang, kann ich sagen: das ist ein schöner Klang, oder er ist mir nicht so nah.

Muß ich beweisen, was ist an den Sätzen wichtig, dann muß ich es vom Inhalt und vom Sinn aufschlüsseln. Zwar kann ich jeden Satz erklären und beweisen, daß er etwas Bestimmtes meint.

Aber das ist mir so makaber vorgekommen, daß ich mich davon völlig entfernt habe. Denn diese Vorgehensweise führt in das, was ich nicht will: Die Menschen zu verdummen, ihnen Predigten zu halten, indem man ihnen sagt: dies ist so und nicht anders. Würde ich so vorgehen, käme ich in eine Selbstgefälligkeit herein, in der ich nicht mehr merken würde, ich bin ja auch ein Teil von den anderen.

Lieber bin ich banal oder komme ins Stottern.

Sinn, Gewicht und Klang hängen ganz direkt zusammen: Ist es ein guter Klang, ist es ein guter Sinn.

Sinn ist für mich damit verbunden, daß ich weiß, was sinnvoll ist.

* Äußerungen von Fritz Schwegler in einem Gespräch mit Wolfgang Gross, Dietrich Lange und Bodo Quade im September 1982, zusammengestellt vom Verfasser.

Aber damit komme ich in Kalamitäten, weil man immer wieder erlebt hat, daß einem gesagt wird, dies und jenes sei sinnvoll, deshalb sei dies zu tun. Das kann ich fast nicht mehr so ganz ernst nehmen.

Es gibt wirklich sinnvolle Dinge. Wir sollen auch nie aufhören, dem nachzugehen und es herauszufinden.

Aber ich komme immer mehr dazu, daß der Sinn ist, über den Sinn hinauszukommen.

Das reine Dasein ist auch eine Lebensmöglichkeit. Es ist einfach los vom Sinn: Du kommst aber nicht heran, wenn du nicht einen Sinn unterlegst.

Einen Schmetterling kann man nicht im luftleeren Raum herumflattern lassen. Der Schmetterling hat seine Raupenzeit, seine Puppenzeit, und er braucht Nahrung. All dies braucht er, um hier herumflattern zu können. Es ist alles nicht im luftleeren Raum. Wichtig ist für mich, die ganz normalen Dinge zu sehen. Ein Tisch ist ein Tisch, ein Stuhl ist ein Stuhl. Da setze ich mich hin, da nehme ich den Federhalter in die Hand. Das sind die Schritte, wo ich noch weiß, hier stehe ich noch auf dem Boden.

Würde ich mich mit meinen Dingen nur in geistiger Sphäre bewegen, dann, glaube ich, ginge es einfach nicht. In besonderen Momenten ist es möglich, daß man frei schwebt, aber das andere loszulassen, ist, das weiß ich, einfach eine Gefahr: wenn man so malen oder dichten kann, daß es sich sehr leicht löst von der Notwendigkeit und dem, was man daran wirklich sinnvoll nennt.

Wichtig ist für mich, daß wirklich wieder dies hinzukommt, was ich unter Sinn verstehe: was alltäglich notwendig ist, das ist für mich das Sinn-volle.

Sinn ist immer auf etwas hin. Es ist immer etwas gesetzt, wenn ich Sinn verstehe. Sinn ist, dem ich mehr oder weniger alles zuordnen kann.

Stelle ich z. B. Blumen vor das Fenster, meine ich, es gäbe eine Verbindung. Es könnte eine Verbindung schaffen mit dem, was aus sich heraus wächst ohne unser Zutun. Dort, wo wir uns bergen, in einem Haus: daß dies wieder eine Korrespondenz eingeht, daß wir mit den wilden Blumen draußen etwas zu tun haben, wenn wir in unseren Betonmauern, in unseren Steinmauern sitzen. Da wäre vielleicht ein Sinn, daß ich meine, so etwas könnte durchgängig sein. Solch eine Blume vor dem Haus wäre ein Zeichen, daß ich dieses Durchgängige miteinbeziehen möchte und nicht ein von anderen Menschen vorgestelltes Meinen, das ich zu erfüllen habe.

Mit den Sätzen ist also genau das Gegenteil zu dem sonst Üblichen gemeint. Sonst sagt man, was sagt uns der Dichter, was hat uns der zu sagen. Das verweigere ich: Ich will euch gar nichts sagen.

Ich habe mich ausgebildet, wie andere sich zum Schuhmacher oder zu anderem ausbilden, Formankömmlinge oder Formsendungen aufzunehmen. Die kommen an, das ist ausgebildet, das ist da. Bei der Haltung »was der Dichter sagen will« käme wieder viel zu stark meine Person ins Spiel. Wichtig wäre, zu sehen, was ist denn das Meine dabei und nicht »was will uns der Dichter sagen«, was ist das Meine an dem, was da steht.

An die Stelle dieser Haltungen: »was hat der Künstler gemeint oder was soll das darstellen«, müßte etwas anderes treten. Es wäre das wichtigste, alle Lehrbemühungen dafür einzusetzen, daß die Menschen von sich aus ein anderes Selbstvertrauen zu sich bekommen und gewinnen: Den Fakt, der da ist, übernehmen, aber von sich selbst, das Seinige hinzugeben. So stelle ich mir eine Welt vor, wie sie sein sollte. Dies zuwege zu bringen ist es, was in unserer Zeit zu tun ist.

Nehmen wir eine Ecke: da ist eine weiße Wand, ein Wasserhahn, ein Waschbecken, ein Spiegel. Das ist etwas vom Malerischen, vom Bildhaften, was man früher gemalt hätte. Aber wenn man sehen kann, ist das schon in sich ein Bild, daß es eigentlich Unsinn ist, es noch malen zu wollen: Nun gut, dann hat man es, dann kann man es auch fotografieren.

Wenn wir so weit kämen, daß wir durch die Welt gehen und sagen, da hängt nicht nur eine Birne, sondern: Das ist eine Birne, daß ich eine Birne auch sehen kann, aber nicht (nur) in diesem begrifflichen Verstehen: daß man weiß, das ist eine Birne, die kann man essen oder kochen, sondern plötzlich: Da ist etwas da, das kann alles sein: Plötzlich ist die ganze Welt wieder eine Möglichkeit.

Um wieder auf die Sätze zurückzukommen: Wenn jemand so einen Satz anhören will, also gerade nicht danach sucht, was hat der Schreiber damit gemeint, sondern den Satz ansieht, anhört, ihn wählt, um darüber nachzudenken, dann hat doch das mit der Gewichtigkeit von solch einem Satz zu tun. Zunächst nicht zu wissen, was es ist, sondern ein Gewicht spüren, ohne noch zu wissen, was er nun gesagt hat oder was er sagen soll oder könnte. Das meine ich: es ist ein Klang, der wichtig erscheint. Es findet außerhalb des gewöhnlich Begrifflichen statt, zu merken, daß es gewichtig ist, daß man überhaupt auf den Satz hören will. Wieder neu zu finden, also sich lösen von dem, was man meint, zu einem neuen Finden, zu dem, was ist, und in das Eigene.

Ich erinnere mich an den Ausruf eines Nachbarn. Er hat immer gerufen: »Nur die Arbeit kann uns retten!« Sicher hat er das ironisch gemeint, aber es gab Situationen für mich, in denen ich plötzlich gestaunt habe, daß da je etwas ganz anderes ist, was der damals gesagt hat. Ich habe mindestens vier bis fünf Variationen in dem Satz gehört, daß ich nur gestaunt habe, daß dieser scheinbar zufällige Satz so viele Erkenntnismöglichkeiten enthält. Der Bauer sagte den Satz ironisch, aber es ist eine große Wahrheit darin enthalten. So ist es auch mit vielen Sprichworten, die einfach eine Sache bezeichnen, aber dann solche Abgründe haben und überbrücken, wenn sie in manchen Situationen wieder auftauchen, daß man nur staunen kann.

Es genügt einfach nicht, wenn nur ein Buchstabe, ein Wort da ist, obwohl man weiß, daß alles in ihnen enthalten sein kann, es muß einfach noch die Form hinzukommen. Jeder Buchstabe ist eine Welt: Ein A, wenn man mit ihm beginnt, ist so umfassend. Das B ist so voll von allem, was man schreiben kann, da sind die Bögen, die Aufrechte dazu, Dreiecke. Jeder Buchstabe für sich ist eine andere Geschichte, und manchmal denke ich, Buchstaben spielen so übermütig mit uns: damit wir sie überhaupt aufschreiben, spielen sie uns so ein verständliches Sätzchen zu. Aber es muß etwas hinzukommen, daß es sich hält: es muß einfach schön sein. Ich glaube, es gibt ein Gefühl für schön, daß man nur das bewahren will. Deshalb genügt es nicht, wenn nur ein Buchstabe, ein Wort da ist, obwohl man weiß, daß da alles drin ist, es muß einfach noch die Form hinzukommen: daß in der Form, wie es gesagt wird, etwas darüber hinausgeht, über das, was gesagt ist, und so eine Art von Schönheit entsteht. Wie können wir nun erkennen, daß die richtig sind? Eigentlich nur von ihrem Gewicht her, indem wir eine Struktur erkennen, die leuchtet. Dann können wir sagen: das ist mir wichtig, und deswegen gehe ich dem nach. Wenn ich erkenne, was darin ist, dann ist das die Wirklichkeit, und in dieser Wirklichkeit ist die Geschichte genauso enthalten wie die Zukunft. Wird damit eine Zukunft entworfen? Das gerade nicht, sondern die Wirklichkeit sehen. Das, was jetzt ist, richtig erkennen, ist schon Zukunft. Das, was ist, ist immer. Dies öffnet notwendigerweise auch die Möglichkeit, daß konkret im menschlichen Dasein ein anderes Verständnis vom anderen Menschen entwickelt werden kann, ihn nicht klassenmäßig und nicht unterschiedlich anzunehmen, sondern ihn so, wie er ist, in seiner Position zu akzeptieren. Das ist die Wirklichkeit. Hat man dies erkannt, weiß man, daß es sinnlos ist, sich von anderen Menschen als Rasse oder Klasse abzusetzen oder aus anderen Profit zu ziehen.

Die Wirklichkeit ist nicht zu trennen, aufzuteilen in Vergangenheit und Zukunft.

Mir ist es sehr wichtig, daß konkrete Erklärungen, die auf Ursachen von Herrschaft, aber auch auf das Alltägliche bezogen sind, nicht losgelassen werden, daß es um das bewußte Erfassen geht. Erst wo das Dasein ein konkretes Fundament hat, kann darüber hinaus gestiegen werden. Es ist mir wichtig, daß wir das empfinden oder hören können, daß es über das konkrete Fundament hinausgehen kann, was aber nicht heißt, schweben in himmlischen Sphären. Das will ich gerade nicht. Ich meine, daß wirklich unsere alltäglichen Bedürfnisse das wichtige sind, erst aus diesen heraus kommt das, was darüber hinaus geht. Aber das ist nicht möglich, ohne die ganz normalen Bedürfnisse, die wir erkennen, formulieren und gestalten müssen, und zwar so konkret, daß der eine nicht auf Kosten der anderen lebt. Andere etwas lehren zu wollen, halte ich für eine Vermessenheit. Ich finde es anmaßend, wenn jemand glaubt: ich muß den anderen etwas beibringen, anstatt den Menschen anzuerkennen und ihm von meiner Erfahrung etwas mitzuteilen. Darin liegt der tiefe Unterschied, ob ich jemandem von meinen Gedanken etwas mitteile oder ob ich ihn etwas lehren will.

Sinn und Gesetz
(Reflexionen über EN 6314)

An der Wand
ist weder
etwas verdient
noch sinnvoll,
sondern
im Gesetz

EN 6314 (Fritz Schwegler)

Leuchtschrift

Leuchtet ein Satz, muß man näher herankommen, um die Richtung zu finden – von der notwendigen Reflexion ganz zu schweigen.

An der Wand ist etwas im Gesetz

Der Satz beginnt wie eine umgangssprachliche Wendung: An der Sache ist was dran... Wenn an der Sache etwas dran ist, oder an der Wand etwas ist, das interessiert, wird »an der« nicht mehr in der Bedeutung der Verortung verwendet, wie: »an der Wand hängt ein Bild«, sondern meint: an der Sache (Wand) ist etwas, das zwar Aufmerksamkeit erregt, das aber (noch) nicht konkret benannt werden kann.

Der Satz entwickelt dann eine bestimmte Aussage, die durch Verneinung und Behauptung bestimmt ist.

Während »an der Sache (Wand) ist etwas, das«, Unbestimmtheit, nicht genau wissen, aber etwas spüren, ausdrückt, wechselt der Satz in die Bestimmung durch Verneinung und Behauptung:
Weder verdient noch sinnvoll (Verneinung)
Sondern im Gesetz (Behauptung)
Die Aussage scheint zunächst kaum Sinn zu machen, verstößt gegen gesicherte Meinungen.

Wie kann denn mit Fug und Recht behauptet werden, daß *an der Wand weder etwas verdient noch sinnvoll ist*? Wenn eine schief stünde oder Risse hätte, müßte sie eingerissen oder ausgebessert werden, dann ließe sich vielleicht sagen, daß sie *weder verdient noch sinnvoll* ist.

verdient: etwas durch Arbeit erlangen

Daher ist das Sinnvolle verdient und das Verdiente sinnvoll.

An der Wand ist etwas, das *weder* durch Dienen oder Arbeit erlangt noch hergestellt wird. *An der Wand ist etwas*, das sich nicht erlangen und herstellen läßt: *An der Wand ist etwas im Gesetz.*

Im Gesetz sein – verdient und sinnvoll sein, sind Gegensätze, die sich ausschließen. Entweder ist *etwas im Gesetz*, dann ist es nicht *verdient und sinnvoll*, oder *etwas ist verdient und sinnvoll*, dann ist es nicht *im Gesetz.*

Gesetz: die Regel, durch die ein Ablauf bestimmt ist – Erkenntnis ist konzentriert auf Erkennen des Gesetzes.

Das *Gesetz* verändern? Wäre es möglich, das Gesetz zu ändern, wäre es dann verdient und sinnvoll?

Wand: von winden, ursprünglich die aus dem Flechtwerk hergestellte (gewundene) Wand. Unterscheidet sich von der Mauer hptsl. dadurch, daß sie immer als Teil eines Gebäudes gedacht wird (s. Paul, *Deutsches Wörterbuch*, Tübingen 1966).

Die Wand als Teil eines Gesamten (Gebäude) ist bestimmt im Zusammenhang, steht nicht isoliert. Die Wand erhält ihre Bestimmung durch das Gesamte, *an der Wand ist etwas im Gesetz.*

Zuordnung und Verbindung

Die Wand ist Teil des Hauses, gesetzt, um es aufzuteilen in Räume. Der Wand die Eigenschaften *verdient und sinnvoll* zuzuordnen, wird verworfen. Eine Wendung gegen die Beliebigkeit der Zuordnung von Eigenschaften, die einem Gegenstand nicht entsprechen. Hergestellt wird eine Verbindung zwischen Wand und Gesetz.

Verbindung heißt einen Zusammenhang zwischen Gegenständen aufbauen. Sie sind nicht gleich, ihre Unterschiedlichkeit wird nicht aufgehoben, sie bleibt bewahrt.

Daher dürfte es im Satz nicht heißen: *Die Wand ist im Gesetz*. Die Wand würde im Gesetz verschwinden und verlöre ihre Eigenständigkeit.

An der Wand
ist
etwas
(das auch)

im Gesetz
(zu finden)
ist

Die im Satz gewählte Abfolge der Worte *Wand – Gesetz* ist schlüssig, weil mit dem sinnlich wahrnehmbaren Gegenstand begonnen und die Verbindung zu einem übersinnlichen Objekt hergestellt wird.

Worin besteht die *Verbindung* zwischen Wand und Gesetz? Wie die Wand teilt das Gesetz in Räume. Kafka nennt eine Erzählung: *Vor dem Gesetz*. Es ist eine Trennung in diesseits und jenseits des Gesetzes – gesetzfreier Raum.

Gesetz meint, es liegt dem sinnlich Wahrnehmbaren ein innerer Zeitplan, ein strukturierter Aufbau, eine Entwicklung, die nicht umkehrbar ist, zugrunde. Das erkannte Gesetz ermöglicht Voraussagen über Entwicklungen.

Für die Wand trifft das, wie für jeden anderen Gegenstand, zu. Die Wand wird hergestellt durch menschliche Arbeit, bei der Aufrichtung werden bestimmte Gesetze genutzt.

Diese Verbindung zwischen Wand und Gesetz hat doch etwas Zufälliges; denn sie besteht zwischen jedem Gegenstand und dem Gesetz. Diese Verbindung fiele in die Beliebigkeit der Zuordnung von *Wand – verdient und sinnvoll* zurück.

Die Wand gibt dem Haus eine innere Struktur, teilt das Haus in Räume ein. Darin liegt das Unverwechselbare der Wand. Dabei handelt es sich um *etwas an der Wand*, das sie mit dem *Gesetz* gemein hat. Das Gesetz wird als innere Struktur der sinnlichwahrnehmbaren Gegenstände begriffen.

Die Wand ist, wenn das Haus von außen betrachtet wird, nicht sichtbar, aber dennoch vorhanden. Es wäre möglich, ein Haus ohne Wände zu bauen. Normalerweise sind wir sicher, daß ein Haus durch Wände in Räume aufgeteilt ist, obwohl von außen nicht wahrnehmbar ist, ob und wie viele Wände ein Haus verbirgt. In dem Zusammenhang von Wahrnehmung und damit einhergehender gesicherter Annahme liegt die Verbindung zwischen Wand und Gesetz.

Das *Gesetz* ist innen, von außen nicht wahrnehmbar, aber wir gehen von der Annahme aus, daß Wahrnehmbares ein »Innen« enthält, durch ein Gesetz strukturiert ist.

Über das »Innen» haben wir unsere gesicherten Annahmen, die auf Erfahrungen und Überlieferungen basieren, die auch bestimmte Verhaltensweisen gegenüber dem Wahrgenommenen erzeugen. Unser Verhalten gegenüber Wahrgenommenem ist nicht alleine durch Wahrnehmung, sondern stets auch durch Annahmen über dieses »Innen« strukturiert.

Wir wären zunächst überrascht, wenn wir in ein Haus kämen, das nur aus einem Raum bestünde, in dem keine Wand außer den Mauern stünde.

Entspricht eine Wahrnehmung nicht der Erwartung (den gesicherten Annahmen), muß sie eingeordnet werden, entweder durch Ablehnung oder Zuordnung zu Gesichertem.

Daher fällt es uns auch nicht schwer, alles mögliche als sinnvoll und verdient zu bezeichnen oder als sinnlos, unverdient. Sinnvoll und verdient sind Decknamen: das haben wir schon immer gewußt. Das Erfahrungswissen um das Gesetz schützt vor Überraschungen. Eigentlich darf uns nichts überraschen.

Daher kann der Satz Gewißheiten erschüttern: Er verweigert die alltägliche Gleichsetzung von *sinnvoll-verdient* und *Gesetz*.

Wand und Gesetz sind verbunden durch das Innensein, ihre Nichtwahrnehmbarkeit von außen.

Die Wand wird, wenn wir das Haus betreten, wieder sichtbar, das Gesetz bleibt unsichtbar, übersinnlich. Hier endet die Verbindung zwischen Wand und Gesetz.

Der Satz begreift die Pragmatik des Alltags (sein alltagssprachlicher Beginn läßt das vermuten), zeugt aber von den alltäglichen Erkenntnisschranken. Alltag will Gewißheit, alles soll verdient und sinnvoll sein, selbst das Gesetz. Es wird für die Verbindung gegen die Zuordnung gesprochen. Der Satz zeigt auf die Uneindeutigkeit alltäglicher Aussagen, die latente Unsicherheit, die sich hinter gesicherten Annahmen verbirgt, die Unaufmerksamkeit, die Tautologie alltäglicher Regeln. Er sucht pragmatische Reduktionen zu erschüttern. Die Genauigkeit der Verbindung stellt Sicherheiten, gewohnte Annahmen und Zuordnungen in Frage.

Wahre Sätze benennen die Verbindung und verneinen die Zuordnung.

Wahre Sätze sind anstrengend, streng verbieten sie ein Ausweichen und fordern Veränderung der Sichtweisen.

Es geht um nichts anderes, als sich gewahr werden.

Gewahrwerden ist die Negation von Zuordnung und Voranahmen, die Suche nach der genauen Verbindung.

Verdient und sinnvoll oder im Gesetz sein?

Bezogen auf die Wand stehen *verdient und sinnvoll – im Gesetz sein* im Gegensatz zueinander. Es geht also auch um die Beziehung von *verdient und sinnvoll – im Gesetz sein.*

Da *verdient* und *sinnvoll* in ihren Bedeutungen angenähert sind, geht es um den Widerspruch von *Sinn* und *Gesetz*. Ist es richtig, einem Gegenstand »verdient« und »sinnvoll« als Eigenschaften zuzuordnen, oder ist etwas am Gegenstand im Gesetz?

Im Satz wird postuliert: *An der Wand ist weder etwas verdient noch sinnvoll, sondern im Gesetz.*

Wird der Satz verallgemeinert, muß es heißen: Eine Beziehung zwischen einem sinnlich-wahrnehmbaren Objekt und dem Sinn ist eine falsche Relation. Ein Objekt ist nicht sinnvoll, sondern etwas an ihm ist im Gesetz.

Das Gesetz gilt als vorausgesetzt, es existiert vor der Erkenntnis durch menschliche Praxis und Erkenntnistätigkeit. Dies trifft allerdings ausschließlich auf das Naturgesetz zu, das menschliches Leben direkt in der Abfolge von Geburt, Altern und Tod betrifft.

Gesetz in der Bedeutung von Recht kann nicht gemeint sein; denn zwischen Recht und Sinn besteht bei genauerer Betrachtung keine sich ausschließende Beziehung.

Gesetze als Bestandteil des Rechts sind individuell oder kollektiv erzeugt, gelten als kollektive Regeln, deren Nichteinhaltung verfolgt und bestraft wird. Bestimmte Handlungen und Verhaltensweisen werden qua Gesetz als schädlich erklärt, sanktioniert. Es werden Institutionen geschaffen, die über die Einhaltung wachen, Gesetzesbrecher werden verfolgt. Macht, Strafe und Sinn gehören zum Umfeld von Recht und Gesetz.

Recht und Gesetz sind sinn-voll, können sinnlich wahrnehmbare Gegenstände sinnvoll genannt werden?

Tätigkeiten wie Wahrnehmen, Begreifen, Erkennen, Arbeiten, die menschliche Praxis sind sinnvoll, sie machen Sinn.

Der Gegenstand, dem Wahrnehmung und Arbeit gilt, ist nicht sinnvoll, er *ist im Gesetz*.

Sinn gilt für die menschliche Praxis. Es gibt keine sinn-vollen oder sinn-losen Objekte. Sie sind. *Etwas an ihnen ist im Gesetz, sie sind weder verdient noch sinnvoll.*

Die Wand wahrzunehmen, zu erkennen, was an ihr im Gesetz ist, kann verdient und sinnvoll sein.

Was heißt sinnvolles Handeln?

Darüber werden im Satz keine direkten Aussagen gemacht, aber Annahmen lassen sich ableiten:

– am Gegenstand ist etwas im Gesetz,
– Handeln kann sinnvoll sein.

Daraus entstehen Fragen:

– Was macht Handeln sinnvoll?
– Ist jedes Handeln sinnvoll?

Lassen sich diese Fragen objektiv beantworten?

Objektiv bleibt, daß am Gegenstand etwas im Gesetz ist. Sinn unterliegt einer subjektiven Bestimmung. Sinn ist die Deutung, die das Individuum seiner Handlung zuordnet. Das Individuum kann auf kollektiv entstandene, tradierte zurückgreifen oder eigene Deutungen seiner Handlungen finden, die in Relation zu den kollektiven stehen. Was meint dann sinn-los als Negation von sinn-voll? Ohne Sinn, Abwesenheit von Sinn? Handeln und Sinn sind jedoch unzertrennlich. »Sinn-los« kann nicht bedeuten, daß ein Handeln ohne Sinn ist, wenn Handeln und Sinn eine Einheit bilden.

Die Nachsilbe »-los« wird in der Bedeutung »ohne« verwendet. Die Gleichsetzung von »los« und »ohne« läßt eine Differenzierung abhanden kommen: »los« ist die Verkürzung des Verbs »lösen«. »Sinn-los« heißt dann nicht »ohne Sinn«, sondern der Sinn ist »lose«, »gelöst«.

Die Zuordnung einer bestimmten Deutung zu einem bestimmten Handeln ist lose geworden, löst sich auf, ist in Auflösung begriffen. Das heißt nicht, daß Handeln nun ohne Sinn ist, sondern sich ein Bedeutungswechsel ankündigt.

Sieht man diesen Prozeß im zeitlichen Verlauf, sind es Momente, in denen Handlungen, die bisher mit Sinn besetzt waren, sich vom bisherigen lösen und darauf warten, mit neuem versehen zu werden. Diese Übergangsphasen werden als sinn-los, vom Sinn gelöst erlebt. Wobei derartige Lösungen, Loslösungen, Ablösungen durchaus befreiend sein können. Das Kontinuum sinnvoll–sinnlos zeigt, daß Sinn wechselt. Sinn bleibt unsicher und wechselhaft.

Reden und Schreiben über Sinnsuche und Sinnstiftung verweisen auf die Unbeständigkeit von Sinn. Dessen Unbeständigkeit ist das »Grundkapital« von Sinnstiftern und -verheißungen.

Die Sehnsucht nach dem Gesetz bricht auf, wenn sich Sinn oft vom Handeln löst. Die Wünsche, etwas am Handeln möge im Gesetz sein, damit die Notwendigkeit der Zuordnung von Sinn nicht immer und immer wiederkehrt, nehmen dann zu. Es ist der Wunsch nach der Beständigkeit des Gesetzes, die Angst vor der Unbeständigkeit des Sinns. Diese Sehnsucht wurde bisher aufgegriffen und zu stillen versucht durch kollektive Sinndeutungen, denen sich die Individuen freiwillig unterwarfen im Glauben, nun sei die Beständigkeit des Gesetzes hergestellt.

Eine andere Form ist das Recht. Das Recht sucht das Gesetz zu kopieren und endet als Unterdrückung. Das Recht als Kopie und Imitationsversuch des Gesetzes wird zur Rechtfertigung von Macht und Unterdrückung. Auch hier verordneter Sinn in der Maske des beständigen Gesetzes.

Die Sehnsucht, am Handeln möge etwas im Gesetz sein, ist die nach Gewißheit, Eindeutigkeit und Ordnung, die sicher bleibt. Wird diese Sehnsucht ausgebeutet, kollektiver Sinn verordnet, als überzeitlich und gesetzmäßig ausgegeben, erstarrt Sinn und wird zur Quelle von Angst und Schrecken.

Warum werden Phasen und Momente, in denen sich bisheriger Sinn vom Handeln löst, als belastend und erdrückend erlebt? Warum wird alles versucht, dieser Erfahrung auszuweichen, sie zu übertönen, warum unterwirft man sich freiwillig verordnetem Sinn, um dem zu entgehen? Ist es der Ursache geschuldet, daß in der menschlichen Existenz zwei Prinzipien aufeinandertreffen – Geburt, Altern, Tod sind Ereignisse, an denen etwas im Gesetz ist, Handeln im Lebenslauf ist auf Sinn verwiesen –? Werden die beiden Prinzipien als unvereinbar erlebt? Wirkt sich die Unterschiedlichkeit der beiden dann besonders belastend, erdrückend aus, wenn sich der Sinn vom Handeln löst, anderer gefunden, erzeugt und zugeordnet werden muß?

Bleibt das Handeln gleichförmig, werden Intensitäten gemieden, könne mensch sich dem Wechsel von sinn-voll und Sinn-lösung entziehen, meinen manche.

Die Vermeidung von Intensität im Handeln verstärkt die vorhandene Gleichgültigkeit, führt in die freiwillige Unterwerfung unter vorgegebenen starren Sinn.

Die Erfahrung der Sinn-lösung, das Loslassenkönnen, sind Voraussetzung und Folge von Intensität und Empfindlichkeit.

Wer verspricht oder anstrebt, Sinn-lösung oder Loslassen abwenden zu können, der verspricht die Zerstörung von Sinnlichkeit, Empfindlichkeit und Intensität, der kündigt den Starrsinn an.

Konzentration

Sinn ist wechselhaft und unbeständig, will immer wieder neu bestimmt sein. Intensive Auseinandersetzung mit dem sinnlich Wahrnehmbaren in verschiedenen Handlungs- und Tätigkeitsformen kann Phasen der Sinn-lösung verdichten und vertiefen. In Momenten der ruhigen, stillen, aber intensiven Betrachtung der Dinge, wie z. B. der Wand, schwindet »Suche« nach Sinn, weil die Gewißheit erfüllt: *An der Wand ist etwas im Gesetz*, die Frage, ob *an der Wand etwas verdient und sinnvoll ist*, stellt sich nicht.

Dies geschieht aber nur in *Augenblicken der Konzentration*.

Geben und Nehmen

Weder verdient noch sinnvoll

Die Wendung »weder noch« ist eine abgefälschte Verneinung: in der Alltagssprache heißt es dann auch »nicht nicht«: mir geht's nicht gut und nicht schlecht.

Mit diesem Ausdruck des »dazwischen« und Unentschiedenseins in der Maske der Verneinung kann zweierlei artikuliert werden:

– Entkräftung eines Gegensatzes: Es wird so getan, als ob es sich um einen Gegensatz handelt, der sogleich zurückgenommen wird. Die logische Form der doppelten Verneinung, die in Bejahung mündet, wird unterlaufen, »weder noch«, »nicht nicht« ergeben »dazwischen«, Festlegung wird vermieden.

– Zwei Worte, meistens Eigenschaften, die an sich nicht gegensätzlich sind, werden in gegensätzliche Beziehung zueinander gebracht, um sogleich entkräftet zu werden: »weder verdient noch sinnvoll«.

In bestimmten Situationen kann das Ausweichen vor der Artikulation eines Gegensatzes durchaus ein listiges Unterlaufen sein.

Das Auffallende an der Verwendung des »weder noch« im Satz besteht darin, daß es hier die Funktion der Verneinung behält, selbst wenn der Satz nur aus der ersten Behauptung bestünde: *An der Wand ist weder etwas verdient noch sinnvoll.* Dem »weder noch« wird seine Verneinungsmöglichkeit zurückgegeben. Sicher wüßte man dann nicht, was an der Wand ist, es bliebe nur übrig zu fragen. Aber die Antwort wird gegeben. Findet man sich mit der Behauptung ab, hat sie ihre Wirkung getan. Obwohl eine Frage möglich bleibt: In welchem Gesetz? Darauf gibt der Satz keine Antwort.

Doch ist die Behauptung: *im Gesetz* durch die Verneinung so massiv vorbereitet, daß man kaum weiter zu fragen wagt. Es scheint sich um eine Antwort zu handeln, die so endgültig ist, daß man besser nicht mehr fragt.

Hier wird eine Wahrheit gesagt, die nicht zu befragen ist, sondern anzunehmen oder abzulehnen.

Der Satz zeigt mit dem letzten Wort *Gesetz* auf etwas Unabänderliches, eine sprichwörtliche Wahrheit, einen Wortzusammenhang, der Wahrheit spricht.

Es handelt sich nicht um einen Sinn-spruch, der Verhaltensanweisungen für die guten und schlechten Tage gibt, vielmehr wird ein wahrer Zusammenhang hergestellt, man wird einer Verbindung gewahr: Eine alltägliche Gewißheit wird genommen. – Ein wahrer Zusammenhang wird gegeben.

Ein Verlust, der keiner Klage wert wäre

Über Macht und Besitz verfügen wenige. Stehen Macht und Besitz wenigen zur Verfügung, müssen sie verdient und sinnvoll sein.

An der Wand ist weder etwas verdient noch sinnvoll

Hätten alle Macht und Besitz, benötigte sie keiner mehr, sie wären dann weder verdient noch sinnvoll, sondern endlich verloren.

Nicht jeder Verlust ist beklagenswert, an keinem Gewinn ist etwas im Gesetz.

Noch sind wir nicht soweit, noch benötigen Macht und Besitz die Berufung auf Gesetz und Recht, die als Abkömmlinge ewiger Ordnungen erscheinen (sollen). Macht und Besitz berufen sich auf die Einheit von Sinn, Verdienst und Gesetz. Macht und Besitz haben nichts mit der Wand zu tun. An ihnen ist alles verdient und sinnvoll. *An der Wand ist* nichts *verdient und sinnvoll.* An ihnen ist nichts im Gesetz. *An der Wand ist etwas im Gesetz.*

Eine Beziehung zwischen der Wand und Machtbesitz herzustellen ist willkürlich – wie Macht und Besitz selbst. Bleibt dieser Versuch auch überwiegend nutzlos, nützt er insofern etwas, als deutlich wird, daß Macht und Besitz kein Recht haben, sich auf das Gesetz zu berufen – sie nehmen sich das Recht und stehen außerhalb des Gesetzes. Allerdings müssen sie verdient und sinnvoll bleiben.

Was bleibt dann noch von Verdienst und Sinn?

Im Angesicht der Wand, *an der etwas im Gesetz ist*, werden Verdienst und Sinn fragwürdig, mit Recht darf an ihnen gezweifelt werden.

Wenn etwas im Gesetz ist, ist es weder verdient noch sinnvoll. Der Verlust beider Eigenschaften wäre keiner Klage wert, aber noch bleibt es sinn-voll, verdient, mächtig und besitzend zu sein.

Bestimmtes und Unbestimmtes

Etwas verbindet die *Wand* – das Objekt, das im Satz den Ort, das Wo markiert – und das *Gesetz* – die Struktur, die nicht sinnlich wahrnehmbar, aber begrifflich benannt werden kann. *Etwas* verbindet. *Etwas* verbindet die *Wand* und das *im Gesetz sein.*

Genau genommen, enthält der Satz, bezogen auf sein Subjekt *Etwas*, zwei Ortsbestimmungen: *Etwas ist im Gesetz* und *etwas*, das im *Gesetz ist*, ist *an der Wand.*

Etwas verbindet die *Wand* und das *im Gesetz sein. Etwas* kann als Bestandteil der *Wand* gelten. *An* einem bestimmten Ort *im Gesetz sein.*

Verneint wird, daß *etwas* durch die Zuordnung von Eigenschaften bestimmt werden kann. Die Zuordnung von Eigenschaften schafft Begrenzungen und Vereinnahmungen der *Wand*, des Gegenstandes. Mit der Zuordnung wird Einordnung, mit der Einordnung Begründung, mit der Begründung Beurteilung hergestellt.

Die Eigenschaft schafft das Zu-Eigen-Machen. Das Zu-Eigen-Machen des Gegenstandes wird verneint. Es wird bestimmt, aber unbestimmt.

Der Satz enthält zwei Bestimmungen: eine negative, eine positive; bestimmt wird der Ort: *an der Wand*; daß *etwas im Gesetz ist*, wird gesagt, aber es bleiben Stellen unbestimmt: Was ist *Etwas* – ein Bestandteil der Wand? In welchem *Gesetz*? Es wird nicht erklärt, es wird positiv und negativ bestimmt, es wird auf *Etwas* hingewiesen.

Der Satz stellt eine Behauptung auf, die angenommen oder abgelehnt werden kann: es wird gesagt, was sagbar ist und was nicht.

An dem Satz ist weder etwas falsch noch richtig, sondern im Rätsel.

So handelt der Satz von der Bestimmung und dem Un-Bestimmten; von den Möglichkeiten, *etwas* zu bestimmen und *etwas* offen zu lassen; *etwas* zu sagen und über *etwas* zu schweigen.

»bestimmen«: eigentlich durch die Stimme bezeichnen, festsetzen (Paul, *Deutsches Wörterbuch*, Tübingen 1966). In der Sprache festlegen, was gesagt werden darf und was nicht.

Insofern ist der Satz streng, weil er bestimmt, was gesagt werden kann und was nicht; und zwar in doppelter Bestimmung: einmal in der Verneinung der Zuordnung von Eigenschaften zu *etwas*, zum anderen, daß darüber geschwiegen wird, was das *Etwas an der Wand* ist und in welchem *Gesetz etwas an der Wand* ist.

Dieses Schweigen ist die zweite Negation, die der Satz enthält. Der Ort, an dem *etwas im Gesetz* ist, wird bestimmt, auch was an diesem Ort nicht zu finden oder zu suchen ist: Eigenschaften; auch was an diesem Ort ist: *Etwas im Gesetz*; aber alles weitere ist unbestimmt, darüber wird geschwiegen.

Der Satz gleicht sich in Aussage und Satzform: Er zeigt auf das Gesetz, auf das *im Gesetz sein*, er behauptet seine Wahrheit: *An dem* Satz *ist etwas im Gesetz.* Der Satz verbindet *im Gesetz* und Rätsel *sein.*

Der Satz gibt keinen Sinn. An Rätsel und Gesetz ist weder *etwas verdient noch sinnvoll.*

Das Rätsel stellt sich, es kann gestellt werden, wie die *Wand.*

Rätsel zu lösen ist ein ähnlicher Vorgang, wie Gesetze zu bestimmen: Ein Zerlegen in Bestandteile, um dann wieder zusammenzusetzen. Gelingt die Zusammensetzung, ist die Auflösung, die Zerlegung der Weg gewesen, das Gesetz zu bestimmen, das Rätsel zu lösen.

Der Weg zur Lösung oder Bestimmung führt über Zerlegung, Zertrümmerung, Zersetzung, Zerstörung. Bestimmen und Auflösen enthüllen den destruktiven Charakter dieses Zugangs zum Gesetz und Rätsel.

Ein anderer wäre, wenn es hieße: »Das Rätsel lösen ist soviel, wie den Grund seiner Unlösbarkeit angeben« (Adorno 1970, S. 185).

Das Gesetz bestimmen ist soviel, wie den Grund seiner Unbestimmtheit anzugeben.

Insofern teilt der Satz etwas über *Ähnlichkeit* mit: das Ähnlichwerden, die Versuche, ähnlich zu werden, sind Möglichkeiten, sich anzunähern, ohne zu zerstören.

Bestimmen und Auflösen, Zerstören, um wieder zusammenzusetzen. Zusammensetzen ist rekonstruieren. In der Rekonstruktion wird Sinn produziert.

Der Satz sagt, daß *etwas im Gesetz ist*, bestimmt aber weder *»etwas«* noch *»Gesetz«*. An *der Wand ist weder etwas verdient noch sinnvoll*, ist der Grund, daß *an der Wand etwas im Gesetz ist*, ist der Grund seiner Unbestimmtheit. Zuordnung von Eigenschaften wäre Bestimmung, Auflösung, Einordnung des Gegenstandes in Bewertungen. Ob die Eigenschaften nun falsch oder richtig gewählt, passend wären, darum geht es nicht, sondern darum, daß die Zuordnung Verbindungen zerstört.

Ganz entgeht der Satz nicht der Logik der Bestimmung: Er bestimmt, was zu sagen ist und was nicht. Die Bestimmung dessen, was gesagt werden darf oder nicht, hat immer einen anordnenden, moralischen Aspekt und gerät damit in die Regionen der Sinnkonstruktion.

Das liegt eher an der Satzform (Behauptungssatz) als an seiner Intention. Es wäre inkonsequent, zu kritisieren, daß der Satz die Selbstbestimmung beeinträchtigt, weil er eine Diskursregel aufstellt. Auch Selbstbestimmung bleibt der Bestimmung verhaftet und tendiert zum Destruktiven.

Ähnlichwerden und Annäherung liegen in der Intention und geraten in Widerspruch zur Satzform. Die Worte einer Sprache tendieren viel eher zum Ähnlichen als deren Regeln.

Insofern spricht der Satz von einer Hoffnung: das Unbestimmte unbestimmt sein lassen, sich annähern, ohne zu bestimmen. Er sagt *etwas* über ein »noch nicht«.

Dieses »noch nicht« erscheint sinn-los, weil Auflösung, Bestimmung, Zerstörung sinn-voll sind. Die Annäherung ist sinn-frei. Die geschriebenen und gesprochenen Sätze bleiben aufgrund der Regeln in der Bestimmung und Auflösung, auch wenn Annäherung beabsichtigt ist.

Dieser Satz bestimmt *etwas* nicht, auch wenn er bestimmt bleibt. Er nähert sich, ist aber noch nicht Annäherung, ein Ähnlichwerden kann geahnt werden. Daher sagt der Satz, was zur Zeit möglich ist.

»Mit den Rätseln teilen die Kunstwerke die Zwieschlächtigkeit des Bestimmten und Unbestimmten.« (Adorno 1970, S. 188)

Mit dem Kopf durch die Wand?

Jedes Ding hat zwei Seiten. Im Alltag ist das nicht gefragt, da soll es möglich eindeutig zugehen, zumindest gleichförmig. Anders, wenn's aus dem Alltag rausgeht: vor Gericht, zur Wissenschaft, in die Politik: Anklage und Verteidigung, Verifikation/Falsifikation, These/Antithese, Macht/Ohnmacht.

Das *Gesetz* macht zu schaffen: Auslegung des Gesetzes, Wahrheitsfindung, Beschließen und Durchsetzen von Gesetzen, Finden und Beweisen der Gesetze.

Der Zufall macht zu schaffen: Systeme der Zufallsbegrenzung, Experimente, Apparate, Beobachtung, Kontrolle.

Unwissenheit schützt vor Strafe nicht, es sei denn bei verminderter Zurechnungsfähigkeit, Natur- und Sozialwissenschaften experimentieren, um ihn als Störgröße auszuschließen, wenn – dann, der Zufall stört die Bestimmung des Gesetzes, eine Politik frei von menschlichen Schwächen, berechenbar bleiben.

Gegenwörter zu *Gesetz*: Zufall, Freiheit, Willkür. Gegenwörter zu: *Zufall*: Notwendigkeit, Gesetz; *Willkür*: Ordnung, Recht, Gesetz; *Freiheit*: Unfreiheit, Unterdrückung, Notwendigkeit, Gesetz, Bindung, Zwang, Strenge, Bevormundung, Gefangenschaft, Haft, Hemmung, Enge (siehe: Ch. u. E. Agricola, *Wörterbuch der Wörter und Gegenwörter*, Leipzig 1980). Die Gegenwörter von Zufall, Freiheit, Willkür können als Synonyme von Gesetz gelten.

Gegen das Gesetz rennt man an, auf das Gesetz stößt man wie gegen eine Wand. Der Verstoß gegen das Gesetz, der Gesetzesbruch.

Wird die Wand eingerissen, wird sie gebrochen. Für die Genauigkeit des Satzes spricht, daß Wand und Gesetz in Verbindung gesetzt werden. *Die Wand einreißen, das Gesetz brechen, um aufbrechen zu können? Mit dem Kopf durch die Wand?*

Zufälle sind erwünscht, erwartet, herbeigesehnt, erschrecken aber auch und können ein tödliches Ende bedeuten. Wunsch und Furcht umgeben den Zufall. Ordnung ins Chaos bringen ist nicht nur ein Einfall des Alltags. Das Gesetz verspricht, Ordnung ins Chaos zu bringen.

Freiheit und Gesetz verbünden sich unter dem Motto: Einsicht in die Notwendigkeit. Theorien und andere Erzählungen berichten davon.

Es muß doch etwas existieren, das Halt gibt, sei's nur die Wand, an die man sich anlehnt, damit man nicht umfällt, etwas, an das man sich halten kann, so daß es nicht umkippt.

Viele Räume, Einschließungen, Ausschließungen, viele Wände, die Halt und Anlehnung bieten.

Es ist notwendig, daß *etwas im Gesetz ist,* nicht nur an der Wand. Das Gesetz ist gleichgültig, gilt für jeden, jeder ist vor dem Gesetz gleich.

Gesetze sind Einfälle, um Ordnung in das Chaos zu bringen. Das Gesetz wird gefunden und bewiesen, wie es widerlegt und verworfen wird. Ist das Gesetz ein Einfall, kann es auch Zufall genannt werden, ein Zufall, der Ordnung stiften soll.

Würde die Wand gebrochen, entstünde zunächst neuer Sinn, Sinn beriefe sich auf das Gesetz, auch wenn er dessen Gegensatz ist, das Gesetz ist aber ein Zufall.

Sinn und Sinnlichkeit gehören der gleichen Wortfamilie an. Das Gesetz begrenzt die Sinnlichkeit, weil sie Chaos anrichtet. Sinn des Gesetzes ist die Begrenzung der Sinnlichkeit. Ohne Wahrnehmung, die ihre Abkunft aus den Sinnen nicht verleugnen kann, werden keine Gesetze gefunden. Sinnlichkeit heißt, dem Reiz der Sinne nachzugeben. Die Sinne in Ordnung zu bringen ist Aufgabe des Gesetzes, zu regeln, welcher Reiz sinn-voll ist, welcher nicht, welcher beantwortet, welcher nicht beachtet werden darf. Das Gesetz überläßt die Sinne den Reizen nicht mehr ungeschützt. Das Gesetz schützt die Sinnlichkeit wie die Wand. Das Gesetz brechen, aufzubrechen, heißt die Ordnung der Sinne zu verlassen. Die Wände, die schützen sollen, werden eingerissen, oder einfach den Raum verlassen und hinaus ins Freie.

»An« zeigt auf außen. *An der Wand ist etwas im Gesetz. Etwas an der Wand* ist zu beobachten, das auf das *Gesetz* schließen läßt.

Die Aussage, daß *etwas im Gesetz ist* – gesetzmäßig ist –, ergibt sich aus regelmäßiger, kontinuierlicher, längerfristiger Beobachtung des Gegenstandes. In Protokollen werden Veränderungen und Wiederholungen in der Entwicklung des Objektes festgehalten. Auf den ersten Blick läßt sich das Gesetz nicht erkennen.

An der Wand ist etwas zu beobachten, das zeigt, daß *an der Wand etwas im Gesetz ist*. Der gesamte Gegenstand ist nicht im Gesetz, etwas nur am Gegenstand ist im Gesetz. Das Gesetz und der Gegenstand sind nicht identisch, sondern bleiben unterschieden.

Die Frage, die sich aus dem Satz ergibt, kann lauten: Was ist an der Wand zu beobachten, das auf das Gesetz schließen läßt? Diese Frage beantwortet der Satz nicht, sondern gibt sie auf. Folgte jemand der Aufforderung, könnte er mitteilen, was an der Wand zum Gesetz führt, das Gesetz benennen. Um auf das Gesetz zu kommen, ist der genaue regelmäßige Blick auf das Außen nötig.

Das Gesetz existiert ausschließlich in der Form sprachlicher und nichtsprachlicher (z. B. mathematischer) Zeichen. Das Gesetz basiert auf der Materialität des Objektes, der stetigen Wiederholung der prüfenden Anschauung, Protokollen der Beobachtung.

Das Gesetz resümiert die Prüfung und stetige Wiederholung der Anschauung.

Das Gesetz ist Aussage, Notat über die Regelmäßigkeit des Gegenstandes. Vor Beobachtung und Notierung existiert kein Gesetz. Das Gesetz *ist nicht* wie der Gegenstand selbst, sondern wird aufgrund von Beobachtungen als deren Ergebnis konstruiert. Das Gesetz ist eine Erfindung. Durch Aufzeichnung der Regelmäßigkeit werden die Gegenstände und die Natur nutzbar und beherrschbar gemacht. Das Gesetz führt zur Machbarkeit.

Die beobachtende Anschauung des Gegenstandes, die auf das Gesetz kommen will, bildet den beherrschten Blick aus. Die beobachtende Anschauung erzwingt die Regelmäßigkeit des Beobachters – Selbstbeherrschung –, um den Gegenstand durch die Kenntnis seiner Regelmäßigkeit zu nutzen und zu beherrschen.

Der beherrschte Blick ist gleichgültig und distanziert; auf den Gegenstand gerichtet, dessen Veränderungen registrierend, bestimmt von der Absicht, ihn nach Entschlüsselung seiner Regelmäßigkeit zu verwenden. Distanz und Gleichgültigkeit dürfen nicht aufgegeben werden, Verwirrungen, Abschweifungen durch Form und Farbe stören die eigene und fremde Beherrschung. Kein Geheimnisvolles darf sein, übrigbleiben. So führt die Erfindung der Konstruktion des Gesetzes in Wiederholung, Gleichgültigkeit, Distanz und Beherrschung. Überraschung, Geheimnisse, Zufälle, Unordnung, Nähe, Sinne, die sich von Formen und Farben verwirren, betören, verführen lassen, sind die Widersacher des Gesetzes.

Die Gegenstände reizen die Sinne, sie können gefühlt, gesehen, geschmeckt, gerochen, gehört werden.

So bleibt das gemalte oder gezeichnete Bild vom Gegenstand in steter Opposition zum Gesetz. Es gründet auf intensive Anschauung, mensch ließ sich verführen und reizen durch Form und Farbe des Gegenstandes.

Der intensive Blick sucht sich nicht zu distanzieren und zu beherrschen, um das Gesetz zu finden, mit dem der Gegenstand nützlich wird. Es ist der Unterschied von intensivem und beherrschtem Blick. Der intensive ist ganz bei Sinnen, kann von Zeit zu Zeit zur Besinnung führen, der beherrschte will nur das Gesetz, ihm sind die Sinne Instrumente. Am nützlichen Gegenstand ist etwas im Gesetz. »Kunst ist unnütz«, Widersacher des Gesetzes.

Wenn's so einleuchtet, wäre der Satz entweder ein Protokollsatz, oder er müßte vom Gesetz lassen. Kein Satz ist unveränderbar, auch die wichtigen nicht.

Der Veränderungsvorschlag gilt sowieso nur der letzten Zeile, damit der Satz vom Gesetz lassen kann:

An der Wand
ist weder
etwas verdient
noch sinnvoll,
sondern
zu erblicken

Rätsel

Jedes verbirgt, daß es auch anders sein kann, als es scheint und bestimmt wird. Wär's einzig so, wie's erscheint oder vorgestellt wird, wär's bewegungslos. Es ist schon so, wie's wahrgenommen wird, aber gleichzeitig auch anders. Erst daß es auch anders sein kann, läßt's frei und offen sein.

Auch der Satz bleibt sich nicht gleich, läßt sich bewegen und bewegt, ist so wie wahrgenommen, aber gleichzeitig auch anders.

Ist an der Wand
ist nicht verdient
und nicht voll Sinn
ist im Gesetz
ist an der Wand
und im Gesetz
was ist's?

So wär's ein Rätsel, läßt sich bewegen und bewegt und fragt, ob's auch anders sein und werden kann.

Vom Sinn zur Bedeutung

»Vom Sinn zur Bedeutung vordringen«

Es wird schon anders werden, wenn's auch ähnlich bleibt; der Sinn wechselt allzumal. Droht der Sinn zu schwinden – wie die Sinne –, entsteht doch neuer.

Die Bedeutungen hingegen sollen konstant bleiben, bestimmend im doppelten Sinn: daß dies Zeichen diesen bestimmten Gegenstand bedeutet und daß jenes oder jener bedeutend, ein anderes oder anderer unbedeutend sind. Bedeutung setzt gleich und hebt hervor. Grenzt Frege Sinn und Bedeutung gegeneinander ab, definiert den Sinn als Gedanken oder Ausdruck, die Bedeutung als Wahrheitswert, erscheint die Bedeutung als Fels der Referenz im Meer der Referentenlosigkeit; gerade so, als ob Frege die Gefährdungen der Simulation vorausgeahnt hätte.

Unsicher ist der Sinn, sicher die Bedeutung; sie bestimmt, identifiziert und verifiziert. Schwindet der Sinn immer wieder, wechseln seine Orientierungen, gibt er stets auf's neue Parolen aus, welcher Zusammenhalt gerade gilt, welche Synthese noch geht, soll die Bedeutung bestimmen, dies Zeichen, dieser Satz bezeichnet Vorhandenes, etwas, das da war oder ist. So erscheint die Bedeutung sicherer als der Sinn.

Wider die Bedeutung zu argumentieren rüttelt an den Pfeilern der Vermittlung zwischen Bezeichnung und Realität, stellt die Möglichkeit eines »wahren« Realitätsbezuges in Frage. Wahrnehmen, bezeichnen, bedeuten; auszusagen, was ist, damit das Andere bestimmt und mitteilbar wird, so soll es doch sein, damit wir uns orientieren können, wiedererkennen und identifizieren.

Wohin's führt, wenn's undeutlicher wird, ob das Zeichen Referenz besitzt oder referenzlos ist, führt die Simulation vor Augen und vor Ohren.

Möge für gut geheißen werden, daß es sinn-los(er) wird, aber bedeutungslos(er) darf's nicht werden. Die Warnungen sind gut gemeint, weil's um die Wahrheit geht. Deshalb soll auch nicht die Wahrheit in Zweifel gezogen, sondern die Tätigkeit des Bedeutens dargestellt werden, um zu fragen, ob das Bedeuten nicht anders wird, wenn es sich die Bedeutungslosigkeit von Fall zu Fall als Möglichkeit, als Anderes und Entgegengesetztes der Bedeutung zulassen könnte. Gefragt wird aber, ob Bedeutungsloses nicht auch wahr sein kann.

War das »Wider den Sinn« eindeutig, so ist das »Wider die Bedeutung« eher als Unterbrechen des permanenten Bedeutens gemeint.

Läßt Frege Kunst als bedeutungslose, aber sinnvolle Artikulation zu, schwingt darin die Ahnung mit, daß nicht *alles* bedeuten *muß*. Begreift er Bedeutungslosigkeit als Sinn, Sinn als das von der Bedeutung Unterschiedene, so ist das ein Schritt auf den Stufen einer Leiter. Der nächste (Phantasie) könnte darin bestehen, über Sinn und Bedeutung hinauszusteigen; Sinn und Bedeutung zu transzendieren. Phantasie könnte Sinn- und Bedeutungsfreiheit meinen, um wahrzunehmen, jenseits vom Vorhandenen und Gedachten ist Unbezeichnetes, das frei von Sinn und Bedeutung ist; und wo sich's fragt, ob's von Sinn und Bedeutung eingeholt werden soll, oder ob's dasein kann und darf, bedeutungslos und sinnfrei bleiben, das Andere, unbestimmt, aber dennoch anwesend und erlebt; wo sich's fragt, ob Bedeutungslosigkeit und Sinnfreiheit versucht werden können, ohne gefährdet zu sein.

Alles, was ist, soll etwas bedeuten

I

Bedeuten heißt bestimmen. Bestimmen heißt, etwas bedeutet etwas Bestimmtes. Bedeuten, das bestimmt, identifiziert. Identifizieren heißt wiedererkennen. Wiedererkennen heißt orientieren.

Wiedererkennen heißt, sich etwas bekannt und vertraut zu machen. Das vorher noch nicht, aber jetzt Wahrgenommene erinnert an etwas, das schon davor wahrgenommen wurde. Es wird, weil dies schon etwas bedeutet, vertraut.

Bedeuten heißt, Vertrauen fassen zu können zu Fremdem und Neuem, weil es an etwas vorher Bekanntes erinnert, dem angeglichen, mit dem, wenn es auch nicht dasselbe ist, verglichen werden kann.

Bedeuten heißt, das Neue und Fremde dem Bekannten ähnlich zu machen und anzugleichen, gleichgültig, ob's dadurch seine Eigenart verliert oder nicht.

Bedeuten folgt dem Grundsatz der Gleichbehandlung, wenngleich das Verglichene anders ist als das, mit dem es verglichen wird.

So ist ohne Bedeutung nicht auszukommen, weil sie orientiert. Ohne Orientierung wäre kein Zurechtfinden.

Dem Gegenstand, dem Geräusch, dem Ebenen und Unebenen, den Farben, allem, das mit den Sinnen wahrnehmbar ist, die Bedeutung nehmen zu wollen, beraubte der Orientierung, die diese gewährt.

Daß gerade etwas, das zunächst nicht (wieder-)erkennbar, für einen Augenblick bedeutungslos ist, sogleich mit Bedeutungen überschüttet wird, daß es identifizierbar wird, dient (nur) der Orientierung.

Der Gegenstand, sei es ein Stein, ein Baum, eine Blume, existiert an sich und für sich, das heißt ohne Bedeutung. Er bekommt erst eine, wenn ich ihn wahrnehme.

Der Gegenstand ist, existiert ohne Bedeutung. Erst wenn ich ihn wahrnehme, bekommt er die Bedeutung, die ich ihm gebe.

Ich gebe ihm Bedeutung, damit ich ihn wiedererkennen kann. Ich bestimme ihn mit der Bedeutung, damit ich mich orientieren kann.

II

Daß die Welt (für mich) alles ist, was (meine) Bedeutung ist, daß eine Emanzipation von der Bedeutung unmöglich ist, wäre zu akzeptieren. Wenn nicht der Stachel bliebe, daß die Bedeutung, das Bedeuten den Gegenständen der belebten und unbelebten Natur, den anderen Menschen nicht gerecht wird, weil alles auf das »für mich« reduziert und das an sich, für sich ignoriert, ja oft zerstört wird. Eine Reihe von Kunstwerken der letzten hundert Jahre können als Versuche verstanden werden, sich von der Bedeutung zu emanzipieren*, um wenigstens in einem Bereich menschlicher Arbeit die Reduktion, Ignoranz und Zerstörung, die das Bedeuten auch bewirkt, tendenziell aufzuheben.

Die Versuche, Werke der Bedeutungslosigkeit zu schaffen, provozier(t)en die Überschüttung mit Bedeutungen. Was keine Bedeutung hat, sondern nur Form oder Farbe oder Ton oder Geräusch oder Klang oder Rhythmus wird eingeholt von den Interpretationen, die wieder Bedeutungen zusetzen.**

Interpretation könnte sich auf die Beschreibung der Form konzentrieren, wie das Werk selbst. Sie sucht aber das Werk zu vereigentlichen durch Vervollständigung, indem sie behauptet: zwar ist nur dies zu sehen, zu hören, zu lesen, aber eigentlich ist jenes damit gemeint.

Was fehlt, die Bedeutung, wird, weil nichts ohne sie sein darf, der Interpret/Kritiker sich durch ihre Entdeckung legitimiert, unterschoben. Damit widerfährt dem Kunstwerk ähnliches wie den Gegenständen (der Natur).

Dieser Prozeß könnte zu einer Annäherung von Gegenständen und Kunstwerken führen.

Künstler machen die Erfahrung, daß ihre Werke und damit auch sie selbst in die Bedeutung (zurück) gezwungen werden, von der sie sich in ihrer Arbeit versuchen zu befreien. Möglich wäre es, daß durch diesen Prozeß Sympathie, Mitgefühl mit den Gegenständen entsteht, weil sie nun in Bedeutungen eingesperrt werden, wie die Gegenstände.

* Vor allem Werke der bildenden Kunst und der Musik, in der Literatur fällt das viel schwerer, weil ihr Material, die Sprache, Bedeutung per se suggeriert.

** S. zu diesen Überlegungen: Susan Sontag, *Gegen Interpretation*.

III

Der Gegenstand kann ohne Bedeutung sein, für sich und an sich, aber nicht für mich. Will er für mich sein, muß ich ihn bestimmen, bedeuten, vergleichen, angleichen, damit er meiner Orientierung dient.

Sollte der Gegenstand eine Bedeutung haben, die in seinem An-sich- und Für-sich-Sein besteht, ist ihm die, die ich ihm gebe, wie ich ihn bestimme, gleichgültig. Er existierte in seinem Zusammensein von Dasein und Bedeuten.

Zufällig wäre es, wenn meine mit seiner zusammenträfe. Dann wären seine und meine identisch. Die Trennung zwischen ihm und mir wäre aufgehoben in dem Zusammentreffen.

Wenn der Gegenstand in seinem Dasein Bedeutung hätte, wäre das zufällige Zusammentreffen seiner und meiner Bedeutung die Form der Gleichgültigkeit, die Trennungen aufhöbe, ohne identisch zu machen.

Beim zufälligen Zusammentreffen der Bedeutungen wären Bestimmung und Identität überflüssig, weil es sich annäherte, ohne gleichgemacht werden zu müssen. Nicht vergleichbar, nicht wiedererkennbar, nicht identisch, sondern ein Finden von Unterschiedenem, das da ist, nicht wiedererkannt und identifiziert werden will, sondern gleich und dabei unterschieden bleiben.

Sollte der Gegenstand eine Bedeutung haben, die in seinem Für-sich- und An-sich-Sein existiert? Sollte er in einem Zusammensein von Dasein und Bedeuten existieren, könnte seine Bedeutung mit der meinen zufällig zusammentreffen. Bedeutet der Gegenstand etwas in seinem Dasein?

Jeder Gegenstand existiert an sich und für sich und in Beziehung zu anderen. Der Baum, die Blume, die Pflanze in Beziehung zur Erde, zum Wasser, zur Luft, zur Wärme und Kälte. Bedeuten sie etwas füreinander oder beziehen sie sich aufeinander?

IV

Das Bedeuten ist zwanghaft. Sollte noch etwas ohne Bedeutung existieren, wird es in das System der Bedeutungen integriert.

Nicht zu bestreiten ist, daß dies notwendig ist. Es hat sich bewährt, ohne es ist nicht auszukommen. Auf Bedeutungen ist nicht zu verzichten. Bedeuten ist das Werkzeug, um das Gebot, sich die Erde untertan zu machen, zu exekutieren. Bedeuten gewährleistet so gleichzeitig das (Über)Leben und die Gefährdung unserer Gattung. Kunstwerke beziehen Spannung und Widerspruch aus der Auseinandersetzung mit dem Versuch, sich von Bedeutungen zu entfernen.

Besteht die Welt nur noch aus Bedeutungen oder, wie Nietzsche es formuliert, es gäbe keine Fakten, es gäbe nur Interpretation (s. Sontag 1982, S. 13), dann ist unsere Welt eine, die zwar existiert, aber ausschließlich aus einem Netz von Bedeutungen, das wir der Welt übergestülpt haben. Sich der Bedeutung zu entziehen, die »reine« Farbe oder Form, den »reinen« Ton, gereinigt von der Bedeutung, zu schaffen, kann als Versuch verstanden werden, sich den Gegenständen bedeutungslos anzunähern, zu experimentieren, ob Wahrnehmen sich vom Bedeuten trennen läßt. Kunstwerke, die (fast) ohne Bedeutung auskommen, entstehen in einer Zeit, in der die Bedeutung total geworden ist. Derartige Kunstwerke zu schaffen setzt nicht die Absicht der Bedeutungslosigkeit voraus, ist auch kein Widerstand oder Protest, sondern eher Ausdruck einer Sehnsucht nach einer Wahrnehmung, die frei vom Bedeuten ist, ein Gespür für die zerstörerischen Konsequenzen des Bedeutens.

Im Alltag und der Gesellschaft, die auf Kommunikation und Interaktion basieren, bleiben wir angewiesen auf das Bedeuten, ist unsere Welt, was die Bedeutung ist.

Versuche der Bedeutungslosigkeit fragen, ob die Welt wirklich alles ist, was die Bedeutung ist, ob sie vollständig in den Bedeutungen aufgeht.

Aber es drohen die Interpretationen, um alles mit den Netzen des Bedeutens einzufangen, weil nicht sein kann, was nicht sein darf. Bleiben die individuellen Erfahrungen derjenigen, die sich im Werk vom Bedeuten entfernen. Anders geht's auch nicht, als es selbst zu versuchen, vermittelbar ist es schwerlich, schon gar nicht durch Sprache. Sprache suggeriert, Bedeutungslosigkeit gebe es nicht. Sprache bleibt Affirmation der Bedeutung.

V

Heißt beziehen bedeuten?

Ich beziehe mich auf den Gegenstand, indem ich ihn bedeute, bearbeite oder zerstöre. Dem Gegenstand eine Bedeutung geben, ist eine Form der Beziehung zu ihm.

Den Gegenstand zu bedeuten, heißt auch, ihn (wieder) erkennbar und vertraut zu machen.

Den Gegenstand zu bearbeiten, zu pflegen, zu verändern oder zu zerstören, daß er für mich da ist, von mir gebraucht werden kann, ist eine Form zu erkennen, aber auch eine, in der ich mich auf ihn beziehe.

Die Bedeutung(en) des Gegenstandes können während seiner Bearbeitung entstanden sein.

Bei der Bearbeitung wird der Gegenstand benannt und bedeutet, damit ich andern über ihn, aber vor allem über seine Bearbeitung Mitteilungen machen kann. Meine Erfahrungen mit ihm, die vor allem die der Bearbeitung sind, werden mitteilbar. Ich brauche nur noch den Namen des Gegenstandes auszusprechen, muß nicht mehr auf ihn zeigen, andere zu ihm hinführen, sie wissen aufgrund der Mitteilung, um was und wen es sich handelt.

Ist der Gegenstand widerspenstig, sperrt sich meiner Bearbeitung, meinem Gebrauch, wird er schlecht. Diese negative Bewertung geht in seine Bedeutung ein. Machen andere von meiner abweichende Erfahrungen, daß er sich nicht sperrt, nicht widerspenstig ist, wenn sie ihn bearbeiten oder gebrauchen, werden ihre Bewertungen anders sein als meine, damit auch ihre Bedeutung. Sie und ich verwenden zwar denselben Namen, geben ihm aber eine andere Bedeutung.

Die Gegenstände sind auch für uns da, wir für sie, oft um den Preis des Verzehrens, Zerstörens und Verbrauchens.

VI

Auseinandersetzung mit Kunstwerken bleibt Interpretation, wenn sie bestimmte Motive und Absichten deutet, wenn sie nicht, wie gefordert, die Werke ausschließlich beschreibt und ihren materialen Aufbau analysiert.

Inkonsequenz entsteht, wenn gefragt oder begründet wird, wie bestimmte Objekte zu verstehen sind; und verstehen heißt bedeuten. Ausgegangen wurde von der These, daß in den letzten hundert Jahren Kunstwerke entstanden sind, die als Versuche verstanden werden können, sich von der Bedeutung zu emanzipieren, nur Form, Farbe, Ton, Klang sind bzw. sein wollen. Schon diese Unterscheidung von »sind« und »sein wollen« ist problematisch, denn »sein wollen« unterstellt eine Intention, eine Bedeutung. Selbst wenn Künstler erklären, dieses Werk soll oder will ausschließlich Form sein, liegt darin eine Bedeutungsgebung. So gesehen ist aus dem Zirkel der Bedeutung nicht herauszukommen. Noch weiter werden die Werke in das Netz der Bedeutungen hereingeholt, wenn sie auf gesellschaftliche Entwicklungen bezogen, als deren Ausdruck begriffen werden. Wenn, wie angenommen, die Entfernung von der Bedeutung unter anderem darin begründet ist, daß die Bedeutung mittlerweile total geworden ist, dann wird das Entstehen von Kunstwerken als Ausdruck bestimmter Entwicklungen gesellschaftlicher Verhältnisse gedeutet. Diesem Dilemma ist nicht zu entkommen, wenn Beziehungen zwischen gesellschaftlichen Verhältnissen und Kunstobjekten angenommen werden, es ist nur darzustellen. Oder auf diese Vorgehensweise müßte verzichtet werden und an ihre Stelle die Beschreibung des Werkes und Analyse seines Materials treten.

Warum soll von diesem Zugang zu Kunstwerken Abstand genommen werden, warum ist es problematisch, diese auch als Ausdruck, ja Kritik gesellschaftlicher Verhältnisse und Entwicklungen zu begreifen? Besteht nicht die Unangemessenheit eher darin, sie ausschließlich auf Kritik und Ausdruck zu reduzieren? Die Antwort ist bereits gegeben, weil derartige Zugänge Interpretationen sind, die immer die Gefahr der Reduktion auf (bestimmte) Bedeutungen mit sich bringen. Die durch Interpretation auf Bedeutungen reduzierten Kunstwerke verlieren ihre potentielle Erschütterungskraft, die von ihrer Bedeutungslosigkeit oder von Teilen von ihnen, die nicht gedeutet werden oder deutbar sind, ausgeht. Diese Auffassung basiert auf der These, daß Bedeutungslosigkeit eher erschüttert als Kritik. Bedeutungslosigkeit im gesamten oder in Teilen des Kunstwerkes kann Unverständnis, Abwenden, Zorn, aber auch Erschütterung, Ergriffensein, Staunen oder wieder nur Bedeutungsgebung hervorrufen.

Baudrillard argumentiert ähnlich, wenn er in einem Interview ausführt:

»Wir wissen, daß jede Kritik, jede Gegenkraft das System nur ernährt. Zumindest haben wir das so erlebt, und haben diese Erfahrung sowohl in der Praxis wie auch in der Theorie gemacht. Das war also zwecklos. Für mich handelt es sich dabei um den Übergang von einer Perspektive des Subjekts zu der des Objekts, von dem her es keine Kritik mehr gibt. Das Feld des Objekts ist das der Verführung, des Schicksals, der Fatalität oder einer anderen Strategie. Zur Kritik muß man den Standpunkt des Subjektes wahren mit allen seinen Strategien. Und gerade diese Strategien schienen mir veraltet und erschöpft zu sein.« (*Frankfurter Rundschau* vom 4. 1. 1986) Kann jemand, der Sprache benutzt, »von einer Perspektive des Objektes«, die, zumindest aufgrund der hier entwickelten Argumentation, Bedeutungslosigkeit heißt, etwas darstellen? Aus welcher Perspektive dies möglich wird oder scheint, deutet Baudrillard im selben Interview an: »Man kann das doch in der Sprache selbst beobachten, wie z. B. im Witz die Sprache von selbst läuft durch eine Kraft der Energie oder der Steigerung oder durch die Materialität der Sprache selbst. Dann läuft sie außerhalb des Subjektes. Das wäre für mich der Standpunkt einer zugleich ironischen und objektiven Stellung, auch die der gegenwärtigen Theorie.«

Vom Standpunkt, aus der Perspektive des Objektes kann argumentiert werden, wenn Sprache als System bzw. als Objekt begriffen wird, das außerhalb und unabhängig von den Subjekten funktioniert, von diesen zwar angewendet, gesprochen wird, aber nicht ihr Produkt ist. Wenn die Sprache »uns« spricht und wir illusionär meinen, wir sprächen sie, kann »vom Objekt her gesprochen werden«.

Ein geschlossener Kreis der Bedeutungslosigkeit ist dann vorhanden. Ist die Sprache Material, das ich, wie alle anderen Gegenstände, vorfinde, markiert sie einzig Beziehungen, ist sie ein System der Beziehungen, das aber an sich bedeutungslos ist. Daß sie Bedeutungen trage, daß wir Bedeutungen geben, ist unsere »Subjektillusion«.

Subjektillusion ist bei Althusser zwar nicht auf die Sprache, sondern auf gesellschaftliche Verhältnisse bezogen, trifft aber die angesprochene Verkehrung. Die Individuen meinen, sie seien Subjekte, benötigten diese Illusion für ihr Selbstverständnis, meinen, sie bestimmten die Verhältnisse und Bedingungen, in und unter denen sie leben, obwohl sie tatsächlich Objekte sind, von den Bedingungen bestimmt werden. Auf Sprache bezogen: nicht wir bedeuten, nicht wir sprechen, sondern die Sprache spricht uns, unsere Illusion besteht darin, daß wir meinen, mit der Sprache die Gegenstände und die Welt zu bedeuten.

Dieser Standpunkt gibt Wittgenstein recht, wenn er postuliert: Die Welt ist alles, was der Fall ist. Illusionär ist es zu behaupten, die Welt ist alles, was die Bedeutung ist; aber immerhin eine notwendige Illusion, die Menschen zum Erhalt ihres Selbstverständnisses benötigen. Objektiv, aus der Perspektive des Objektes, ist die Welt alles, was der Fall ist; subjektiv, aus der Perspektive des Subjektes, alles, was die Bedeutung ist.

Merke: Es ist alles nur eine Frage der Perspektive.

Bedeutungslosigkeit zu versuchen, ist eine Reaktion auf die Totalität der Bedeutung, gleichgültig, ob illusionär oder real. Fraglich ist, ob die »Strategie« der Bedeutungslosigkeit, von der Perspektive des Objekts auszugehen, die Totalität der Bedeutung aufzulösen vermag. Bedeutungslosigkeit zu versuchen, gerät, wenn die Perspektive des Subjektes beibehalten wird, zur Inkonsequenz.

Bedeutungslosigkeit zu versuchen, kann die Perspektive des Objektes, wie es Baudrillard vorschlägt, wählen. Dann bleibt Determination, in der zwar »Spiel« in bestimmten Grenzen möglich ist, in der Begreifen der Relationen sein kann (die das Objekt/System Sprache voraussetzt) – und dies heißt dann: Erkennen; aber Bedeuten bleibt Illusion, wenn auch notwendige.

Bedeutungslosigkeit zu versuchen, Kunstwerke als Ausdruck versuchter Bedeutungslosigkeit zu interpretieren, entsteht aus der Logik des Bedeutens als Tätigkeit der Subjekte. Bedeuten bewahrt und zerstört, ermöglicht und gefährdet unser Leben zugleich.

Die Besinnung auf die Bedeutungslosigkeit ist eine auf die Gefährdung durch das Bedeuten. Bedeutungslosigkeit in's Spiel zu bringen, sie zu versuchen, kann nichts anderes heißen als ein Hinweis, daß die Welt nicht alles ist, was die Bedeutung ist.

Damit wird dieser Standpunkt »unrein«, weil er, wie dargestellt, inkonsequent, widersprüchlich werden muß. Er bleibt dauernd gefährdet »als Kritik«, die das bestehende System der Bedeutungen nur ernährt, wie es Baudrillard befürchtet, d. h. integrierbar in die Totalität der Bedeutung.

Die andere Wahl wäre, von der Perspektive des Objektes zu

argumentieren, verbunden mit den dargestellten Konsequenzen, die widerspruchsfrei bleibt.

Dennoch bevorzuge ich die wechselnden Perspektiven mit der Konsequenz der Inkonsequenz.

Die Logik der Determination, die sich aus der Perspektive des Objektes ergibt, führt zur Aufgabe der Verantwortung. Übrig bleibt die, wie Baudrillard es nennt, Indifferenz:

»Das Szenarium entspricht der Hypothese der Indifferenz. Die Ereignisse sind nur simuliert oder keine mehr, weil sich alles auf einem Hintergrund der Indifferenzen abspielt. Es sind Ereignisse der Indifferenz. Sie bedeuten nichts mehr, weil sie nicht aus Differenzen oder Machtverhältnissen entstehen, sondern aus Gleichgültigkeit. ...

Wenn man alles als ein Spiel der Differenz deuten will, dann irrt man sich. Indifferent ist im übrigen nicht nichts, es ist keine Leere, sondern eine Macht.« (*Frankfurter Rundschau* vom 4. 1. 1986)

Indifferenz ist ein Abfinden mit dem, wie's kommt und bestimmt ist, weil's bestimmt ist: dann doch eher Inkonsequenz als Indifferenz!

Wenn die Moderne oder die Geschichte zu Ende gegangen sind, bleibt nichts anderes übrig, als sich abzufinden mit Patchwork oder Bastelei, in dem Vergangenes neu zusammengesetzt wird, bzw. sich zufrieden zu geben mit dem Ende der Geschichte, d. h. der von Subjekten bestimmten Verhältnisse.

Die Postismen postulieren, wenn auch mit unterschiedlichen Akzentsetzungen, ein und dasselbe: es ist vorbei mit der Selbstbestimmung, weil sich alles soweit verselbständigt hat, daß wir es nur noch ertragen, wir uns damit abfinden können. Darin liegt die Gefahr, Bedeutungslosigkeit zu versuchen, wenn sie von der Perspektive des Objektes argumentiert. Daher ist die Perspektive des Subjektes, die Bedeutungslosigkeit deutet, zwar inkonsequent, vermag aber dem zerstörerischen Anteil der Bedeutung mehr entgegenzusetzen als eine Bedeutungslosigkeit aus der Perspektive des Objektes. Von diesem Standpunkt ist ein Abfinden mit der Zerstörung möglich, weil sie bestimmt ist und keine Möglichkeit bleibt, sich der Konsequenz der Bestimmung und der Indifferenz zu entziehen und sei's durch Inkonsequenz. Ich beziehe mich auf den Gegenstand, indem ich ihn bedeute. So bleibt mir keine andere Wahl, als ihn zu bedeuten.

Wahrnehmen ist eine Form der Beziehung zum Gegenstand, ihn bearbeiten, gebrauchen, zerstören sind andere, die aber seine Wahrnehmung voraussetzen. Allen ist gleich, daß sie ihn bedeuten.

Sind Wahrnehmen, Beziehen und Bedeuten identisch, bilden sie eine unerläßliche Einheit?

Ist Bedeuten meine spezifische (menschliche) Form der Beziehung zu den Gegenständen?

Die Bedeutung nimmt dem Gegenstand seine Eigenart, weil er von mir bestimmt, verglichen und angeglichen wird, seine, d. h. meine Bedeutung, die ich ihm gebe (oder übernommen/gelernt habe), entsteht aus meiner Bearbeitung, meinem Gebrauch von ihm. Meine Bedeutung unterwirft den Gegenstand meiner Bestimmung, nimmt dem Gegenstand seine Selbstbestimmung.

VII

Bedeutungslosigkeit versuchen, aber das Bedeuten nicht verwerfen, der Inkonsequenz, die dieser Perspektive immanent ist, eingedenk sein und über die Sprache nachdenken, weil sie das Bedeuten verlangt, wie das Sprechen die Bedeutungslosigkeit exkommuniziert. Die Bedeutungslosigkeit ist sprachlos.

Versuchte ich, den Gegenstandsbezug der Worte anzusprechen, habe ich doch weitgehend davon abstrahiert, daß die vorfindbaren und wahrnehmbaren Gegenstände schon bedeutet sind.

Alle Gegenstände und Menschen, die ich vorfinde, sind bereits in irgendeiner Weise bearbeitet, das heißt, bereits benannt und bedeutet. Ich lerne, sie zu benennen und zu bedeuten, d. h. mit ihnen in einer *bestimmten* Weise umzugehen. Durch Sprache zu bestimmen und bestimmt zu werden, ist vorgegeben. Sprache, die Ordnung der Worte und Wortanordnungen als System, ist genauso vorgegeben wie die Gegenstände und Verhältnisse, in denen ich lebe. Ich könnte versuchen, den Gegenständen eigene Worte und Bedeutungen zu geben. Zulässig scheinen meine »Privatbedeutungen« für die Gegenstände, die aber kaum kommunizierbar sind; nicht oder kaum möglich sind meine eigenen Zeichen für die Gegenstände, weil ich mich sonst nicht verständigen könnte. Ein anderer Weg wäre, sie zu verallgemeinern versuchen, aber dann bestünde kein Unterschied mehr zu den bereits verallgemeinerten

Worten und Sätzen. Eine weitere Möglichkeit: das Sprechen und Benennen zu verlernen, um den Gegenständen wahrnehmend, aber nicht bedeutend zu begegnen. Jegliche Abbildung dieser Begegnung bedeutete sie, zwar nicht allgemein zugänglich, aber sie verbliebe im Bedeuten. Kunstwerke, die Bedeutungslosigkeit versuchen, erscheinen bedeutungslos, weil hier »private« Bedeutungen präsentiert werden, die dann durch Interpretation dem Allgemeinen zugeführt werden.

Den Bestimmungen durch Bedeutungen, durch die Sprache ist kaum zu entgehen. Sich auf Determination zurückzuziehen, habe ich abgelehnt mit dem Hinweis auf die Verantwortung und die Gefahr des Rückzugs auf die Verantwortungslosigkeit, die als Konsequenz aus der Determination gezogen werden kann.

VIII

Schreibe ich, was ich empfinde, wenn ich den Gegenstand berühre; was ich sehe, wenn ich ihn sehe; was ich fühle, wenn ich ihn sehe; zeichne ich, was ich sehe, wenn ich ihn sehe, auch dann bedeute ich ihn, aber ich beziehe mich anders auf ihn, als wenn ich ihn bearbeite oder gebrauche.

Der Gegenstand existiert für sich und an sich, mit anderen und für andere. Ich kann mich verschieden auf ihn beziehen, ihn unterschiedlich bedeuten; denn meine Bedeutung ist auch bestimmt durch die Form der Beziehung zu ihm.

Da Bearbeitung und Gebrauch dem Zweck geschuldet sind, nützlich für mich zu sein, ist die Bedeutung, die ich ihm dabei gebe, bestimmt durch und reduziert auf diesen.

Beziehe ich mich auf den Gegenstand, indem ich schreibe oder zeichne, was ich von ihm wahrnehme, ist dies nicht dem Zweck des Gebrauchs, der Bearbeitung oder des Verbrauchs geschuldet. Es geht um meine Wahrnehmung des Gegenstandes.

Indem ich mich ausschließlich wahrnehmend auf den Gegenstand beziehe, schreibe oder zeichne, was ich wahrnehme, bedeute ich nicht den Gegenstand, sondern meine Wahrnehmung des Gegenstandes.

Die Worte und Sätze, die Linie und die mit Linien bedeckten oder freigelassenen Stellen auf dem Papier sind nicht der Gegenstand, sondern die fixierte Transkription meiner Wahrnehmung, die etwas bedeutet. Sie bedeutet das, worauf ich mich wahrnehmend konzentriert habe, was ich von meiner Wahrnehmung festhalten konnte.

Wahrnehmend beziehe ich mich auf den Gegenstand. Er ist der Anfang, aber das Geschriebene, die Worte und Sätze, das Gezeichnete, die Linien und Farben sind meine Bedeutung des Gegenstandes, die auf meiner Wahrnehmung basiert.

IX

Die Tätigkeiten des Bearbeitens und Gebrauchens des Gegenstandes entsprechen dem Benennen und Bedeuten. Ist von der Bedeutung der Gegenstände die Rede, ist auch deren Bearbeitung und Gebrauch gemeint. Aus der Bearbeitung und dem Gebrauch des Gegenstandes entstehen seine Bewertungen, die dann in die Bedeutung eingehen.

Der Umgang der Menschen mit den Gegenständen, was sie dabei wahrnehmen und empfinden, aber auch behalten wollen oder müssen, wird abgebildet in den Bezeichnungen und den Bedeutungen des Gegenstandes. Die Gegenstände, mit denen wir konfrontiert werden, sind aber bereits bedeutet, d.h., es ist vorgeschrieben, wie mit dem Gegenstand umzugehen ist.

Eine Gleichsetzung zwischen Bearbeitung, Verwendung, Gebrauch der Gegenstände und ihrer Bedeutung ist möglich. Der Gegenstand und seine Eigenart für uns ist in dem Wort, das ihn benennt, und seiner Bedeutung gespeichert. Sprache ist ein Gedächtnis des Umgangs mit den Gegenständen, der Erfahrungen mit ihnen. Die Nützlichkeit und die Notwendigkeit der Bedeutungen, Sprache als Ordnung, Zusammenhang von Wort und Bedeutung gewährleistet das (Über)Leben, allerdings mit allen Konsequenzen: Daß wir die Gegenstände, die Welt reduziert haben auf die Bedeutung *»für uns«*. Wir vergessen, daß wir die Gegenstände auflösen, zu Ende bringen und uns damit selbst gefährden. Unsere Beziehung zu den Gegenständen ließ/läßt die Gegenstände außer acht. Ob das in der »Natur« unserer Bedeutungen liegt oder die vertrackte Eigenart des Bedeutens ist, steht nicht fest.

Wären wir Objekte der Sprache, der Ordnung der Sprache, wäre diese Art des Gegenstandsbezugs, mit dessen fatalen Konsequenzen wir immer massiver konfrontiert werden, eine Notwendigkeit, die in der Logik der Ordnung läge.

Den Zweck, der damit verfolgt wird, begreife ich zwar nicht, da er sich gegen das Leben richtet, da es aber enger wird, um unser Leben geht, wird's vielleicht jetzt begreifbar.

Die Logik könnte z. B. in dem Auf und Ab verschiedener Lebensformen bestehen, in die wir eingefügt sind, ohne zu wissen, weshalb und warum. Die Grenze von Sprache und Denken könnte erreicht sein, indem wir uns auf die Determination zurückziehen oder daß wir ahnen, unsere »Gattung« ist eine Übergangsform wie andere, ohne allerdings zu begreifen, warum das so ist. Konfrontiert sind wir auf alle Fälle mit dem Problem, die Gegenstände so weit aufzulösen, daß die Gefahr besteht, uns selbst an's Ende zu bringen.

So möglich diese Pointen auch sind, ganz abgesehen davon, daß sie sich letztlich unserer Vernunft entziehen und eine Form der Untergangslogik repräsentieren, eine andere Frage bleibt: Warum reduziert unser Bedeuten die Gegenstände auf das »für uns«? Unser Benennen und Bedeuten, unser konkreter Umgang mit den Gegenständen könnte die Gegenstände selbst berücksichtigen, indem wir begreifen, sie sind nicht ausschließlich für uns, sondern auch für sich.

Würde der Gegenstand nicht als Opponent wahrgenommen und bedeutet, feindlich und damit bedrohlich, könnte ein Miteinander realisiert werden, sowohl im Umgehen als auch im Bedeuten. Wie rührselig dies »miteinander« klingt, weil es den Widerspruch von Wunsch und Erfahrung tangiert, ein Miteinander vorgeschwindelt wird, wo tatsächlich Gegeneinander existiert.

Um weitere Sentimentalitäten zu vermeiden, kann ich fragen, wie Peter Bichsel in einer Kindergeschichte, warum der Tisch eigentlich Tisch und nicht Stuhl heißt, warum der Gegenstand Gegenstand heißt und nicht Fürstand oder Mitstand? Der Gegenstand ist etwas, das ent-gegen-steht, der Gegenstand ist Gegner. Der gebräuchliche Begriff für's Ding, Objekt oder Gegenstand, weist auf das Problem der Feindschaft, die wir zu den Dingen (entwikkelt) haben, die Dinge sind unsere Gegner; sie sind gegen uns, eigentlich muß es heißen, wir sind gegen sie, weil es sich schließlich um unsere Benennung und Bedeutung handelt. Sie bedrohen uns, deshalb müssen wir sie, wenn wir sie gebrauchen wollen, bekämpfen, weil sie unsere Gegner, Gegenstände sind, die uns entgegen –

gegenüberstehen. Daß diese Perspektive die Zerstörung des Gegners nicht ausschließt, ist einsichtig. Der Sieg über den Gegenstand ist errungen, wenn *er* verschwunden ist und wir noch da sind.

Daß deswegen einige erschüttert oder beängstigt oder zornig Bedeutungslosigkeit versuchen, nicht um den Gang der Dinge aufzuhalten, sondern um sich dem Gang der Dinge anzuvertrauen, die auf diesem Weg bedeutungslos, nicht gegen-ständlich werden, mag verständlich sein.

X

Sollte der Gegenstand eine Bedeutung haben, die in seinem an sich, für sich, für und mit anderen, in seinem Dasein besteht? Können sich seine und meine Bedeutung treffen?

Der Gegenstand ist da, existiert in und durch vielfältige Beziehungen, hat aber nichts zu bedeuten, hat keine Bedeutung, solange ich ihm keine zufüge.

Meine Bedeutung trifft ihn, wenn ich auf ihn treffe und ihn wahrnehme. Ich gebe ihm eine Bedeutung, die er nicht hat, die ihm gleichgültig bleibt, ihn aber, solange ich mich auf ihn beziehe, bestimmt, gleichgültig, ob er an- oder abwesend ist. Wenn ich ihn benenne, ist er durch die Bedeutung bestimmt.

Die Transkription meiner Wahrnehmung des Gegenstandes als Sätze oder Bild kann von meiner Sympathie für ihn geprägt sein, was wiederum eine Bedeutung ist.

Durch Sympathie mag etwas von seinem an und für sich, für und mit anderen, seinem Dasein deutlich werden. Aber Deutliches ist wieder Bedeutetes.

Worte, Sätze, Linien, Bilder sind Träger von Bedeutungen, die Gegenstände werden durch sie zu Trägern von Bedeutungen gemacht.

Wahrnehmung und Orientierung sind mir aufgegeben. Bedeutungen und Bestimmungen sind die Folge. Die Welt ist für mich nicht. Die Welt ist wahrnehmbar für mich. Die Welt ist alles, was wahrzunehmen und zu bedeuten ist. Die Welt ist (für mich) alles, was die Bedeutung ist. Die Welt ist alles, was Bedeutung hat. Die Welt kann ohne Bedeutung sein, aber nicht für mich. Die Bedeutung ist nicht zu verhindern, es ist nicht über sie herauszukommen, nicht von ihr abzukommen, weil die Welt alles ist, was die Bedeutung ist.

XI

Zu sprechen, zu benennen und zu bedeuten heißt, sich zu verständigen, sich den anderen, die verstehen, mitzuteilen.

Die Dinge kann ich ansprechen, sie sprechen aber nicht zu mir. So bleibt Einseitigkeit. Sie werden, indem ich sie benenne und bedeute, zu Objekten des Benennens und Bedeutens. Sie teilen sich mit durch ihr Dasein, ihre Formen und Strukturen, die ich wahrnehme. Da ich sprachfähig gemacht wurde, benenne und bedeute ich sie mit den Worten und der Grammatik, die ich gelernt habe, um mich mit den anderen Sprachfähigen verständigen zu können. Die Dinge werden abgebildet in der Sprache oder im Bild oder in mathematischen Formeln und erhalten so Bedeutungen, die in ihrem Entgegenstehen oder ihrer Anwendbarkeit begründet sind. Es ist eine schöne Vorstellung, meine Bedeutung träfe die des Dinges, wenn es eine hätte. Wenn es eine hätte, wäre Versöhnung in dem Zusammentreffen und Übereinstimmen seiner und meiner Bedeutung. Wenn das Ding eine Bedeutung hätte, wäre Übereinstimmung mit ihm zu finden. Deshalb besteht der Wunsch nach der Bedeutung der Dinge. Wenn sie keine haben, »nur« da sind, bedeutungslos, unsere/meine Bedeutungen/Benennungen über sich ergehen lassen (müssen), wie ist dann Übereinstimmung zu finden – indem ich sie gebrauche, verwende oder zerstöre, was notwendig ist, um meine Existenz zu erhalten?

In der Sprache sind die Menschen gleichgesetzt mit den Dingen. Dem Wort ist es gleichgültig, ob es ein Ding oder einen Menschen benennt. Die Menschen werden wie die Dinge benannt und bedeutet. Im Benennen und Bedeuten besteht kein Unterschied zwischen Mensch und Ding. Unterschieden bleiben Mensch und Ding »nur« in der Sprachfähigkeit, in der zu benennen und zu bedeuten.

Daß Baudrillard aus der Perspektive der Objekte schreiben will, entspricht dem Wunsch, Übereinstimmung mit ihnen zu finden. Aber: »jeder Begriff entsteht durch Gleichsetzen des Nichtgleichen« (Nietzsche).

XII

Ist die bedeutungslose Wahrnehmung (der Dinge) möglich? Muß sich in Sprache der Wille zur Herrschaft artikulieren?

»Nach Sartres Darstellung erlebt der junge Flaubert ganz grundlegend, daß Worte nur den anderen Menschen gehören. Für ihn selbst bedeuten sie Beeinträchtigung: er gebraucht sie verstohlen, als hätte er kein Recht darauf. Das einzige, was ihm selbst gehört, sind die eigenen Wahrnehmungen, und diese kann er nur wortlos erleben, in der subjektiven Einsamkeit.«

»Der zentrale Begriff in Nietzsches Philosophie ist der Wille zur Macht. Aus ... einem Willen zur Herrschaft, zur Beherrschung der Umwelt, ist auch das Bedürfnis nach Interpretation ... ableitbar.« (Gustafsson 1982, S. 38/39)

Es ist ein Erschrecken über die Konsequenzen des Nennens und Deutens, das Unterwerfung des anderen ist und diese gleichzeitig legitimiert. Dieser Gedanke verführt, nach den Ursprüngen zu fragen: entsteht die Beherrschung und Unterwerfung des anderen durch die Sprache oder sind sie dem Menschen wesenhaft?

Unterschiedliche und gegensätzliche Interpretationen sind möglich. Ich beschränke mich auf zwei einfache: Menschen beherrschen andere und die Natur; soll ein Ursprung angenommen werden, nur der, daß Menschen, wie anderem Leben, Lebenswünsche bzw. Lebensbedarf unterstellt wird?

Es bleibt die Frage, ob Verzicht auf Benennen und Bedeuten, ob Bedeutungslosigkeit zu versuchen, Unterwerfung und Beherrschung reduzierte?

Diese Frage wird nicht grundlos gestellt, sondern entsteht aus der Interpretation, daß in Kunstwerken der letzten einhundert Jahre, wie bereits ausgeführt, Bedeutungslosigkeit gesucht und versucht wird. Diese Suche erscheint nicht zufällig, sondern wird als künstlerische Verarbeitung der historischen und gesellschaftlichen Entwicklungen begriffen. Daß in der Philosophie in diesem Zeitraum die Auseinandersetzung mit der Sprache im Zentrum steht, verweist auf die gleichen Zusammenhänge.

Baudrillard formuliert sinngemäß, daß, wenn alles benannt und bedeutet ist, Geschichte zu Ende ist.

Ausgangspunkt bleibt die Sprache, ihre Ordnung und die ihr immanente Verknüpfung von Benennen und Bedeuten, ihre Logik der Gleichsetzung des Nichtgleichen im Begriff, was die Illusion produziert, das Gleichgesetzte werde identisch mit dem Begriff.

In der Frage, ob bedeutungslose Annäherung an die Dinge, an das Andere möglich sei, schwingt das aktuelle Motiv der Selbstbegrenzung mit. Sollte Baudrillards Annahme zutreffen, ließen sich Versuche der Bedeutungslosigkeit – zugegebenermaßen mit einem zynischen Unterton – als hinausgezögertes Ende interpretieren.

Bedeutungslosigkeit als Selbstbegrenzung wäre die ökologische Version dieser Versuche, zu retten, was noch zu retten ist. Eine andere Version, die von der Endlichkeit der Gattung Mensch ausgeht, könnte die These vertreten: wenn alles benannt und bedeutet ist, hat die Menschheit ihre Mission bzw. Aufgabe in der Evolution erfüllt und kann abtreten, verschwinden. Versuche der Bedeutungslosigkeit wären keine Umkehr, weil die Logik des Ablaufs nicht umzukehren, aufzuhalten ist, sondern, wenn überhaupt, nur zu verzögern. Zur Kennzeichnung dieser Version könnte die Wendung: lieber ein Ende mit Schrecken als ein Schrecken ohne Ende herangezogen werden. Wieder eine der beliebten Untergangswendungen?

Werden Versuche der Bedeutungslosigkeit nicht grundlos und zufällig in Angriff genommen, sondern als spezifische zeitgebundene Verarbeitungen begriffen, werden sie vom Zeitgeist bald eingeholt. Es entsteht das schon anfangs angesprochene Dilemma der Interpretation.

Sollen Versuche der Bedeutunglosigkeit nicht nur zeitgeistig geraten, müssen sie als nicht auf spezifische historische Entwicklungen bezogene Tendenzen begriffen werden.

Versuche der Bedeutungslosigkeit sind dann eine grundsätzliche Möglichkeit, die schon immer neben dem Benennen und Bedeuten bestand, nur stets von den Bedeutungen zurückgedrängt, in anderen Phasen allerdings erkennbar wurde – zeitweise verschwunden, aber untergründig existierend.

Alle Erfahrungen, die als mystische bezeichnet werden, meinen auch immer die Tendenz der versuchten Bedeutungslosigkeit.

In solchen wird, so sie beschrieben werden, dargestellt, wie man sich als Teil einer Einheit, in Übereinstimmung mit dem anderen erlebt; erfährt, nicht mehr gesondert, isoliert oder individuiert zu sein, sondern aufzugehen, aufgehoben zu sein im Ganzen, ein eigenes Selbst wie eine Hülle zu verlieren, weil zugehörig, verschmolzen mit dem Ganzen. Dieses Erleben ist zwar bedeutsam, wesentlich, aber das Individuum wird bedeutungslos, weil's aufgehoben ist.

XIII

Bleiben Versuche der Bedeutungslosigkeit zeitgebunden, sind sie keine grundsätzliche Alternative zur Bedeutungshaftigkeit?

Ein politischer Ausdruck versuchter Bedeutungslosigkeit – der Faschismus – verbunden mit der Verwandlung der Individuen zu Objekten, mit einem rigiden Biologismus und der Ästhetisierung von Politik verschärft den Eindruck der Zeitgebundenheit des Reaktiven, aber auch der destruktiven Anteile versuchter Bedeutungslosigkeit, die schon bei Baudrillards Äußerungen auffielen.

Das Individuum, das Subjekt soll im Ganzen der Nation, der Rasse verschwinden, eingeordnet und dessen Willen gehorchend, verschmelzend und aufgehend im Ganzen, das sich abgrenzt gegen das Andere, sei's die andere (minderwertige) Rasse oder Nation, die vernichtet werden muß, weil sie der historischen Mission der höherwertigen im Wege steht. Das Höherwertige gehorcht dabei ausschließlich den Gesetzen der selektierenden Natur.

Der Faschismus entsteht nicht zufällig, sondern als spezifische Verarbeitung historischer Gegebenheiten. Er knüpft an den Lebenswünschen an und versichert, Leben sei nur durch die Vernichtung des Bedrohlichen zu erhalten, und legitimiert diese Versicherung durch einen radikalen Biologismus, mit dem Verweis auf die Gesetze der Natur. Die Lebenswünsche, der Lebenserhalt werden verbunden mit dem Kampf gegen das bedrohliche Andere (minderwertige Rasse).

Der Faschismus ist insofern versuchte Bedeutungslosigkeit, daß die Individuen als Individuen unbedeutend sind, aufgehen im Ganzen (Deutschland muß leben, auch wenn wir sterben müssen), insofern die Rasse auserwählt ist durch eine höhere Gesetzmäßigkeit, die sich dem Einfluß der Individuen entzieht; das objektive Gesetz kann nur vollzogen werden. Alle politischen Ideologien, die von der Auserwähltheit eines Volkes, einer Rasse, einer Klasse erzählen, enthalten solche Elemente versuchter Bedeutungslosigkeit.

Versuchte Bedeutungslosigkeit ist ein Ausdruck von Lebenswünschen, sie kann mit Bedrohung oder als unbedrohliche, unbedrohte Annäherung artikuliert werden. Daher bestehen Versuche destruktiver neben das Leben erhaltender Artikulationen von Bedeutungslosigkeit. Faschismus erschiene in einer bestimmten historischen Situation nicht für viele Individuen plausibel, wenn er nicht eine Verknüpfung mit Lebenswünschen artikulierte, allerdings eine, die das Andere, Bedrohliche entlebendigt. Faschismus ist destruktive Partizipation am Leben.

XIV

Bedeutungslosigkeit zu versuchen, kann meinen, im Fluß des ganzen Lebens, der Lebenswünsche zu sein – Dasein –, wenn nicht das Bedrohliche wäre oder artikuliert würde.

Das Bedrohliche führt zur destruktiven Bedeutungslosigkeit. Das Bedrohliche entstammt dem Tod, dessen Eintreten unberechenbar ist – mitten im Leben im Tode wir sind.

Leben erscheint in der Artikulation des Bedrohlichen, der Bedrohung nur durch Zerstörung des Bedrohlichen, entlebendigende Partizipation am Leben und den Lebenswünschen möglich.

Die Nähe von Objektstatus und versuchter Bedeutungslosigkeit, die fließenden Übergänge zwischen beiden, birgt immer die Gefahr, daß die Grenzen von Lebenserhalt und Entlebendigung aufgelöst werden.

Das individuelle Leben selbstbestimmt zu begreifen, ihm einen besonderen Wert zu geben, es von der Objekthaftigkeit zu emanzipieren, darin liegt die lebendige Kraft der Aufklärung, ihre Artikulation der Lebenswünsche. Gleichzeitig heißt Aufklärung Naturbeherrschung, Fortschritt in der Beherrschung und der Emanzipation von Natur sowie Trennung von Subjekt und Objekt. Die Trennung von Subjekt und Objekt bedeutet Unterwerfung des Objekts, des anderen durch das Subjekt. Indem sich das Subjekt von Naturabhängigkeiten zu emanzipieren sucht, unterwirft es das Objekt. In der durch die Aufklärung artikulierten Subjekthaftigkeit wird das Andere zum Bedrohlichen. Darin liegt die Dialektik der Aufklärung.

Der Widerspruch von Bedeutung und Bedeutungslosigkeit artikuliert sich in der Trennung von Subjekt und Objekt.

Könnte Bedeutung Versöhnung von Subjekt und Objekt sein, verstanden als Wertschätzung des ganzen Lebens und der Lebendigkeit, damit jedes einzelnen Lebens, wäre Bedeutungslosigkeit aufgehoben.

Verzichtete Bedeutung auf Unterwerfung, Beherrschung und Destruktion des Bedeuteten, könnte Bedeutungslosigkeit versöhnend negiert werden. Bedeutungslosigkeit wäre aufgehoben, wenn Bedeutung keine Bedrohung artikulierte.

Kann Bedeutung, Bedeuten von Unterwerfung und Bedrohung emanzipiert werden? Ist Bedeuten nicht identisch mit Beherrschen des Bedrohlichen?

XV

Tod, wo ist dein Stachel? Versuchte Bedeutungslosigkeit kann auch als Annäherung an den Tod gedacht werden, Antizipation des Todes mitten im Leben. Der Tod ist absolute, nicht umkehrbare Bedeutungslosigkeit.

Propagiert versuchte Bedeutungslosigkeit die Abschaffung des Menschen, zumindest die der Artikulation als Individuum und Subjekt?

Das Benennen und Bedeuten in einem nicht-destruktiven aufklärerischen Verständnis will nichts anderes, als die Dinge zu sich kommen zu lassen, ihre sprachlose Botschaft zur Sprache geben, ihnen ihren Namen geben.

Aber sowohl versuchte Bedeutungslosigkeit als auch Bedeutungen geraten in die Anziehungskraft des Destruktiven. Objekthaftigkeit läßt das Einzelne im Ganzen verschwinden, Subjekthaftigkeit unterwirft und zerstört andere Dinge und Menschen.

Wo ist die unzerstörte und unzerstörerische Annäherung an die Dinge und Menschen, die Dinge(n) und Menschen (ihr) Sein läßt?

XVI

Alles stört, was nicht in (der) Ordnung ist, sei's der Mensch oder die Dinge. Was geschaffen wird, ist die Ordnung, in der nichts stört, alles funktioniert.

Da bleibt's dann gleichgültig, ob bedeutsam oder bedeutungslos, eine Unterscheidung, die durch die funktionierende Ordnung überholt ist.

Bedeutung oder Bedeutungslosigkeit – unnützes Nachdenken über eine Differenz, die angesichts gleichgültiger Informationsüberflutung ihre Bedeutung verloren hat?

Bleiben Spurensicherungen übrig, Fragen, was Illusion war, Bedeutungslosigkeit zu versuchen oder Bedeutung zu finden und zu geben? Illusionen, weil beides auf Ordnung hinaus wollte, das eine durch Einfügung in eine gegebene, das andere durch Schaffung einer eigenen.

XVII

Ordnung schaffen!

Alles hat eine, jedes seine Ordnung.

Für das Individuum, ob als Objekt oder als Subjekt artikuliert, hat oder bekommt alles eine Ordnung. Entweder ist sie gegeben, vorausgesetzt oder geschaffen.

Ordnung in's Chaos bringen!

Ordnung ist Auswahl. Die menschliche Wahrnehmung ist selektiv. Ich kann nicht alles, das Ganze wahrnehmen, sondern nur Ausschnitte. Ich ordne, indem ich wahrnehmend auswähle.

Menschliche Tätigkeiten, so auch das Benennen und Bedeuten, ordnen, indem sie auswählen.

Versuchte Bedeutungslosigkeit könnte Verzicht auf Ordnung meinen. Tatsächlich ist sie Akzeptanz einer vorgegebenen. Wort- und bedeutungslose Wahrnehmung der Dinge, Menschen wie meiner Selbst, bleibt in der Ordnung.

Gleichgültig, ob das Chaos erschreckt, erstaunt, überrascht, Menschen bleiben auf Auswahl und damit auf Ordnung fixiert, weil das Ganze für sie nie wahrnehmbar wird (ist). Deshalb versuchen sie, es zu denken.

So erscheint es vernünftig, eine Ordnung vorauszusetzen oder zu schaffen.

Ob Zufall oder Notwendigkeit, alles ist in der Ordnung, dieser unerwartet, jene erkennbar.

Bedeutungslosigkeit vermag sich nicht der Ordnung zu entledigen.

Das Chaos als Prinzip oder Tatsache ist zwar zu benennen und zu denken. Aber im Denken wird's wieder zur Ordnung. Es bricht überraschend ein, um sogleich auf Ordnung zurückgeführt zu werden, und bestünde dies nur darin das Chaos und die Unregelmäßigkeit als ein Prinzip anzunehmen.

Gesetze zu erkennen und aufzustellen, heißt, eine vorhandene Ordnung vorauszusetzen. Wäre keine, bleibt nichts anderes übrig, als eine anzunehmen oder zu schaffen.

Versuchen die Kunstwerke bzw. ihre Produzenten Bedeutungslosigkeit, erzeugen sie Ordnung.

Jedes Bild z. B. hat eine Ordnung, ob sie intendiert ist oder nicht, die durch die willentliche, aber auch unwillentliche Anordnung der Materialien zum Ausdruck kommt.

Sei's auch »reine« Farbe oder »reine« Form, absehend von der Bedeutung: die versuchte Bedeutungslosigkeit wird in der Ordnung aufgehoben.

Ordnung ist Metabedeutung.

XVIII

Das Unabwendbare, das Unvorhersehbare, deren Zentrum der Tod ist, werden durch die Ordnung erklärt. Tod und Katastrophen bleiben unverstanden, werden aber als Ausdruck der Ordnung, die noch nicht enträtselt ist, begriffen. Welche auch immer angenommen wird, eine göttliche, zufällige oder notwendige, es handelt sich allemal um Ordnung.

Die Wahrnehmung ist begrenzt, da auswählend. Das Denken versucht, diese zu transzendieren, indem es eine Ordnung unterstellt.

So geht es nur vordergründig um Bedeutung oder Bedeutungslosigkeit, tatsächlich aber um Ordnung und Chaos?

Vordergrund und Hintergrund: Wahrnehmung; Benennung und Bedeutung. Da Menschen gestaltend, d. h. auswählend, wahrnehmen, bleiben sie verbunden mit der übrigen Natur, in der kein Einzelnes zu existieren scheint, das nicht sondernd wahrnimmt.

Die Welt (nur) im Ausschnitt wahrzunehmen, ausgewählt und auswählend, führt zu Ordnung. Die Welt als Ordnung zu erkennen, heißt, die Welt auf den Begriff der Ordnung zu bringen.

Das Unvorhersehbare, der Zufall, die zerstörende Katastrophe, das Zentrum des Unabwendbaren, der Tod, verlieren zwar nicht ihre Schrecken, werden aber vernünftig, wenn sie als Ausdruck der

Ordnung erkannt und begriffen werden.

Die einzelne, gesonderte Wahrnehmung, benannt und bedeutet, wird der unterstellten Ordnung des Ganzen zugeordnet; so wird die Einzelheit zum Bestandteil der Gesamtheit, der Ordnung des Ganzen. Die Notwendigkeit zur Ordnung gründet in der Begrenzung der Wahrnehmung, die nie auf's Ganze, sondern nur auf's Einzelne gehen kann. In der Ordnung bleibt das Einzelne nicht gesondert, sondern kommt in einen Zusammenhang. So gesehen, hat alles seine Ordnung (bekommen). Wobei es verschiedene Wege gibt, die Ordnung zu erhalten. Ob Mythos oder Erzählung, Erklärung und Theorie oder Bild – in allen geschieht ein und dasselbe, es werden Einzelheiten verbunden, aufeinander bezogen. Ob zeitliche Abfolge ode Gleichzeitigkeit des Verschiedenen, die einzelnen Wahrnehmungen werden verknüpft, auch im Zusammenhang von Zeichen und Bedeutung, Wort und Satz. Ordnung ist das Prinzip, die Einzelheit aus ihrer Sonderung, Isolation herauszuführen, in die Ordnung zu überführen. Kann Ordnung als grundlegendes Prinzip begriffen werden, so ist es nicht gleichgültig, welche angenommen wird, wie die Einzelheiten aufeinander bezogen, miteinander verknüpft werden.

Geordnet wird allzumal, offen, nicht determiniert ist, wie. Die Frage, welche Ordnung angenommen wird, nicht welche ist, bleibt das Problem. Der Wechsel der Ordnungen, vom mythischen zum wissenschaftlichen Weltbild, die Wechsel in diesem, die Wechsel und Veränderungen in den Gesellschafts- und Produktionsordnungen, belegen die These, daß keine ist, sondern nur welche existieren, auf die sich die Menschen verständigen bzw. in die sie hineingezwungen werden.

XIX

Die Annahme der Notwendigkeit von Ordnung, die mit der Natur der menschlichen Wahrnehmung begründet wurde, verbunden mit der, daß keine bestimmte notwendig ist, führt wieder zurück zu dem Zusammenhang von Bedeutung und versuchter Bedeutungslosigkeit. Beide sind Ausdruck, wenn auch konträrer, von Lebenswünschen. Diese verweisen auf ihre Opposition, den Tod.

Bedeutung, zu bezeichnen und zu bedeuten, erscheint als Widerstand gegen den unabänderlichen Tod. Kann das einzelne Leben auch nichts gegen den Tod ausrichten, ist ihm unvorhersehbar ausgeliefert, so bleibt sein Name erhalten, wenn es auch nicht mehr existiert. Name und Bedeutung, die Möglichkeit der Erinnerung, bestehen weiterhin.

Versuchte Bedeutungslosigkeit negiert das einzelne Leben, intendiert aber das ganze. Durch die Negation des Einzelnen droht sie zur Affirmation des Prinzips, der Ordnung, der Rasse, des Gesetzes zu verkommen.

Bedeutung produziert die Negation ihrer Intention, da sie einhergeht mit der Trennung von Subjekt und Objekt und den damit verbundenen destruktiven Folgen.

Wird die Geschichte der Menschheit als Schaffung einer begrifflichen Ordnung verstanden, um sich von Naturabhängigkeiten immer weiter zu emanzipieren, die Natur mit einem immer dichteren Netz der eigenen begrifflichen Ordnung zu überziehen, bleiben dennoch Tod und Naturkatastrophen, als gegen die Lebenswünsche gerichtet, bestehen. Wäre allerdings in der Geschichte der Menschheit nur die Grausamkeit der Natur, dann wäre diese Geschichte nicht so katastrophal. Auschwitz und Hiroshima, um nur zwei Orte menschlicher Katastrophen zu nennen, sind ein Resultat »notwendiger« Ordnung; Schweigen und Bedeutungslosigkeit bleiben: Die Hybris der Ordnung.

Ob sie sich als Vollzugsorgane einer überlegenen Ordnung oder als Verteidiger einer von ihnen selbst geschaffenenen, überlegenen Ordnung begreifen – aus ihr wird das Recht abgeleitet, die anderen, die sich dieser Ordnung widersetzen, zu bekämpfen und, so's notwendig erscheint, zu vernichten. So erzeugt die Ordnungsnotwendigkeit die Legitimation der Destruktion der anderen, die eine andere Ordnung haben oder wollen. Die andere Ordnung ist das Bedrohliche. Auch die Natur ist bedrohlich, weil sie immer noch eine andere Ordnung beibehält.

XX

Oder »lehrt« die Natur die Menschen, das Andere, Bedrohliche und vor allem Benötigte, das zum Erhalt des eigenen Lebens gebraucht wird, zu jagen, zu bekämpfen, zu töten, zu verzehren?

Suchen sich nicht eigentlich unsere Ordnungen von den grausamen Lehren der Natur zu emanzipieren, und werden wir nur immer und immer wieder von der Natur in uns eingeholt, in ihre Ordnung zurückgeholt?

So erzählte es zumindest Baudelaire Ende des 19. Jahrhunderts:

»Die meisten Irrtümer über das Schöne stammen aus dem falschen Moralbegriff des 18. Jahrhunderts. In jener Zeit wurde die Natur als Grundlage, Quelle und Typus jedes nur möglichen Guten und Schönen aufgefaßt. Die Leugnung der Erbsünde trug nicht wenig zur allgemeinen Verblendung in dieser Epoche bei.

Wenn wir uns jedoch damit begnügen, einfach von den Tatsachen zu sprechen, die in der Erfahrung aller Zeiten und in den Gerichtssaal-Berichten offenbar werden, müssen wir bemerken, daß die Natur nichts oder fast nichts lehrt, statt dessen vielmehr den Menschen *zwingt* – zu schlafen, zu trinken, zu essen und sich, so gut es geht, gegen die Unbilden der Witterung zu schützen. Sie ist es auch, die den Menschen dazu drängt, seinesgleichen zu töten, aufzufressen, einzusperren und zu foltern; denn sobald wir den Bereich der Notwendigkeiten und Bedürfnisse verlassen, um in den Luxus und des Vergnügens überzutreten, sehen wir, daß die Natur nur zum Verbrechen raten kann. Es ist diese unfehlbare Natur, die den Vatermord und die Menschenfresserei hervorgebracht hat und tausend Abscheulichkeiten, die zu nennen Scham- und Feingefühl verbieten.

Es ist die Philosophie (ich spreche von der guten), es ist die Religion, die uns lehren, armen, schwachen Verwandten zu helfen. Die Natur (die nichts anderes ist, als die Stimme unseres Eigennutzes) befiehlt uns, sie totzuschlagen. Zieht alles heran, untersucht alles, was natürlich ist, alle Handlungen und Begierden des reinen Naturmenschen, und ihr werdet nur Entsetzliches finden. Alles Schöne und Edle ist das Ergebnis von Vernunft und Überlegung. Das Verbrechen, zu dem sich das Menschentier schon im Mutterleibe anschickt, ist ursprünglich natürlich. Die Tugend ist im Gegensatz dazu künstlich, übernatürlich, denn zu allen Zeiten und bei allen Völkern mußten Götter und Propheten auftreten, um sie der vertierten Menschheit zu lehren. Der Mensch allein wäre unfähig gewesen, sie zu entdecken. Das Böse geschieht ohne Anstrengung, natürlich, schicksalhaft; das Gute wird immer künstlich hervorgebracht.

Alles, was ich über die Natur als schlechte Ratgeberin in der Moral und über die Vernunft als wahre Erlöserin und Erneuerin gesagt habe, kann in den Bereich des Schönen übertragen werden.« (*Der Maler in der modernen Welt*, in: Wolfgang Kraus [Hg.], S. 3/4.)

Die menschlichen Bedeutungen und Ordnungen, wenn auch nicht alle, sondern nur die »guten«, bringen erst das »Schöne und Edle« hervor. Die Natur zurückzudrängen und zu beherrschen, bedeutet, das Böse zu vertreiben. Das Künstliche und Übernatürliche an die Stelle der Natur zu setzen, führt zur Humanisierung der Natur und des Menschen. Versuchte Bedeutungslosigkeit wäre Rückfall in die Natur und bewirkte die Regression auf's Böse.

Allerdings ist diese Einsicht nicht originell, denn schon im 14. Jahrhundert schrieb Petrarca folgende Zeilen, die eine ähnliche Sicht von der Natur und dem Menschen artikulieren wie die von Baudelaire im ausgehenden 19. Jahrhundert: »Der Mensch ist ein gefährliches, unbeständiges, untreues Tier, wenn er nicht – was ein Geschenk Gottes ist – gelernt hat, die humanitas anzulegen und den tierischen Charakter abzulegen.« (Petrarca, *De vita solitaria*, Neapel 1943, S. 296ff.)

Ob Petrarca und Baudelaire das Böse in die Natur verlegen und auf die notwendige Veredelung des Menschen setzen, Hegel behauptet, die Natur habe den Menschen seit Jahrtausenden so viel Böses angetan, daß er nun das Recht habe, es ihr heimzuzahlen, Horkheimer und Adorno in der *Dialektik der Aufklärung* postulieren, daß die Menschen immer zu wählen hatten zwischen ihrer Unterwerfung unter Natur oder der Natur unter ihr Selbst, immer wieder gelangen diese Ansichten zum Ursprung der Beziehung zwischen Mensch und Natur – eine Beziehung, die durch die Gleichzeitigkeit von Verehrung, Wut, Angst, Haß, Abhängigkeit, Überlegenheit bestimmt ist.

Die Orte der Kämpfe um den Erhalt und die Unterwerfung der Natur liegen zu gleichen Teilen in und außerhalb von uns. Emanzipation und gleichzeitiges Angezogensein von der Natur, die ständige Ambivalenz von Attraktion, Aggression und Destruktion bestimmen unser Verhältnis zu ihr.

XXI

Daß wir durch unser Tun und Lassen die Natur zerstören, vor allem aber die Teile, die unsere Lebensgrundlagen abgeben, ist offensichtlich. Dieser schlafwandlerische Hang, der mit Emanzipation von der Natur legitimiert wird, ist es, der Katastrophismus oder Warnrufe oder Abwiegeln oder apathisches oder zynisches Abwarten evoziert. Unser zerstörerischer Umgang mit der Natur, sowohl der eigenen als auch der fremden, bleibt letztlich unbegreiflich, wenn auch die Erklärungen, Rechtfertigungen, Beschwörungen und Verfluchungen mittlerweile unzählbar sind.

»Noch niemand hat uns sagen können, warum es Leid in der Welt gibt und warum es Leid in den Menschen gibt.« (Paz, 1981)

Vom Leiden und nicht von der Zerstörung auszugehen, vom Objekt und nicht vom Subjekt, vom Passiv und nicht vom Aktiv, erhellt, was unbegreiflich ist.

Zerstörung als »Rettung« des eigenen Lebens scheint noch erklärbar mit den Lebenswünschen, dem Lebensbedarf: Leben will leben! Das Leiden des anderen ist durch nichts zu erklären oder zu begründen, geschweige denn zu rechtfertigen, es sei denn mit der Vermeidung des eigenen, aber dadurch wird das des anderen nicht geringer oder verschwindet. Einzig das eigene wird negiert, wenn das andere Leben zerstört, der andere Lebenswunsch geleugnet wird; einzig der Lebenswunsch des anderen Lebens wird negiert, dadurch, daß das eigene erhalten wird.

XXII

Ob Wahrnehmen möglich ist, ohne zu benennen und zu bedeuten, diese Frage führte zu der nach den Beziehungen von Mensch und Natur, weil das Benennen und Bedeuten die Umwelt »für mich« strukturiert, versuchte Bedeutungslosigkeit als *eine* Reaktion auf das angespannte Verhältnis von Mensch und Natur interpretiert wurde. Da diese Konstellationen alles andere als hoffnungsfroh stimmen, werden die hier angestellten Überlegungen von Melancholie bestimmt.

Melancholie ist zwar keine Depression, aber das Niedergeschlagene, Resignierte zeichnet auch sie aus, weil Perspektiven fehlen oder ausgegangen sind oder enttäuscht wurden.

Versuchte Bedeutungslosigkeit ist eher ein Ausdruck von Melancholie als von Aufbegehren; sie ist dem Verstummen und Schweigen näher als dem Protest oder dem »Besetzen von Begriffen« mit Bedeutungen des Widerstandes.

Versuchte Bedeutungslosigkeit, die vor allem, wie anfangs erwähnt, in Kunstwerken zu finden ist, der Rückzug aus dem Bedeuten, opponiert gegen »das Bedürfnis das Schweigen der Welt zu brechen« (Wyss 1985, S. 328). Sich dem Benennen entziehen, weil das Benennen und Bedeuten nicht das Andere sein lassen können, sondern es immer wieder durch Unterwerfung entlebendigen, darin besteht eine ihrer möglichen Intentionen. »Da die Natur für ihr Wirken keine Begründung liefert, benennt es der

Mensch.« (Ebenda)

Benennen und Bedeuten führen, je weiter sie fortschreiten, zum Gefügigmachen des Anderen, das keine andere Begründung als sein Dasein hat. Weil sich's nicht begründet, rätselhaft ist, muß das Geheimnis gebrochen werden, das Grundlose benannt und bedeutet werden – ist es nicht gefügig, wird's als bedrohlich artikuliert. Versuchte Bedeutungslosigkeit will auf die Begründung, das Begründen verzichten und nur noch wahrnehmen, was wahrnehmbar ist, trifft aber oft auf das Hindernis, daß die Zeichen und Bedeutungen einen hinterrücks, ehe man sich's versieht, einholen. Sie ist eine Opposition, die versucht, dem Bezeichnungsfluch zu widerstehen, aber die Hoffnung aufgegeben hat, die Welt verändern zu können.

Es handelt sich dabei nicht um einen einfachen Verzicht auf Widerstand, sondern, indem nicht mehr nach der Begründung für das Wirken der Natur gesucht wird, nur noch wahrgenommen werden soll, primär um eine Einsicht in die destruktive Wirkung des Begründens des Anderen. Zum anderen artikuliert sich darin auch die Vermutung, daß die Folgen des Benennens und Bedeutens irreversibel sind, daß Menschen darauf nicht mehr verzichten werden oder können.

Das Zusammentreffen dieser beiden Momente läßt versuchte Bedeutungslosigkeit melancholisch werden.

Wird Melancholie üblicherweise als Schwermut oder Trübsinn bezeichnet, benennt Wehmut zumindest die Haltung genauer, die in versuchter Bedeutungslosigkeit sich ausdrückt.

Melancholisch geworden zu sein, bedeutet, sich mit einem als nicht mehr abänderlich erkannten Schicksal abzufinden. Wie die Angst enthält sie auch das Moment des Wahrnehmens einer Gefahr. Angst kann lähmen, aber ebenso Flucht, Umkehr begründen, wenn sie zuerst auch ausschließlich in die Krise der Ungewißheit und Erregung führt.

Melancholie kann ein Stadium nach der Angst sein, wenn sich die Einsicht durchgesetzt hat, es bleibt ungewiß, das Ungewisse wird nicht mehr der Gewißheit weichen. Melancholie ist ein Abfinden mit dem Ungewissen, ohne dadurch permanent in Erregung versetzt zu werden, diese ist der Ruhe gewichen.

Melancholie ist auch die Gewißheit, daß, was ängstigt, eintreffen wird, wobei das Ängstigende nie genau zu benennen ist. Melancholie ist eher Weh- als Schwermut, ein Schmerz, daß es so kommen wird, aber auch der Mut, dem, was kommen wird, ins Auge zu sehen.

Die Gefahr, daß Melancholie in Zynismus umschlägt, besteht immer. Melancholie ist der schmerzliche Blick zurück, daß zu wenig geschah, daß es nicht anders wurde, und der trauernde vorwärts, daß, was ängstigt, eintreffen wird, weil's nicht abgewendet wurde/werden konnte.

Sie ist ein langsames Abschiednehmen vom Vertrauten, aber befindet sich auch ständig in der Nähe der Rechthaberei und Besserwisserei – so mußte es ja kommen.

Versuchte Bedeutungslosigkeit ist melancholisch, weil sie das Bedeuten – langsam oder überstürzt – verabschiedet.

Melancholie heißt, weh, es vergeht!

Daß sie zur dominierenden Stimmung in Anschauungen wird, die das Ende der Geschichte oder der Moderne gekommen sehen, liegt nahe. Melancholie artikuliert ein Mißlingen, die Anstrengungen haben zu nichts geführt, es bleibt unabänderlich oder ist so geworden.

Wenn Horkheimer/Adorno in der *Dialektik der Aufklärung* ein Entweder-Oder in den Beziehungen der Menschen zur Natur formulieren, entweder die Natur unterwirft die Menschen oder sie unterwerfen diese unter das Selbst, ist die melancholische Unausweichlichkeit, die sich auch in der versuchten Bedeutungslosigkeit ausdrückt, angesprochen. Aufklärung ist die Beherrschung der Natur durch das Selbst, das Subjekt unterwirft das Objekt Natur, um der Beherrschung zu entgehen, um nicht selbst zum Objekt zu werden. Dies führt zu den bekannten Folgen, daß diese Unterwerfung das Leben bzw. dessen Grundlagen gefährdet.

Daß Sigmund Freud angesichts des Ersten Weltkrieges diese Konstellation mit dem Widerspruch von Lebens- und Todestrieb deutet, kann als melancholische Interpretation aufgefaßt werden.

Keiner kann erklären, warum es Leiden in der Welt und im Menschen geben muß, sondern es wird entweder legitimiert, weil das Andere bedroht, oder als »Seinsausstattung« ausgegeben.

Vor dem Leiden schweigen die Erklärungen, es bleibt, um ihm überhaupt eine Bedeutung zu geben, nur der Weg der Legitimation.

Die Notwendigkeit, den Anderen, das Andere zu unterwerfen, ist die einzige Begründung (nicht Erklärung), weil sie das einzige Mittel sei, das eigene abzuwenden. Das Leiden des anderen ist nur mit der Vermeidung des eigenen zu rechtfertigen. Ein negatives Modell, jeder findet die Rechtfertigung der Leiden des anderen durch die Abwendung des eigenen. Gegenseitige Leidensabwendung führt zur Potenzierung, die versuchte Vermeidung ist in jeder Hinsicht wirkungslos.

Jede Ideologie, die Verringerung des Leidens durch Kampf gegen die, die das eigene erzeugen, propagiert, bewirkt »nur« mehr Leiden. Eine Logik der »Verschlimmbesserung«, um einen alltagssprachlichen Begriff zu verwenden, bestimmt derartige Versprechungen – die fatale Logik, daß versprochen wird, durch die Auslöschung oder Unterwerfung des Leiden erzeugenden Objektes würde das eigene ein für allemal aufhören. Diese Logik abstrahiert immer davon, daß das Andere, das als Leiden erzeugendes Objekt bestimmt wurde, derselben Logik folgt oder folgen muß, wenn es nicht untergehen oder unterworfen werden will.

Sollte gesiegt worden sein, gibt es schon wieder das nächste Andere, das bedroht – eine Logik, die sich permanent destruktiv selbst stabilisiert, eine endlose Logik, die nur durch einen endgültigen Abbruch aufzuheben wäre.

XXIII

Wird versuchte Bedeutungslosigkeit als Reaktion auf gesellschaftliche Entwicklungen begriffen, vor allem als eine auf den Fortschritt, der die Anspannungen im Verhältnis von Mensch und Natur »über den Kopf wachsen« läßt, dann kann sie als ein Ausdruck von Melancholie verstanden oder zum Zynismus werden oder sich als Einfügen in die totale Objekthaftigkeit mißverstehen.

Dennoch sind künstlerische oder philosophische bzw. theoretische Aussagen und Entwicklungen, die in bestimmten historischen Konstellationen entstehen, nicht ausschließlich als Reaktion auf oder determiniert durch gesellschaftliche Verhältnisse zu begreifen. Daß sie nicht zufällig sind, wird nicht bestritten, aber sie sind noch etwas anderes als nur Reflex oder Reaktion auf eine materielle Basis; sie sind nicht ausschließlich Überbau, verzerrende oder bestätigende Spiegelung des materiellen Seins.

Versuchte Bedeutungslosigkeit – vor allem in Kunstwerken – ist zwar einerseits Reaktion auf die Entwicklung der Produktivkräfte und der damit verbundenen gesellschaftlichen Verhältnisse, geht aber andererseits darin nicht völlig auf; es bleibt ein unverstandener Rest, wenn sie auf ein reaktives Moment reduziert wird.

Daß im Benennen und Bedeuten als Orientierung, Gedächtnis und Basis des symbolischen Austausches zwischen den Menschen eine Notwendigkeit menschlicher Existenz liegt, darauf wurde verwiesen. Aus biologischer Sicht wäre zu ergänzen, daß diese spezifisch menschliche Tätigkeit bestimmte Schwächen in der menschlichen (Grund)Ausstattung kompensiert und so das (Über)Leben sichert.

Daß unregelmäßige, d. h. unvorhersehbare Katastrophen über die Menschen hereinbrechen, gleichgültig, ob sie diese direkt oder indirekt (mit)verursacht haben, läßt das Andere, die Natur bedrohlich erscheinen und erhöht den Drang, ja Zwang, sie vollends zu begreifen, d. h. vollständig zu benennen und zu bedeuten. Damit ist die Hoffnung verbunden, daß die vollständig begriffene Natur das Geheimnis der Katastrophen offenbart, diese dann auch beherrschbar, d. h. abwendbar werden. Daß der rätselhafte Tod dabei im Zentrum steht, wurde erwähnt. Die historische Mission von Mythen, Religionen, Erzählungen, Bildwerken und Theorien besteht zu einem nicht unwesentlichen Teil darin, den Tod verständlich oder aushaltbar zu machen oder sogar überwindbar erscheinen zu lassen. Mag er abstrakt verständlicher werden, verliert er doch konkret nicht seinen Schrecken, zumal wenn er plötzlich und unerwartet, ungerecht wie bei Katastrophen und Kriegen eintritt. Insoweit ist der Drang, alles und jedes benennen und bedeuten zu wollen, verständlich.

Wenn das Benennen und Bedeuten dann doch nicht alle Erwartungen erfüllt, Katastrophen dennoch nicht ausbleiben, die Unterscheidung von selbstverursachten und reinen (Natur)Katastrophen immer schwieriger wird, kann Opposition gegen bestimmte Bedeutungssysteme oder gegen die Bedeutung, das Bedeuten entstehen.

Versuchte Bedeutungslosigkeit ist enttäuschtes Bedeuten; Benennen und Bedeuten der Versuch, die unberechenbaren Katastrophen und Tode zu bannen.

Da wir aber mitten im Leben, im Tode sind, bleibt Bedeutungslosigkeit die andere Möglichkeit, wenn das Bedeuten nicht bannt, was es zu bannen verspricht.

Alle verbindlichen Bedeutungssysteme, die von Menschen geschaffen wurden, alle Kulturen, haben, besonders in den religiösen Subsystemen, Schweigezeiten, Zeiten der Einsamkeit, Zeiten, in denen Bedeutungslosigkeit gesucht wird, ritualisiert. Diese Zeiten waren Erfahrungen gesteigerter Wahrnehmung im Schweigen.

Werden solche Übungen kopiert, ohne daß dafür kulturelle Verbindlichkeiten bestehen, verkommen sie zu Surrogaten.

Die einzig glaubwürdige Form versuchter Bedeutungslosigkeit in unserer Kultur bleibt die künstlerische; alle anderen verkommen zu Pseudoritualen.

Kulturell verbindliche Schweigezeiten vermittelten eine Ahnung, daß menschliche Existenz, die auf Benennen und Bedeuten angewiesen ist, den Zusammenhang mit der Natur zunehmend verliert, weil das Bedeuten Natur letztlich nicht versteht, sondern vorrangig zu beherrschen sucht.

XXIV

In einer großen theoretischen Erzählung stellt Sigmund Freud zu Beginn dieses Jahrhunderts dar, daß es den Menschen nicht gelingen wird, die Natur total zu beherrschen, daß Naturbeherrschung des Menschen immer Versuch, wenn auch notwendiger, aber ohne endgültiges Gelingen bleiben wird.

Die Psychoanalyse kränkt nach wie vor, weil in ihrem Mittelpunkt die Auseinandersetzung des Menschen mit seiner eigenen Natur steht. Es geht in der Psychoanalyse nicht um die Versuche der Beherrschung der äußeren Natur, sondern um die erfolglosen, die eigene, die innere zu »bändigen«.

In den vielen (Kranken)Geschichten, die Freud von einzelnen Menschen erzählt, kommt durchgehend zum Vorschein, daß das Subjekt nicht »Herr« im Haus seines »Selbst« ist, daß, je mehr es sich anstrengt, die eigene Natur zu beherrschen, zu unterdrücken, es um so vehementer von dieser bestimmt wird, aber sich weiter der Illusion hingibt (hingeben muß?), sie zu bestimmen. Die verdrängten, verschobenen, abgespaltenen naturhaften Kräfte im Individuum, die es zu beherrschen glaubt, entfalten in ihm ein »Eigenleben«; die verdrängten Kräfte wirken aber kränkend weiter, sie müssen verdrängt werden, um die Illusion der Beherrschung aufrechtzuerhalten. So widersprüchlich Freuds Erzählungen auch sein mögen, enthalten sie doch eine »heilende« Perspektive, wie notwendig die Wahrnehmung des eigenen naturhaften Zusammenhanges bleibt. Die Illusion, wir könnten sie beherrschen, müßten sie unterdrücken, müßten uns von der Natur emanzipieren, führt zu nichts anderem als dem Gegenteil von dem, was beabsichtigt ist, nämlich befreiter zu leben. Die Leugnung des eigenen naturhaften Zusammenhanges, die Illusion der Emanzipation von Naturzwang resultiert in der Ignorierung der eigenen Natur.

Freuds Erzählungen sind deshalb so wegweisend, weil sie eine Sicht zulassen, die das Dilemma der Beherrschung wie auch den Antagonismus von Bedeuten und Bedeutungslosigkeit überwinden könnte.

Der Kern jeder emanzipatorischen Programmatik besteht in der Forderung nach Selbstbestimmung, Emanzipation des Menschen von der Natur will die Fremdbestimmung des Menschen durch die Natur auflösen mit dem Ziel, daß er sich und die Natur bestimmt. Freuds Erzählungen könnten (werden) als Bestätigung dieses Emanzipationsprogramms (miß)verstanden werden: Wo Es war, soll Ich werden. Das Freudsche Programm ist aber viel eher mit den Begriffen Balance und Kompromiß als mit Herrschaft, Beherrschung zu verstehen. Das Es, die naturhaften Anteile in uns, ist weder zu beherrschen, geschweige denn zu entfernen. Wir mögen lernen, mit ihm umzugehen; dazu müssen wir es aber erst wahrnehmen und akzeptieren, dann mögen wir es regulieren, aber nicht unterdrücken.

Freud plädiert für die Wahrnehmung, gegen die Verdrängung: Ich kann nicht werden, wenn es Es nicht wahrnimmt und akzeptiert. Verdrängung bedeutet nichts anderes, als die eigene Natur ignorieren zu wollen, weil sie ängstigt, oder der Illusion zu folgen, sich von ihr befreien zu können; dahinter mag die schon angesprochene Illusion stehen, durch Emanzipation von der Natur würde es möglich werden, Tod und Katastrophe zu bannen.

Freuds Perspektive heißt Wahrnehmung und Akzeptanz statt Verleugnung und Herrschaftsillusion. In der Analyse spricht nicht das Es, wird nicht das Es zur Sprache gebracht, was spricht, ist die Verdrängung, die Angst vor der eigenen Natur, die Szenen, als die Angst entstand, können erzählend wiederholt werden, damit sie ihre Bedrohung verlieren.

Die psychoanalytische Erzählung widerspricht der Beherrschung der eigenen Natur und empfiehlt, sie statt dessen wahrzunehmen und zu akzeptieren.

Wo Es war, soll Ich werden: wenn das Ich fähig wird, das Es wahrzunehmen und zu akzeptieren, kann das Es nicht an die Stelle des Ich treten; präziser müßte es heißen: kann die Verdrängung der Angst vor dem Es nicht mehr das Ich besetzen. Insofern wäre das Dilemma der Beherrschung gelöst, weil sie nicht vonnöten ist, im Gegenteil erst zur Verdrängung und allen damit verbundenen üblen Folgen führt.

Auch der Antagonismus von Bedeuten und Bedeutungslosigkeit wäre in diesem Verständnis aufgehoben: Das bedeutungslose Es ist nicht zur Sprache zu bringen, sondern einzig wahrzunehmen. Das Ich muß das Es nicht durch Bedeuten beherrschen, sondern kann es akzeptierend wahrnehmen; zur Sprache gebracht werden müssen die Verdrängungen. Der Antagonismus zwischen Bedeuten (Ich) und Bedeutungslosigkeit (Es) müßte nicht entstehen. Er entwickelt sich durch die Verdrängung, die aber ein Ergebnis der dem Es zugeordneten Bedrohung ist. Wird das Es als bedrohlich bedeutet, entwickelt sich mit einer gewissen Zwangsläufigkeit der Kreislauf der Verdrängung. Wird das Es in seiner Bedeutungslosigkeit wahrgenommen und akzeptiert, bedeutungsfrei gehalten, werden angstfreie Kompromisse, Abstimmungen, eine angstfreie Balance möglich. Die Bedrohung entsteht durch den Zusammenhang von Beherrschen und Bedeuten.

Mag diese Interpretation Freudscher Erzählung auch als kurzschlüssig und hypothetisch kritisiert werden, versucht sie dennoch nichts anderes, als an die Stelle des katastrophalen Kreislaufes »Bedrohung–Angst–Beherrschung–Verdrängung–Beherrschung–Bedrohung–Beherrschung« einen anderen, den von »Zur Sprache bringen des Verdrängten – Wahrnehmen der Natur – Akzeptanz der Bedeutungslosigkeit – Kompromiß – Balance« zu setzen. Mag das ebenso illusorisch klingen wie die Illusion, die eigene Natur sei zu beherrschen und zu überwinden – es bleibt zumindest der Schimmer einer Hoffnung, daß es weniger gewalttätig und katastrophal zugehen könnte.

XXV

Das rettende Moment versuchter Bedeutungslosigkeit, den wahrnehmenden, nicht bedeutenden Zusammenhang von Mensch und Natur zu erhalten, kann in der Kunst bewahrt werden.

Die negativen Momente versuchter Bedeutungslosigkeit, melancholisches Abfinden mit dem Schicksal, das in Zynismus umschlagen kann, Objekthaftigkeit, die die conditio humana als reine Naturhaftigkeit, in der die Gesetze der Selektion und des berechtigten Überlebens des Stärkeren gelten, übersetzt, kann in Theoriekonstruktionen artikuliert werden.

Wird versuchte Bedeutungslosigkeit auf Bedrohung und das Bedrohliche bezogen, bleibt sie dem Beherrschen oder Erdulden zugeordnet.

Versuchte Bedeutungslosigkeit kann Lebenswünsche in der Wahrnehmung und Annahme der Natur ausdrücken, aber auch Anpassung an eine Natur, die offensichtlich als ein Prinzip das katastrophale enthält; zwar zerstört die Katastrophe nie das Ganze, aber immer Teile. Darin liegt die Erschütterung, der wir, der Natur zugehörig, nicht entgehen können.

Alle Erfahrungen von Sinnlosigkeit oder solcher, »sich fügen zu müssen«, gründen in dieser Erschütterung. Aus dieser Empfindung und Ahnung, diesem Verstehen resultieren religiöse oder theoretische oder künstlerische Erzählungen, die entweder den befreiten Menschen oder die befreite Natur oder ein versöhntes Verhältnis von Mensch und Natur imaginieren oder versprechen.

Alle großen Erzählungen in der Menschheitsgeschichte setzen sich mit dem katastrophalen Moment der Natur auseinander. Entweder legen sie ein Abfinden, Einfügen oder ein Aufbegehren oder ein Überwinden oder ein Versöhnen nahe.

Die Enttäuschungen über die Moderne, die sich im Zynismus oder der Melancholie der Postismen äußern, sind darin begründet, daß die Moderne ihr Versprechen, das katastrophale Prinzip zumindest abzuschwächen, wenn nicht sogar Schritte zu entwikkeln, es vollends aufzulösen, nicht halten konnte, im Gegenteil die von Menschen verursachten Katastrophen zugenommen haben. Baudrillard kommentiert diesen Zusammenhang ironisch, indem er feststellt, ein perfekter Schutz vor Naturkatastrophen wäre katastrophaler als ihr Erleiden.

Erst wenn die Natur von dem katastrophalen Moment erlöst

wäre, wäre Befreiung, Versöhnung von Mensch und Natur – aber wer erlöst, aber wie entwickelt sich Erlösung, aber wer löst die Ketten, die Menschen – lag darin ihre »historische Mission«, die sie bisher verfehlt haben? Spekulationen?!

Ein zynischer Einspruch gegen die anklingende Erlösungsromantik ist denkbar: Das Katastrophale diszipliniert, dämpft Übermut und Höhenflug, setzt Grenzen, wer wollte darauf verzichten, zumindest solange Naturbeherrschung als Prinzip verbindlich bleibt. Ohne das Katastrophale wär's bei herrschender Lehre und Praxis vielleicht noch schlimmer? Ein Trost – kein Trost!

XXVI

Bedeutungslosigkeit zu versuchen kann nicht absichtslos sein, da Bedeutung und Bedeuten vorausgesetzt sind und Bedeutungslosigkeit gegen das Bedeuten opponiert – sei's als Negation oder Reduktion. Bedeutungslosigkeit, nicht zu bedeuten, negiert oder sucht das Bestimmen, Benennen, Bezeichnen und Bedeuten zu reduzieren. Der Begriff, der den Gegenstand bestimmt, bezeichnet und benennt, ist nicht der Gegenstand, sondern bezieht sich auf ihn. Der Begriff nützt nicht dem Gegenstand, sondern dient unserer Verständigung über ihn. Die Illusion, der Gegenstand sei mit dem Begriff identisch, hält sich dennoch hartnäckig.

Bedeutungslosigkeit will den Gegenstand unbestimmt lassen oder ihn zumindest nicht total bedeuten, der Vollständigkeit seiner Bestimmung widersprechen.

Vordergründig verweigert Bedeutungslosigkeit die Verständigung über den Gegenstand oder reduziert diese. Aber nicht die Behinderung der Verständigung ist beabsichtigt, sondern die Bewahrung des Gegenstandes. Bedeutungslosigkeit entspringt den destruktiven Folgen des Komplexes »benennen, bestimmen, bedeuten«. Wäre Bedeuten ausschließlich Verständigung über den Gegenstand, entstünde nicht die Opposition der Bedeutungslosigkeit. Ist diese Opposition nicht einfältig?

Solange das Bemächtigen, Aneignen und vollständige Bestimmen akzeptiertes Programm und Praxis bleiben, kann versuchte Bedeutungslosigkeit toleriert werden, zumal sie in den Künsten und nicht in den Naturwissenschaften ihren Platz hat.

Solange es bedrohlich bleibt, wird das Bedrohliche durch Bestimmung unterdrückt und bekämpft. Solange das Unbestimmte als Chaos erscheint, wird durch Bestimmen Übereinstimmen produziert.

Würde die Differenz zwischen Begriff und Gegenstand akzeptiert, würde nicht Identität gesucht, so gehandelt, als wäre Identität, müßte Bedeutungslosigkeit nicht gesucht werden. Das Andere – sei's die Natur, der Fremde, die andere Kultur – soll durch die Bestimmung mit dem, der bestimmt, übereinstimmen, seine Andersartigkeit aufgeben, und ist es nicht willens und bereit, dann hilft die Gewalt.

Das Bestimmte, das zur Übereinstimmung, zum Übereinstimmen Gebrachte, wird durch das Benennen, Bestimmen und Bedeuten übersichtlich. Das Andere wird dem Eigenen anverwandelt, damit bleibt's nicht, was es war, hört auf, das Andere zu sein.

Bedeutunglosigkeit zu versuchen, ist eine Opposition des Unbestimmten. Das Unbestimmte durch das Bestimmen aufzulösen, das Übereinbestimmte zu totalisieren, provoziert versuchte Bedeutungslosigkeit.

Wenn die Differenzen zwischen Zeichen und Gegenstand aufgelöst werden, wenn alles anverwandelt, angeeignet, bestimmt und beherrscht erscheint, entsteht Indifferenz. Indifferenz wird in der Mehrdeutigkeit von Ununterscheidbarkeit, Unterschiedslosigkeit, Gleichgültigkeit und Unentschiedenheit verstanden. Wenn die Differenzen aufhören, herrscht Indifferenz.

Versuchte Bedeutungslosigkeit kann in der Folge der Auflösung des Unbestimmten, der Differenz zum Bestimmten, zur Indifferenz verkommen.

Weil alles und jedes benannt und bestimmt und bedeutet ist, wird es ununterscheidbar, gleichgültig und unterschiedslos, was zur Teilnahmslosigkeit des Übersichergehenlassens führt. Der Unterschied zwischen Indifferenz und versuchter Bedeutungslosigkeit besteht darin, daß Indifferenz über keine eigenen Absichten verfügt, sondern entscheidungslos und absichtslos geworden ist. Das Andere und das Eigene existieren nicht in der Indifferenz. Versuchte Bedeutungslosigkeit nimmt hingegen das Andere wahr, will es bewahren und sich nicht gleichmachen, sondern das Andere als das Andere wahrnehmen, sich versichern können, das Eigene zu sein, sie will verhindern, daß das Andere und das Eigene Differenz verlieren, daß das Andere durch das Bestimmen aufgelöst wird.

Bedeutungslosigkeit zu versuchen, heißt, das Andere anzuerkennen und ihm nicht durch Bestimmung sein Anderssein zu enteignen. Bedeutungslosigkeit will nicht total werden, daher ist immer die Rede von versuchter Bedeutungslosigkeit, weil Bedeutungslosigkeit eingedenk bleibt, daß Bedeuten notwendig ist, weil »wir aus dem Paradies vertrieben sind und erkennen müssen«.

XXVII

Bedeutungslosigkeit, die sich als Verstummen äußert, entsteht durch Erschütterung; erschüttert sein von der Überfülle möglicher Bedeutungen während der Wahrnehmung eines Gegenstandes; oder erschüttert sein von einer absoluten Eindeutigkeit, die ein »so ist es und nicht anders« vermittelt.

Diese Formen der Bedeutungslosigkeit im Verstummen oder Schweigen ereignen sich, wenn es einem die Sprache verschlägt. Es ist keine gesuchte oder versuchte Bedeutungslosigkeit, sondern eine, die einem widerfährt, die nichts mit meiner Absicht zu tun hat, im Gegenteil: sie ergreift mich und bricht den Widerstand des Bedeutens.

Es ist eine Bedeutungslosigkeit, um eine mittelalterliche Unterscheidung zu verwenden, die Sinneserkenntnis widerfahren und Verstandeserkenntnis versagen läßt. Es ist ein Zustand, in dem das Schauen und Empfinden wesentlich ist, der kein Bestimmen benötigt oder erlaubt.

Das totalitär gewordene Übereinbestimmen hat diese Sinneserkenntnis enteignet. Erschütterung ist exkommuniziert. Schweigen und Verstummen sind peinlich, wer schweigt, kommuniziert nicht – man kann nicht nicht kommunizieren! –, wer nicht kommuniziert, wird exkommuniziert.

Wer stumm bleibt und schweigt – Momente des Schweigens, so sie zum eigenen Vorteil gereichen nach dem Motto »hättest du geschwiegen«, sind erlaubt –, gilt als gestört – wer gestört ist, stört die Ordnung, wer die Ordnung durch Schweigen stört, erinnert an das Chaos, wer an das Chaos erinnert, muß ausgesondert werden, entweder zum Reden erweckt werden oder in der Aussonderung verstummen. Nicht zufällig ist das Ziel der Folter, den Gefolterten zum Reden zu bringen.

Erschütterungen stören die Indifferenz.

Die Überfülle der Zeichen führt auch zum Verstummen, dieses indifferente, unerschütterte Verstummen führt ins Gerede, es nimmt teil und bleibt im Regelkreis der Kommunikation, erschüttertes Verstummen und Schweigen, das des Anderen eingedenk bleibt, ist zu exkommunizieren.

XXVIII

Bedeutungslosigkeit müßte nicht das Bedeuten negieren. Daß Bedeutungslosigkeit und Bedeuten negativ aufeinander bezogen sind, ist die Folge der Auflösung des Unbestimmten.

Könnte Bedeutungslosigkeit als notwendiger Rest erhalten bleiben, müßte sie nicht gegen das Bestimmen, Benennen und Bedeuten opponieren.

Vorstellbar ist eine Koexistenz von Bedeutung und Bedeutungslosigkeit. Da aber das Übereinbestimmen totalisiert ist, wird versuchte Bedeutungslosigkeit zur Negation von Bestimmen und Bedeuten gedrängt. Die eingebildeten und realen Zwänge, die den Bedeutungszwang verursachen und Bedeutungslosigkeit zu negieren suchen, allenfalls als luxurierendes Moment in der Kunst zulassen (dort aber wieder durch die Interpretation in die Bedeutung zurückgeholt), sind bekannt: Tod, Katastrophen, Knappheit, Mangel, Bedrohung, Leiden – allesamt Ausdruck, daß geglücktes Leben nicht möglich ist, sondern Leben als Überleben erlebt wird, das ständig am Leben gehindert bleibt.

Benennen, Bedeuten, Bezeichnen und Bestimmen ergeben sich als Ausweg, als Notwendigkeit, stellen sich aber im Laufe der Geschichte als Einbahnstraße heraus, weil die Katastrophen nicht weniger werden. Verzicht auf Bedeuten und Bestimmen, Bedeutungslosigkeit führte, falls totalisiert, ebenso in die Sackgasse.

Die verzweifelte Frage, ob es andere Wege als die Einbahnstraße gäbe, legt die metaphorische Antwort nahe: eine Umkehr, um eine andere Richtung zu finden.

Bedeutung negiert Bedeutungslosigkeit – und umgekehrt –, Negation zerstört das Andere, das es negiert, und läßt nur das übrig, das die Negation durchsetzen konnte, läßt nur das Negierende und nicht das Negierte übrig. Insofern erscheint eine Entkräftung der Negation berechtigt.

Die Kritik der Natur entwickelt sich praktisch als ihre Zerstörung. Die Kritik bestimmter gesellschaftlicher Verhältnisse führt zu den erfolglosen oder »geglückten« Versuchen, diese aufzulösen, was wieder Zerstörung und Gewalt nach sich zieht. Es scheint so, als ob sich die Kritik dadurch, daß sie, sofern sie praktisch wird, Negation wird, selbst die Grundlage entzöge, weil das Kritisierte durch Zerstörung aufgelöst wird. Das Resultat ist weitere Verhinderung, zumindest Behinderung von geglücktem Leben.

Auch wenn Walter Benjamin in dem Aufsatz *Der Autor als Produzent* (1934) auf dem Hintergrund der faschistischen Machtergreifung folgende Position von Alfred Döblin kritisiert, hat der Kritisierte in seiner Position recht behalten:

»Sozialismus ist nach Döblin: ›Freiheit, spontaner Zusammenschluß der Menschen, Ablehnung jedes Zwanges, Empörung gegen Unrecht und Zwang, Menschlichkeit, Toleranz, friedliche Gesinnung‹. Wie es sich damit auch verhalte: jedenfalls macht er von diesem Sozialismus aus Front gegen Theorie und Praxis der radikalen Arbeiterbewegung. ›Es kann‹, meint Döblin, ›aus keinem Ding etwas hervorgehen, was nicht schon in ihm steckt – es kann aus einem mörderisch geschärften Klassenkampf Gerechtigkeit, aber kein Sozialismus hervorgehen.‹« (In: ders. 1966b, S. 104)

Negation (»mörderisch geschärfter Klassenkampf«) führt nicht zum geglückten Leben, wie es Döblin mit der am Anfang stehenden Aufzählung dessen, was er unter Sozialismus versteht, definiert.

Meint geglücktes Leben sorgenfreies, leidensfreies Leben? Nicht sorgenfrei, nicht frei von Leiden, aber ein Leben, in dem Sorge und Leiden zwar nicht abwesend sind, dennoch ein Leben, in dem Glück immer noch und immer wieder möglich bleibt, so daß Sorge und Leid das Glück nicht mehr negieren. Es geht im Verhältnis von Glück und Leid um das gleiche wie in dem von Bedeutung und Bedeutungslosigkeit, um eine sich gegenseitig nicht ausschließende Beziehung. Die Negation von Leid und Sorge führte zur Indifferenz, aber Leid und Sorge müßten immer wieder aufhebbar sein. Daß beide sein können, daß ständig Leid zu reduzieren ist, daß es endlich die Oberhand verliert, daß aber dennoch das eine das andere nicht negiert, daß Differenz bleibt, wäre die Vorstellung.

Herrschaft, die das Unbestimmte, die das Andere negieren muß, verhindert Versöhnung. Negation, die total wird, bestimmt und zerstört das Unbestimmte. Die Rekonstruktion des Unbestimmten, die Bewahrung des Unbestimmten – nicht der Indifferenz –, intendiert »versuchte Bedeutungslosigkeit« zu erhalten und zu bewahren.

Versuchte Bedeutungslosigkeit artikuliert sich insofern als Kritik, daß in ihrer Intention liegt, das »Richtige«, das in jedem Falschen enthalten ist, zu bewahren.

Bedeutungslosigkeit in der Bedeutung aufzuheben, Bedeutung in der Bedeutungslosigkeit aufzuheben, das Leiden im Glück, das Leben im Tod, den Mangel in der Fülle, das Unbestimmte im Bestimmten, darin besteht die paradoxe Position versuchter Bedeutungslosigkeit.

XXIX

Herrschaft, die das Unbestimmte, die das Andere negieren muß, verhindert Versöhnung. »Eine der Arbeit ledige Menschheit wäre der Herrschaft ledig.« (Adorno 1957, S. 31) Arbeit als Aneignung und Beherrschung der Natur bleibt Zwang. Die Naturbeherrschung durch Arbeit ist Modell für die Herrschaft von Menschen über Menschen.

Versöhnung negiert zwar Herrschaft, leugnet sie aber nicht. Die Vorstellung der Versöhnung entsteht aus dem Unsäglichen der Herrschaft. Erpreßte, sich selbst entleerende Versöhnung wäre, wenn ihr Nein gegen Herrschaft zur Harmonisierung verkäme, wenn »Idee und Wirklichkeit versöhnt« würden (Hegel 1976, S. 27), ohne daß Herrschaft aufgehoben wäre. Versöhnung und Herrschaft in eins zu setzen, durch Herrschaft zwangsweise zu versöhnen, bringt sie um das, was sie ist: Anerkennung der Differenz, ohne das Differente identisch machen zu müssen, d. h. zu beherrschen. Nirgends existiert daher heute Versöhnung; um so wichtiger ist es, sie als Notwendigkeit der Aufhebung von Herrschaft zu bewahren.

Die Herrschaft, wie sie sich in Arbeit darstellt, ist ein Notwendiges, Leben zu erhalten und zu sichern, menschliches und anderes Leben lebt auf Kosten von anderen Leben. Leben lebt durch den Tod des anderen Lebens, aber die ungeheure Herrschaft des Menschen über die Natur führt immer unaufhaltsamer zu ihrer Zerstörung. Versöhnung hieße, Leben zu erhalten, ohne sich selbst, die eigene und die fremde Natur beherrschen zu müssen.

Daß Feindschaft ist, leugnet Versöhnung nicht, sie bleibt aber dabei, daß Feindschaft, die nur die Alternative von Sieg und Niederlage kennt, dieses entweder-oder nie in die Versöhnung, sondern nur ins Unversöhnte führen kann.

Die Wahrheit der Döblinschen Aussage, daß aus »Klassenkampf« kein Sozialismus – Versöhnung – hervorgehen kann, hat sich bestätigt. Obwohl, darin behält Benjamin gegen Döblin recht, die aufgezwungene Feindschaft, die Unterdrückung real nur durch den Kampf der Unterdrückten gegen die Unterdrücker überwindbar ist. Aber der Kampf verzerrt nicht nur das Gesicht, sondern den ganzen Menschen.

Könnte der Kampf der Unterdrückten, der Klassenkampf, der Kampf gegen die Unterdrückung eingedenk bleiben der Versöhnung, handelte es sich zwar immer noch um Kampf und Feindschaft, er bewahrte aber die Vorstellung von Herrschaftsfreiheit. Dennoch bleibt der Einwand von Döblin: »Es kann aus keinem Ding etwas hervorgehen, was nicht schon in ihm steckt – es kann aus einem mörderisch geschärften Klassenkampf Gerechtigkeit, aber kein Sozialismus hervorgehen.« Aus Feindschaft entsteht keine Versöhnung. So logisch dieser Gedanke auch ist, bleibt für die menschliche Realität nichts anderes übrig, als die »Idee der Versöhnung mit der Wirklichkeit der Feindschaft zu vermitteln«. Eine permanente Kritik der Herrschaft und der Feindschaft sind dafür ein notwendiger Zugang. Würde z. B. das Richtige des Kampfes gegen Unterdrückung, die Befreiung von Unterdrükkung bewahrt, wären Versöhnung und Nachsicht näher.

Versöhnung ist, das wird besonders deutlich, wenn die Etymologie des Wortes herangezogen wird, ehedem auf Kampf und Feindschaft negativ bezogen; denn »Sühne« ist sein Stamm. »Sühne«, »sühnen« bedeutet ein Abtragen von Schuld, Verfehlungen, die begangen wurden. Feindschaft und Kampf ziehen Sühne nach sich. Versöhnung ist Aufhebung der Sühne, würde den unheilvollen Zusammenhang von Sieg und Niederlage, erzwungener Sühne der Verlierer, auflösen, so daß es keine Sieger und Verlierer mehr gäbe, Sühne nicht notwendig, aber Versöhnung wäre. Versöhnung bedeutete die Überwindung von Feindschaft und Herrschaft.

Ein Beginn von Versöhnung ist in der Anerkennung von Differenz, im Nichtbestimmen und Unbestimmt-Lassen-Können, in versuchter Bedeutungslosigkeit, ohne der Illusion nachzuhängen, so wäre Feindschaft aufzuheben. Die Bewahrung dieses Beginns, Vorschein, daß Differenz ohne Feindschaft und Bedrohung auskommen, bleibt notwendig.

XXX

Leichter geschrieben und gesagt, Versöhnung abzuwarten, darauf zu vertrauen, daß sich Idee und Wirklichkeit vermitteln könnten, denn dauernd besteht der Sog der Totalisierung oder Harmonisierung oder Gleichgültigkeit oder Ausgeglichenheit, dauernd der Wunsch, es soll, ja muß jetzt geschehen, weil »wir nicht länger warten können«. Wird das Verlangen, es soll hier und jetzt sein, überwunden, stellt sich dieses Abfinden, die Melancholie oder der Zynismus, ein.

Es ist der Widerspruch von Radikalität, radikaler Negation und gleichzeitig eingedenk zu bleiben, daß jegliche Totalisierung zu Wiederholung des Immergleichen im neuen Gewand führt.

Jegliches, das Bestehendes negiert, ob es sich um die Negation von Herrschaft oder um die von Bedeutung handelt, gerät in den Sog von Totalisierung oder Resignation oder Melancholie oder Zynismus.

Negation, die um des Richtigeren willen negiert, verstünde sich als Prozeß, als Bewahren, das nicht ein für allemal leistbar ist. Damit wäre Totalisierung relativiert, d. h., Negation in Beziehung zu sich und dem anderen gesetzt, und sie könnte die Differenz aushalten und anerkennen, weil das Ganze und die Differenz nicht zur Indifferenz verkämen.

Der Einfall, der sich als ein Fall unter vielen versteht, nicht das Ganze ist und sein will, obwohl auf das Ganze bezogen, ist ein möglicher Ausdruck von Differenz, die nicht in Indifferenz umschlägt.

XXXI

Der Einfall ist bezogen auf die Vielfalt. Der Einfall ist der Augenblick, in dem jemand aus der Vielfalt der Möglichkeiten eine auswählt, ist bezogen auf das Ganze, eines ihrer Momente. So bleibt der Einfall im Zusammenhang mit dem Ganzen, d. h. mit allen vorhandenen Möglichkeiten, obwohl er sich auf das Eine beschränkt. Der Einfall bekommt seine Kraft durch die Fülle des Vorhandenen.

Im Einfall kommt nicht Fülle abhanden, sondern er ist die Konzentration auf einen möglichen Fall der Fülle, wobei die Fülle die Gesamtheit aller möglichen Fälle darstellt. Der Einfall ist ein Exempel der Differenz, er erhält, bewahrt die Differenz zwischen Einzelnem und Ganzem.

Der Einfall oszilliert zwischen Bedeutung und Bedeutungslosigkeit. Er ist bezogen auf die Fülle der Bedeutungen, nähert sich versuchter Bedeutungslosigkeit, da er nie das Ganze sein will, das Ganze unbestimmt läßt, sich auf eine Möglichkeit des Ganzen konzentriert. Einfälle können bedeutet werden, wie auch versucht werden kann, sie nicht zu bedeuten, sondern »nur« wahrzunehmen.

Bedeutungslosigkeit ist kein Nichts, sondern der Verzicht, das Wahrgenommene, den Einfall, mit einer Bedeutung zu versehen, versuchte Bedeutungslosigkeit heißt, den Einfall ohne Bedeutung zu bewahren. Der bedeutete Einfall sucht die Vielfalt/Fülle der Bedeutungen des Einfalls zu bewahren. Beide Möglichkeiten bleiben dem Einfall treu, aber konzentrieren sich auf jeweils eine Möglichkeit des Umgangs mit dem Einfall. Beide bewahren die Differenz von Fülle und Einfall.

Kunst ist Konzentration auf den Einfall. Der Einfall, der sich im Kunstwerk darstellt, ist nicht der richtige oder falsche, sondern stets der mögliche.

Das negierende Moment von Kunst besteht darin, *ad hominem* zu demonstrieren, daß dieser Einfall möglich ist, auch wenn er für unmöglich gehalten wird.

Kunst verweist im Einfall auf die Fülle, weil der, den sie darstellt, nicht für möglich gehalten wird und damit die Fülle repräsentiert. Das Unmögliche wird möglich gemacht, wobei dieses Unmögliche nur ein Fall ist. Weil es ein Fall ist, der für nicht möglich gehalten wird, verweist, repräsentiert sie Fülle, obwohl diese nicht dargestellt wird.

Daß Kunst den Zusammenhang von Einfall und Fülle behält, macht sie zur Trägerin der Differenz. Die Differenz von Einzelnem und Ganzem zu bewahren, zu bewahren, daß das Ganze nie das Einzelne und das Einzelne nie das Ganze zu negieren vermag, ist in Kunst aufgehoben.

Im Alltag, in der Politik, im Staat, in der Gesellschaft wird permanent versucht, diese Differenz in Indifferenz zu überführen – einer für alle, alle für einen. Kunst vermag dieser Indifferenzierung zu widersprechen, ohne sie negieren zu können. Sie bleibt Demonstration, daß Differenz nicht zur Indifferenz werden darf; ein machtloser Widerspruch gegen die fatale Logik, daß das Ganze mit sich bzw. das Ganze mit dem Einzelnen identisch wird; würde/wird es durchgesetzt, wird kein Einfall mehr sein.

Würden Fülle und Einfall identisch, wäre Zerfall des Einfalls und der Fülle.

Die Apologeten der Nachgeschichte und Moderne haben sich damit abgefunden, daß Simulation von Indifferenz vorherrscht, d. h., simulierte Auflösung von Differenz vollzogen ist, wenn auch nicht tatsächlich, so doch dem Anschein nach. Folgte Kunst diesem Anschein, simulierte sie nicht einmal mehr Einfälle, sondern bastelte Vorfälle. Kunst wäre ein Legobaukasten der vorgefundenen Fälle – damit wär's aus und vorbei mit dem Einfall. Findet sich Kunst mit diesem »Vorbei« ab, dann ist sie Vorfall, Abfall; Bastelei in dem, was vorfällt.

XXXII

Der rettende Einfall, der in der Gefahr zum Nothelfer wird, ist eine begehrte Form des Einfalls. Obwohl, wenn man sich umschaut, rettende Einfälle in Hülle und Fülle angeboten werden, Bücher, Bilder, Filme, Zeitungen, Sendungen in den Medien zeugen davon. Sie lassen sich aber nicht umstandslos durchsetzen. Zum einen stehen die »Sachzwänge« dagegen, zum anderen scheint der Einfall allein zur Rettung nicht auszureichen. Die Verschwisterung von Idee und Wirklichkeit ist wohl schwieriger, als es oft gewünscht wird. In politischen Kategorien ausgedrückt heißt das: benötigt werden starke Positionen und Mittel, um in den Kräfteverhältnissen den rettenden Einfall durchzusetzen. Wie gesagt, in den vielen Sparten des Aufgeschriebenen und Gezeigten wimmelt es von rettenden Einfällen, samt der Gegenthese, daß die rettenden Einfälle auch nicht mehr retten. »Es rettet uns kein höheres Wesen, kein Gott, kein Kaiser noch Tribun / Uns aus dem Elend zu erlösen, können wir nur selber tun.« Es rettet uns kein Einfall.

Die Differenz von Einfall und Wirklichkeit wird bewahrt in diesem Lied der Arbeiterbewegung.

Sehnsucht, Verlangen und Einfall, die Wirklichkeit bleibt gegen sie immun, wenn die Barrieren und Sperren, die ihnen entgegenstehen, nicht beiseite geräumt werden, wenn wir, die wünschen, verlangen und rettende Einfälle haben, sie nicht beiseite räumen; und manche bleiben dann immer noch unerfüllt.

Einfall, Wunsch und Hoffnung, daß es anders wird, sind Voraussetzungen, aber nicht Erfüllung. Einfall–Erfüllung–Fülle, so ist sicher der Zusammenhang, der auf das Tun angewiesen bleibt.

Zu beschreiben, zu bezeichnen, zu besprechen, zu benennen, zu bestimmen ist nicht alles. Abgesehen von den Schwierigkeiten, die sich schon allein dabei ergeben: die Schrift, der Begriff, die Sätze, die Zeichen sind das eine, die Wirklichkeit das andere. Wenn's auch plausibel scheint, Idee und Wirklichkeit zu verschwistern oder zu versöhnen, dann würden Idee und Wirklichkeit zusammenfallen, identisch werden, dann benötigten wir keine Einfälle und Wünsche mehr, wir wären dort angekommen, wo's der Sage nach angefangen hat, im Paradies, im Einverständnis, und der nächste Sündenfall würde wieder locken.

Die Vorstellung, ja die Notwendigkeit, daß es anders werden muß, soll nicht verballhornt werden, aber es bleibt der Vorbehalt gegen jede Totalisierung von Idee, Einfall, Hoffnung und Wunsch. Der Einfall, der total würde, die Wirklichkeit, die alle Einfälle verzehrte und auflöste oder nicht zuließe, enden in der Ununterscheidbarkeit.

Deshalb rettet uns kein Einfall, es rettet uns nichts, außer wir retten uns selber. Wovon? Von den rettenden Einfällen, von der Wirklichkeit, von den Bedeutungen, von der Bedeutungslosigkeit, von der Totalität, von der Vereinzelung?

Es muß doch anders werden. Gerade weil's anders werden muß, darf's nie das Eine werden, sondern es muß auch immer das Andere bleiben.

Es muß weniger werden, das Leiden z. B.; es muß mehr werden, das Glück z. B.; aber es braucht das Andere, damit es nicht gleichgültig wird.

Bedeutungslosigkeit zu versuchen, ist Einfalt oder ein Einfall, der nicht rettet, aber eine Möglichkeit, die Fülle zu bewahren, indem man einfältig bleibt.

Zur Sprache bringen – Zur Sprache kommen

I

Die Differenz zwischen der Bedeutung des Gegenstandes für bzw. an sich und der für mich bzw. uns, die in vorangegangenen Sätzen artikuliert wurde, ist der Kritik ausgesetzt, damit würde der Rückfall in eine vorkritische Position vollzogen.

»Wir können«, bemerkt Hegel in bezug auf Kants *Kritik der reinen Vernunft*, »die Dinge doch nicht erkennen, wie sie an und für sich seyen.« (Hegel 1928, Bd. 5, S. 27) »Für uns in der Erkenntnis organisiert sich ausschließlich das sinnliche Anschauungsmaterial...« (Tiedemann 1973, S. 22) »Wahrheit, adaequatio rei et intellectus, ist bei Kant nicht mehr Übereinstimmung mit den Dingen an sich, den Dingen in ihrem ›Sein‹, sondern bloße Angemessenheit der Dinge als Erscheinung an die Erkenntnis.« (Ebenda, S. 26)

Im *linguistic turn* der Philosophie zu Beginn dieses Jahrhunderts findet die Kantsche Bestimmung der Erkenntnismöglichkeiten ihre Fortsetzung. »Was die Erfahrung möglich macht, die Objektivität des Wissens und die Rationalität des Handelns garantiert, sind Strukturen der Sprache, die die universalen, tendenziell ahistorischen Eigenschaften des Kantischen Aprioris übernehmen.« (Vattimo 1987, S. 41) Die Beziehung zwischen Dingen und Zeichen sind arbiträr, nur die jeweilige Verbindung von Bezeichnendem und Bezeichnetem im Zeichen muß in der Sprachgemeinschaft geteilt werden, damit Verständigung über das Gemeinte möglich ist. Samuel Weber charakterisiert das Verfahren Saussures, der im *Cours de Linguistique Générale* die Beliebigkeit des Verhältnisses zwischen Signifikant und Signifikat entwickelt, wie folgt:

»I. Die Sprache, als System der Bezeichnung, wird von all dem unterschieden, das bezeichnet wird: von der äußerlichen Sphäre der Referenten wie von der begrifflichen des Gedachten.

II. Das konstitutive und eigentümliche Prinzip dieser sprachimmanenten Semiosis ist das der ›Differenz‹, die den besonderen sprachlichen ›Wert‹ des Zeichens bestimmt. Der Wert eines Zeichens also wird Saussure zufolge weder durch seinen Referenten konstituiert, noch durch seinen Darstellungsinhalt, sondern vermöge seiner Beziehung zu anderen Zeichen, die es umgaben und von denen es sich abhebt.« (Weber 1986, S. 108)

Der Bezug zu den Gegenständen ist durch sinnliche Wahrnehmung in Anschauung und Umgang gegeben, so erkennen wir die Dinge für uns, zumal wir nach Kant mit bestimmten Kategorien ausgestattet sind, die uns die Gegenstände erscheinen lassen. In der Sprache finden Bezeichnetes und Bezeichnendes im Zeichen ihre Verknüpfung, so daß innersprachlich durch das konstitutive Prinzip der Differenz Zeichen auf Zeichen verweisen, die Referenz auf das Wahrgenommene zwar existiert, in der Sprache selbst aber der differentielle Kontext der Zeichen dominiert.

»Auch das intergerste sprachliche Verfahren kann den Antagonismus von An sich und Für andere nicht fortschaffen. Während er in der Dichtung über den Köpfen der Texte hinweg sich durchsetzen mag, ist Philosophie gehalten, ihn einzubegreifen.« (Adorno 1974, S. 97/98)

II

Wenn wir die Gegenstände auch nur als solche für uns *erkennen* können, so schließt Kant die Möglichkeit nicht aus, sie als »Dinge an sich selbst« zu *denken*.

»Gleichwohl wird, welches wohl gemerkt werden muß, doch dabei immer vorbehalten, daß wir eben diesselben Gegenstände auch als Dinge an sich selbst, wenn gleich nicht *erkennen*, doch wenigstens müssen *denken* können.« In der Anmerkung heißt es: »Einen Gegenstand *erkennen*, dazu wird erfordert, daß ich seine Möglichkeit (es sei nach dem Zeugnis der Erfahrung aus seiner Wirklichkeit, oder a priori durch Vernunft) beweisen könne. Aber *denken* kann ich, was ich will, wenn ich mir nur nicht selbst widerspreche, d. i. wenn mein Begriff nur ein möglicher Gedanke ist, ob ich zwar dafür nicht stehen kann, ob im Inbegriffe aller Möglichkeiten, diesem auch ein Objekt korrespondiere oder nicht...« (Kant 1956, Bd. II, S. 30/31 [B XXVI–B XXVIII])

Ist es insofern möglich, die Dinge an und für sich zu denken, dann vermögen sie auch sprachlich als »möglicher Gedanke« artikuliert zu werden, wenn ich auch diese »Möglichkeit« nicht »beweisen« kann.

III

Der Stein des Anstoßes liegt dort, wo erkennbar wird, daß Erkenntnis die Gegenstände als solche für uns modelt.

Eine Vernunft- und Erkenntniskritik, die das Destruktive dieses Objektbezuges betont, die Hinwendung zur Bedeutungslosigkeit, widersprechen dem ausschließlichem Für uns, das die Gegenstände als Material, das unserer Vernunft subsumiert ist, begreift.

So kritisiert auch Hegel den instrumentellen Charakter des Erkennens bei Kant: »Das Erkennen wird vorgestellt als ein Instrument, die Art und Weise, wie wir uns der Wahrheit bemächtigen wollen...« (Hegel 1971, Bd. III, S. 485)

»...daß alles Ding, alle Existenz, alles Tun und Lassen etwas Nützliches sein sollte, d. h. eben das Ansich aufgehoben und nur für ein anderes sein sollte; und dasjenige für welches alles sein sollte, ist der Mensch...« (Ebenda, S. 484)

Mit dem An und Für sich der Dinge, das zwar nicht erkennbar, aber denkbar ist, kann der Widerstand gegen das ausschließliche Für uns artikuliert werden. Für uns, in unserem Denken steht das An und Für sich der Dinge gegen ihr Für uns.

IV

Die nach Kants Kritik verstellte Möglichkeit, die Dinge an und für sich zu erkennen, provoziert die Gegenkritik, daß der Erkenntnis nur noch ein ausschließlich instrumenteller Bezug zur Wirklichkeit übrig bliebe. »Wird eine Sache... nicht mehr an und für sich betrachtet, sondern vorweg – durch die instrumentelle Betrachtungsweise – als nützlich genommen, so liegt in diesem Dogmatismus des Nutzens im Denken das gerade Gegenteil von Nutzen in der Praxis. Ob ein Ding oder ein gesellschaftliches Verhältnis nämlich *nützlich* ist, muß unbefangen, also durch die Betrachtung der Sache nach dem, was sie an sich ist, entschieden werden, sonst wird alles – auch das Ding oder Verhältnis, wo der Mensch nicht der Benutzer, sondern der Ausgenützte ist – als Mittel betrachtet.« (Decker 1982, S. 50)

Das An sich kann zwar nicht erkannt, aber gedacht werden, insofern kann das denkbare An sich einen Widerspruch zum erkannten Für uns der Gegenstände und der Natur bilden, der zwar nicht aufhebbar ist; dieses gedachte An sich vermag aber, Einsprüche gegen das permante Für uns der Erkenntnis zu formieren.

Mit dem Erkennen der Dinge ist ihr Bedeuten im Bezeichnen vermittelt, wobei die innersprachliche Signifikation dominiert. Damit muß auch die Vorstellung negiert werden, »das Subjekt mit seinen Erlebnissen und Intentionen sei die Quelle sprachlicher Bedeutungen. Statt dessen könnte man auch, im Sinne Wittgensteins, von einer Kritik der ›Namens-Theorie‹ der Bedeutung reden: die kritisierte Vorstellung ist, daß sprachliche Zeichen Bedeutung erlangen, indem jemand – ein Zeichenbenutzer – etwas Gegebenem – Dingen, Klassen von Dingen, Erlebnissen, Klassen von Erlebnissen usw. – ein Zeichen zuordnet.« (Wellmer 1985, S. 77/78)

Gegen die Intentionalität des Bedeutens setzt Wittgenstein den Kontext von Regel und Sprachspiel, in dem Regel und Bedeutung ineinander verwoben sind. »Sprachspiele sind ... Lebensformen: Ensembles von sprachlichen und nicht-sprachlichen Tätigkeiten, Institutionen, Praktiken und den in ihnen ›verkörperten‹ Bedeutungen. Daß die Begriffe der ›Regel‹ und der ›Bedeutung‹ ›ineinander verwoben‹ sind, äußert sich darin, daß Regeln eine intersubjektive Praxis bezeichnen, in die jemand eingeübt werden muß, daß Bedeutungen wesenhaft offen sind, und daß, wenn man von *der* Bedeutung eines sprachlichen Ausdrucks spricht, diese ›Identität‹ der Bedeutung mit einem Index der Andersheit – sowohl in Hinsicht auf das Verhältnis zwischen Sprache und Wirklichkeit als auch in Hinsicht auf das Verhältnis zwischen Sprecher und Sprecher – versehen werden muß. Hiermit lösen sich die Bedeutungen als Gegenstände eigener Art auf: als etwas ideal, oder psychologisch oder in der Wirklichkeit Gegebenes.« (Ebenda, S. 79)

Durch den *linguistic turn* der Philosophie würde die Unterscheidung zwischen der Bedeutung des Gegenstandes an und für sich und der für uns hinfällig; denn wir beziehen uns im Bedeuten nicht auf die Gegenstände selbst, sondern auf die Beherrschung der Regeln als intersubjektive Praxis, d. h. auf Verständigungsmöglichkeiten über etwas in der jeweiligen Lebensform (Sprachspiel) – Zeichensystem, Sprachspiel und Regel sind »gegenüber dem Sprechen und Intendieren der Subjekte etwas Primäres und sie allererst Ermöglichendes« (ebenda).

Obwohl »Bedeutung und Regel ineinander verwoben« sind, das Subjekt mit seinen Intentionen nicht die Quelle sprachlicher Bedeutung ist, wird damit die Unterscheidung zwischen den Bedeutungen der Gegenstände für uns und denen an sich nicht hinfällig, zumal sie auf Erkenntnisformen verweist. Mit dem *linguistic turn* ist zwar die Relation zwischen Bezeichnetem und einem intentional bezeichnenden (bedeutenden) Subjekt aufgelöst, aber »das Verhältnis zwischen Sprache und Wirklichkeit« bleibt widersprüchlich – referentieller Bezug in der Wahrnehmung, Arbitrarität zwischen Signifikant und Signifikat. Sind in der Sprache Formen und Möglichkeiten der Erkenntnis aufgehoben, dann repräsentiert Sprache die Erkenntnisform der Dinge für uns. »Zur Verständigung durch die Sprache gehört nicht nur eine Übereinstimmung in den Definitionen, sondern (so seltsam dies klingen mag) eine Übereinstimmung in den Urteilen. Dies scheint die Logik aufzuheben, hebt sie aber nicht auf.« (Wittgenstein 1971, S. 113)

»Was die Erfahrung möglich macht, die Objektivität des Wissens und die Rationalität des Handelns garantiert, sind Strukturen der Sprache...« (Vattimo 1987, S. 41) In der Sprache kann sich auch ein Denken (nicht Erkennen) der Dinge an und für sich artikulieren.

Wenn »das Wort ›Bedeutung‹ auf die Praxis einer gemeinsamen Sprachverwendung verweist« (Wellmer 1985, S. 82), dann ist die gemeinsame Sprachverwendung durch das Erkennen der Dinge für uns bestimmt, auf die sich, um es mit dem Begriff von Horkheimer zu benennen, die »Kritik der instrumentellen Vernunft« bezieht.

V

Eine Sprache, die eine »vollkommen erkennende gewesen sein« muß, ist für Walter Benjamin, »die paradiesische Sprache des Menschen« vor dem Sündenfall (Benjamin 1966, S. 21), die »reine Sprache« oder »Namensprache«. Sie kennt keine Unterscheidung zwischen der Erkenntnis der Dinge für uns und der an und für sich; sie bedeutet nicht. Durch den Sündenfall, das Essen vom Baum der Erkenntnis, wird diese Sprache aufgehoben.

»Im Sündenfall selbst entspringt die Einheit von Schuld und Bedeuten vor dem Baum der ›Erkenntnis‹ als Abstraktion...

Denn Gut und Böse stehen unbenennbar, als Namelose, außerhalb der Namensprache, in welcher der paradiesische Mensch die Dinge benannt hat. Der Name ist für die Sprache nur ein Grund, in welchem die konkreten Elemente wurzeln. Die abstrakten Sprachelemente aber wurzeln im richtenden Wort, dem Urteil.« (Benjamin 1980, Bd. I. 1, S. 407)

In dem Aufsatz von 1923 *Zur Aufgabe des Übersetzers* (Vorwort seiner Übersetzung der *Tableaux Parisiens* von Baudelaire) bestimmt er als zentrale Aufgabe der Übersetzung: »... die reine Sprachgestalt der Sprachbewegung zurückzugewinnen ...« (Benjamin 1963, S. 21)

In der Übersetzung soll die durch den Sündenfall verletzte Namensprache rekonstruiert werden. »Der Sündenfall ist die Geburtsstunde des *menschlichen Wortes*, in dem der Name nicht mehr unverletzt lebte ...« (Benjamin 1966, S. 22) In allen Sprachen sind auch nach der babylonischen Sprachverwirrung noch Überreste der reinen Sprache verborgen. Ohne diese Annahme der verborgenen Reste der Namensprache könnte mit Hilfe der Übersetzung die »reine Sprache« nicht »zurückgewonnen« werden.

»Jene reine Sprache, die in fremde gebannt ist, in die eigene zu erlösen, die im Werk gefangene in der Umdichtung zu befreien, ist die Aufgabe des Übersetzers.« (Benjamin 1963, S. 21)

Benjamin ist von dieser Position – auch in seinen späteren Werken – nicht abgewichen.

»Die messianische Welt ist die Welt allseitiger und integraler Aktualität. Erst in ihr gibt es eine Universalgeschichte. Was sich heute so bezeichnet, kann immer nur eine Sorte von Esperanto sein. Es kann ihr nichts entsprechen, eh die Verwirrung, die vom Turmbau zu Babel herrührt, geschlichtet ist. Sie setzt die Sprache voraus, in die jeder Text einer lebenden und toten ungeschmälert zu übersetzen ist. Oder besser, sie ist diese Sprache selbst. Aber nicht als geschriebene, sondern vielmehr als festlich begangene. Dieses Fest ist gereinigt von aller Feier und es kennt keine Festgesänge. Seine Sprache ist die Idee der Prosa selbst, die von allen Menschen verstanden wird wie die Sprache der Vögel von Sonntagskindern.« (Vorarbeiten zu den Thesen *Über den Begriff der Geschichte* von 1941 [Benjamin 1980, Bd. I. 3, S. 1239])

Die Aufgabe der Übersetzers läßt Bedeutungslosigkeit in der Utopie der reinen Sprache als Telos von Sprache und »Sprachspiel« *denken.*

VI

Das Wesentliche der Dichtung – des Originals – »ist nicht Mitteilung, nicht Aussage... Was... außer der Mitteilung in einer Dichtung steht... gilt es nicht allgemein als das Unfaßbare, Geheimnisvolle, Dichterische?« (Benjamin 1963, S. 7)

»Literatur« kann »nicht einfach als eine bestimmte Einheit einer referentiellen Bedeutung aufgefaßt werden, die ohne Rest dekodiert werden könnte. Ihr Kode ist ungewöhnlich auffällig, komplex und rätselhaft...« (de Man 1988, S. 32)

»Das Wesentliche einer Dichtung sind nicht Bedeutungen, die sie mitteilt und sie gilt auch nicht dem Leser.« (Benjamin 1963, S. 7)

Die Übersetzung geht zwar aus dem Original hervor, aber sie vermag niemals »etwas für das Original zu bedeuten« (S. 9). Der Zusammenhang zwischen Original und Übersetzung »ist um so inniger, als er für das Original selbst nichts mehr bedeutet« (ebenda).

Da die Übersetzung »später als das Original« ist, bezeichnet sie »das Stadium des Fortlebens« des Originals. In den Übersetzungen »erreicht das Leben des Originals seine stets erneute späteste und umfassendste Entfaltung« (S. 10). »So ist die Übersetzung zweckmäßig für den Ausdruck des innersten Verhältnis der Sprachen zueinander.« (S. 11) »Es besteht darin, daß die Sprachen einander nicht fremd, sondern a priori und von allen historischen Beziehungen abgesehen einander in dem verwandt sind, was sie sagen wollen.« (S. 11)

Die reine Sprache begründet diese überhistorische Verwandtschaft. »Während nämlich alle einzelnen Elemente, die Wörter, Sätze, Zusammenhänge von fremden Sprachen sich ausschließen, ergänzen diese Sprachen sich in ihren Intentionen selbst. Dieses Gesetz... genau zu fassen, ist in der Intention, vom Gemeinten die Art des Meinens zu unterscheiden.« (S. 13)

»Bei den einzelnen, den unergänzten Sprachen nämlich ist ihr Gemeintes niemals in relativer Selbständigkeit anzutreffen, wie bei den einzelnen Wörtern oder Sätzen, sondern vielmehr im steten Wandel begriffen, bis es aus der Harmonie all jener Arten des Meinens als die reine Sprache herauszutreten vermag. So lange bleibt es in den Sprachen verborgen.« (S. 14) Wenn auch die Übersetzung nur eine vorläufige Lösung-Lockerung dieser Fremdheit anstreben kann, (s. S. 14), so ist doch »das große

Motiv« des Übersetzers, die »Integration der vielen Sprachen zu einer wahren«.

Wie kann der Übersetzer diese Aufgabe erfüllen? Er gerät immer und immer wieder in den Zwiespalt zwischen der »Wiedergabe des Sinns« und »der Treue gegen das Wort« (s. S. 18). »Treue in der Übersetzung des einzelnen Wortes kann fast nie den Sinn wiedergeben, den es im Original hat. Denn dieser erschöpft sich nach seiner dichterischen Bedeutung fürs Original nicht in dem Gemeinten, sondern gewinnt diese gerade dadurch, wie das Gemeinte an die Art des Meinens in dem bestimmten Wort gebunden ist.« (S. 18) Die Übersetzung muß darum von der Absicht, »etwas mitzuteilen, vom Sinn in sehr hohem Maß absehen, und das Original ist ihr in diesem nur insofern wesentlich, als es der Mühe und Ordnung des Mitzuteilenden den Übersetzer und sein Werk schon enthoben hat.« (S. 19) »Das vermag vor allem Wörtlichkeit in der Übertragung der Syntax, und gerade sie erweist das Wort, nicht den Satz als Urelement des Übersetzers. Denn der Satz ist die Mauer vor der Sprache des Originals, Wörtlichkeit die Arkade.« (S. 20)

Übersetzungen, die dieser Aufgabe – der Aufgabe des Sinns, der Bedeutung – folgen, sind mit einer »ungeheuren und ursprünglichen Gefahr aller Übersetzung« konfrontiert: »daß die Tore einer so erweiterten und durchwalteten Sprache zufallen und den Übersetzer ins Schweigen schließen« (S. 23).

VII

Die Übersetzung »in Gestalt der Interlinearversion« (S. 24) kann »in bodenlose Sprachtiefen sich verlieren« (S. 23), weil sie durch die Annäherung an die Wörtlichkeit des Originals Bedeutungen nicht mehr verstehen läßt und ins Schweigen einschließt (s. S. 23). Für sie gilt die Gefahr, die Hegel in den *Vorlesung über Ästhetik* beschreibt, daß die Musik »unter allen Künsten die meiste Möglichkeit in sich schließe, sich nicht nur von jedem Text, sondern auch von dem Ausdruck irgendeines Inhalts zu befreien ... Dann bleibt aber die Musik leer, bedeutungslos ...« (Hegel 1970, Bd. 15, S. 149)

Daß Bedeutungslosigkeit, Negation des richtenden Wortes und des Urteils, wie sie Benjamin bestimmt, Ambivalenz und Zweifel auslöst, zeigt ein Kommentar von Habermas: »Hier ist die Rede nur vom Zweifel, von dem Zweifel, den Benjamins semantischer Materialismus nahelegt: dürfen wir die Möglichkeit einer bedeutungslosen Emanzipation ausschließen? ... Könnte eines Tages ein emanzipiertes Menschengeschlecht in den erweiterten Spielräumen diskursiver Willensbildung sich gegenübertreten und doch des Lichtes beraubt sein, in dem es sein Leben als ein gutes zu interpretieren fähig ist?« (Habermas 1973, S. 343)

Habermas setzt Bedeutungslosigkeit gleich mit dem Verlust des kollektiven historischen Gedächtnisses.

Mit Benjamin ist auf diesen Zweifel zu antworten: »Sie (die messianische Welt) setzt die Sprache voraus, in die jeder Text einer lebenden und toten ungeschmälert zu übersetzen ist.« (Benjamin 1980, Bd. I., S. 1239)

In der reinen Sprache geht Geschichte, Vorgeschichte nicht verloren, erst in ihr ist das Verstehen des verfehlten Glücks der Vorgeschichte möglich. »Erst der erlösten Menschheit ist ihre Vergangenheit in jedem ihrer Momente zitierbar geworden.« (Benjamin 1980, Bd. I. 2, S. 694)

Benjamins Setzung der »reinen Sprache« erscheint als Rückfall auf eine Stufe vor Kant und Hegel, als unzeitgemäß messianisch und prophetisch (s. de Man 1985). * Ebenso ist der einseitige Bezug auf das Werk, die Dichtung, die Gleichgültigkeit gegenüber dem Leser, dem Rezipienten eine vorkantische Position; denn für Kant steht der Leser als Wahrnehmender, als Erkennender im Zentrum, er eignet sich an, da sowohl die »Welt« als auch die Werke für uns in unserer Erkenntnis gegeben sind, ist von unserer Wahrnehmung der Dinge auszugehen und nicht von den Objekten selbst.**

Andererseits entsprechen Benjamins Bestimmungen, daß es in der Übersetzung um das Verhältnis der Sprachen zueinander geht, daß Wörtlichkeit und nicht Bedeutung die Aufgabe ist, daß sich Worte auf Worte beziehen, avancierten Positionen zeitgenössi-

* »... Benjamin's text on language in ›The Task of the Translator‹, ... would appear as highly regressive. He would appear as messianic, prophetic, religious messianic, ... Such a relapse would actually return to a much earlier stage even than that of Kant, Hegel, and idealist philosophy.« (S. 29)

** »... that is an essentialist theory of art, that this stress on the author at the expense of the reader is pre-Kantian, since already Kant had given the reader, the receptor, the beholder an important role, more important than the author's.« (S. 30/31)

scher sprachphilosophischer Reflexion: »Semiologie ist im Gegensatz zur Semantik die Wissenschaft oder die Erforschung der Zeichen als Signifikanten; sie fragt nicht danach, *was* Wörter bedeuten, sondern *wie* sie bedeuten. (...) Durch ein Bewußtsein von der Arbitrarität des Zeichens (Saussure) und die Erkenntnis, daß Literatur eine autotelische Äußerung ist, ›gerichtet auf die Weise, wie sie geäußert wird‹ (Jakobson), kann die gesamte Frage der Bedeutung eingeklammert und auf diese Weise literaturwissenschaftliche Diskussionen von der drückenden Last der Paraphrase befreit werden.« (de Man 1988, S. 34)

Übersetzen ist das »Aufgeben der Bedeutungen«, um sich der »Aufgabe der gebräuchlichen Sprache« zu nähern, dem Aufgeben und Aufheben der mitteilenden, bedeutenden Sprache, um die »reine Sprache« zu rekonstruieren. Die Dichtung teilt dem, der sie versteht, wenig mit. »Ihr Wesentliches ist nicht Mitteilung, nicht Aussage.« (Benjamin 1963, S. 7) Dichtung und mehr noch »wörtliche Übersetzung« entfernt sich vom richtendem Wort, dem Urteil, von abstrakten Sprachelementen.

Sie machen in ihrer Rätselhaftigkeit den Bruch zwischen der »Art des Meinens« und dem »Gemeinten« offenkundig. Die Art des Meinens im »Sprachspiel« einer Sprachgemeinschaft ist der Konsens im Urteil.

So richtig auch die Einsicht ist, daß Signifikation nicht auf der Intentionalität der Subjekte beruht, daß die Beziehung zwischen Objekt/Signifikat und Signifikantem arbiträr ist, daß die differentielle Relation der Signifikanten dominiert und nicht die Referenz, so sehr verstellt diese Konsequenz aus der Erkenntnis der Dinge für uns eine wesentliche Relation zwischen Sprache und Wirklichkeit.

In einem frühen Fragment (ca. 1916) entwickelt Benjamin eine Differenz zwischen der Intention der Subjekte und der Referenz des Zeichens auf die Objekte, die einen Bruch zwischen Handeln und Sprechen denken läßt, der in der Arbitrarität von Signifikant und Signifikat nicht berücksichtigt ist.

»Das Zeichen bezieht sich niemals auf den Gegenstand, weil ihm keine Intention einwohnt, der Gegenstand aber nur der Intention erreichbar ist. Das Zeichen bezieht sich niemals notwendig auf das Bezeichnete; es bezieht sich also nicht auf den Gegenstand, weil dieser nur der notwendigen innerlichen intentio sich erschließt.« (Benjamin, zit. n. Tiedemann 1973, S. 43)

Bestätigt wird die arbiträre Relation zwischen Signifikant und Signifikat, wobei eine zweite Relation problematisiert wird, die Differenz zwischen Intention – Erreichbarkeit des Gegenstandes durch Handeln – und Signifikation. Der Gegenstand ist nur durch Handeln erreichbar, nicht durch Bezeichnung, der keine Intention »einwohnt«. Die Referenzlosigkeit der Signifikation scheint bestätigt, genauer genommen geht es jedoch um den Bruch zwischen Intentionalität im Handeln und Bezeichnung als innersprachlichem Verhältnis.

Die abstrakte, d. h. urteilende Sprache erreicht den Gegenstand, das Andere nicht mehr unverstellt. Unverstelltes Erreichen wäre bedeutungslos, Handeln und beim Namen nennen wären identisch.

Daß die Sprache nach dem Sündenfall sich niemals auf den Gegenstand bezieht, ist der Bedeutung der Gegenstände für uns geschuldet. Die reine Sprache ist die »die Idee der Prosa selbst«, in der Übereinstimmung und nicht Distanz ist.

Insofern ist die Kette der Signifikanten die konsequente Folge des Verlustes der Namensprache. Das arbiträre Verhältnis zwischen Signifikat und Signifikant kettet uns an den Verlust der Referenz, bedeutungslose Referenz wäre erst in der reinen Sprache, in der messianischen Welt wiederzugewinnen.

In *Die Aufgabe des Übersetzers* erscheint als zentrale Frage, wie die Annäherung an die Namensprache gewonnen werden kann. Auch im *Ursprung des deutschen Trauerspiels* geht Benjamin dieser Frage im Zusammenhang mit dem Begriff der Allegorie nach: »Im Medium Benjaminscher Semiologie wäre das zu denken, daß die menschliche Sprachsünde – nämlich im Gegensatz zu den göttlichen Namen und ihre Einheit mit den Dingen Zeichen willkürlich zu setzen, um ihnen eine begrenzte Bedeutung zu verleihen – durch die Bedeutungswillkür des Allegorikers gesteigert und zugleich aufgehoben wird. Denn dadurch, daß am Ende alles alles bedeuten kann, wird die Anmaßung des Urteilens durch ihre teuflische Überspitzung zunichte gemacht.« (Pfotenhauer 1978, S. 115)

Wenn Bedeuten als Urteil Willkür ist, dann bleiben nur Momente, in denen ein Ich eingestehen kann: Ich weiß nicht, was soll es bedeuten.

Was soll es bedeuten? Was soll's? Bedeuten...

I

Ich weiß nicht, was soll es bedeuten,
Daß ich so traurig bin;
Ein Märchen aus alten Zeiten,
Das kommt mir nicht aus dem Sinn.

Die Luft ist kühl, und es dunkelt,
Und ruhig fließt der Rhein;
Der Gipfel des Berges funkelt
Im Abendsonnenschein.

Die schönste Jungfrau sitzet
Dort oben wunderbar,
Ihr goldnes Geschmeide blitzet,
Sie kämmt ihr goldenes Haar

Sie kämmt es mit goldenem Kamme
Und singt ein Lied dabei;
Das hat eine wundersame,
Gewaltige Melodei.

Den Schiffer im kleinen Schiffe
Ergreift es mit wildem Weh;
Er schaut nicht die Felsenriffe,
Er schaut nur hinauf in die Höh'.

Ich glaube, die Wellen verschlingen
Am Ende Schiffer und Kahn;
Und das hat mit ihrem Singen
Die Lorelei getan.

Heinrich Heine

Warum er so traurig ist? Wer die Verse im Zusammenhang mit den anderen des Zyklus »Die Heimkehr« liest, vermag nachzuempfinden, was so traurig macht: »Die Lieb und Liebesweh«.

Wehmütig kann mensch werden, weil die Beschreibung einer melancholischen Stimmung verknüpft ist mit einem Märchen, das von Unglück, Sehnsucht und Untergang erzählt: Ein Schiffer verliert die Gewalt über sein kleines Schiff, weil etwas über ihn Gewalt bekommt, ein wildes Weh ihn ergreift, er nicht mehr auf die gefährlichen Felsenriffe achtet und von den Wellen verschlungen wird.

Die Sehnsucht, das Verlangen, das wilde Weh, das den Schiffer ergreift, über ihn Gewalt erlangt, so daß er die über sein Schiff verliert, wird geweckt durch die schönste Jungfrau, die weit entfernt von ihm, oben auf dem Gipfel des Berges, im Abendsonnenschein sitzt. Säße sie nur dort oben, vielleicht hätte er sie gar nicht wahrgenommen, aber sie singt ein Lied, das eine gewaltige wundersame Melodie hat, und kämmt dabei ihr goldenes Haar mit einem goldenen Kamm. Der Gesang der Schönen ist es, der sein wildes Weh weckt und ihn untergehen läßt: »das hat mit ihrem Singen die Lorelei getan«.

Was mag beim Lesen wehmütig stimmen? Unsentimental geantwortet, die Diskrepanz von Lust- und Realitätsprinzip:
– daß sie unvereinbar sind,
– daß wer das Begehren, die Lust nicht abwehrt, wer die Schönheit wahrnimmt, von wildem Weh ergriffen wird, dessen er sich nicht erwehren kann, in Gefahr gerät, unterzugehen, weil er die Gefahr der Realität nicht mehr wahrnimmt,
– daß wer dem Realitätsprinzip folgt, die Schönheit nicht wahrnimmt und das Begehren verdrängen muß.

Das Märchen suggeriert ein Entweder-Oder von Überleben in der Realität oder Untergehen durch Wahrnehmung des sehnsüchtigen Begehrens: Wer sich in die Gefahr des Begehrens und der Sehnsucht begibt, kommt darin um.

Der Schiffer, der die Ablenkung von der realen Gefahr durch die Sehnsucht mit dem Leben bezahlen muß, erreicht nicht die, die sein wildes Weh geweckt hat – die Schönste sitzt dort oben unerreichbar. Die Entfernung zwischen der Schönheit und dem Begehren wird überbrückt durch die Sehnsucht, das wilde Weh. Doch das wilde Weh verdunkelt, verwirrt den Blick für die naheliegende Gefahr. Wo Sehnsucht ist, sind alle Sinne auf sie konzentriert, andere Wahrnehmung, die des Naheliegenden, ist nicht mehr möglich, weil alles auf die Ferne ausgerichtet ist, die lockt, betört und verführt. Die Unmöglichkeit, die Wahrnehmung des Naheliegenden, das zur Gefahr wird, wenn's übersehen wird, und die Sehnsucht nach der entfernten Schönheit zu vereinbaren, kann traurig, wehmütig machen.

Der Schiffer versinkt in den Wellen der Sehnsucht.

Legen Heines Verse Verzicht auf Sehnsucht und Begehren, Abwendung von der Schönheit nahe, um zu überleben, lebenstüchtig zu bleiben? Ist es diese Warnung, die sie so volkstümlich, beliebt und vertraut werden ließen? Ist es die Ambivalenz zwischen Sympathie für den untergehenden Schiffer, zwischen Lust am Untergang und der Einsicht in die Notwendigkeit, auf Felsenriffe zu achten, sich nicht ablenken zu lassen, auch nicht von Schönheit und Sehnsucht, um nicht unterzugehen, die den braven Mann zum Schluß sagen läßt, das könne ihm nicht passieren?

Die Unvereinbarkeit, dieses Entweder-Oder von Realität und Begehren wird in einem Sinnspruch eines anderen beliebten und viel gelesenen Autors des 19. Jahrhunderts, Wilhelm Raabe, harmonisierend aufgehoben: »Sieh nach den Sternen, gib acht auf die Gassen.« Nur, die Sterne sind noch unerreichbarer als die schönste Jungfrau, zudem sind sie »nur« schön, aber wohl kaum Ziel des Begehrens, der sinnlichen Lust, es sei denn, sie werden zum Ziel des forschenden Begehrens. Aber es ist anzunehmen, daß Raabe ohnehin mit den Sternen nicht weibliche Schönheit oder Sinnlichkeit meint; viel eher dürften die Sterne für die hehren, leuchtenden Ideale stehen. Die Moral lautet dann: Orientiere dich an Idealen, aber übersehe nicht das Naheliegende.

Worin sich das Märchen und der Sinnspruch begegnen, ist das Beachten bzw. Übersehen des Naheliegenden. Würde man nur nach den Sternen sehen, nicht auf die Gassen achten, stolperte man allzuleicht – dem Schiffer widerfährt Ärgeres, er geht unter. Das muß wohl auch so sein, weil er sich durch »Gefährlicheres« als die Sterne ablenken läßt, durch Sehnsucht und Begehren; Ideale sind längst nicht so verwirrend, sie bringen Ordnung ins Chaos, wobei das Begehren und die Sehnsucht das Chaos erst entstehen lassen.

Die Moral des Sinnspruches von Raabe ist eindeutig, es geht darum, die Fährte zu behalten und nicht zu verlieren, die Sterne können einem heimleuchten, wenn man nicht vergißt, auf die Gassen zu achten. Die Vereinbarkeit, die Gleichzeitigkeit von Sehnsucht und Wahrnehmung des Naheliegenden leugnet Heine, es gibt nur ein Entweder-Oder, entweder die Schönheit übersehen – oder untergehen.

Wird Heine durch die Darstellung dieser unerbittlichen Konsequenz zum Propagandisten bürgerlicher Moral, bereitet er mit seinen Versen die aus dem Sinnspruch von Raabe vor? Auf den ersten Blick spricht etwas für diese Deutung, aber zwei Verse, der erste und der letzte, widersprechen ihr.

Das Warum des Traurigseins wird in den Versen beantwortet, aber nicht seine Bedeutung. Das Märchen bestätigt den Anfangsvers: Ich weiß, warum ich traurig bin, nicht aber, was es zu bedeuten hat. Das ist ein erster Widerspruch zur Moral, denn Moral weiß, begründet und macht sinnvoll, warum etwas so und nicht anders sein soll, sein muß. Moral gibt Antworten auf das ratlose Fragen, ich weiß nicht, was soll es bedeuten.

Nun wäre einzuwenden, das Märchen gebe doch diese Antworten, ganz wie der Sinnspruch von Raabe. Wohl kaum, denn keine der Personen handelt schuldhaft-unmoralisch, nicht die schönste Jungfrau, die sich unschuldig kämmt und singt, nicht der Schiffer, der dadurch von wildem Weh ergriffen wird, d. h., sich gegen dieses Weh nicht wehren kann, ihm ausgeliefert ist. Es wird kein unmoralisches Handeln dargestellt, sondern ein Zusammentreffen von Zufällen, das zur Katastrophe führt.

Der Sinnspruch von Raabe und die in ihm repräsentierte Moral suggerieren allerdings, daß es dem Schiffer möglich sein müßte, klaren Kopf zu behalten, fähig zu sein, wegzusehen, wegzuhören, wenn er nur ein entwickeltes bürgerliches Individuum wäre, dem Arbeit und Pflichterfüllung wichtiger sind als Sehnsucht und Begehren. Daß ein Mensch diese Fähigkeit haben soll, verneint das Märchen. Offensichtlich hat Heine ein anderes Menschenbild als das des entwickelten bürgerlichen Individuums, dem Sehnsucht und Begehren eher ästhetisches Erlebnis als sinnliches Ergriffensein, das den ganzen Menschen in Unruhe versetzt, bedeutet.

Ein anderes Gedicht aus dem *Buch der Lieder*, die »Vorrede zur dritten Auflage« wiederholt in den beiden letzten Versen die Frage nach der Bedeutung und dem Ergriffensein durch die Liebe:

Die Nachtigall sang: O schöne Sphinx!
O Liebe! was soll es bedeuten,
Daß du vermischest mit Todesqual
All deine Seligkeiten?

O schöne Sphinx! O löse mir
Das Rätsel, das wunderbare!
Ich hab' darüber nachgedacht
Schon manche tausend Jahre.

Ich weiß nicht, was soll es bedeuten – was soll es bedeuten? Es bleibt ein Rätsel, daß Liebe, Seligkeit und Todesqual vermischt sind, daß (Liebes-)Sehnsucht Untergehen heißen kann, daß das Schönste, was Menschen widerfahren kann, mit Schmerz, Leid und Untergang vermischt ist.

Dieser unauflösbare Widerspruch muß traurig machen, weil das Rätsel nicht zu lösen ist, weil sich der Mensch ihm nicht entziehen kann, es sei denn, er verzichtete.

Heines Verse sind nicht der Moral verpflichtet, sondern drücken eine Sehnsucht aus, daß Sehnsucht nicht mehr zum Untergang führen muß. Sie bleiben nicht in dem Schema einer Melancholie, die sich traurig damit abfindet, daß es so sein muß, daß es so bleiben muß.

Der letzte Vers ironisiert, ohne aufzutrumpfen, mit heiterem Augenzwinkern herrschende Moral. Der Untergang des Schiffers ist nicht ausgemacht: »Ich glaube, die Wellen verschlingen am Ende Schiffer und Kahn«. Was heißen kann, es muß wohl so sein, daß der Schiffer untergeht, damit der Moral Genüge getan ist.

Daß Heine mit geläufigen Formen und Motiven des Gedichts eher spielerisch-ironisch als in vollem lyrischen Ernst umgeht, läßt nicht nur der letzte Vers, sondern der Aufbau des gesamten Gedichts erkennen. Indirekte Zitate, Idyllen-Motive, ironische Brechung wechseln einander ab, verpackt in einen volksliedhaften Ton.

Es beginnt mit der Beschreibung des Traurigseins, dessen Bedeutung nicht zu entschlüsseln ist und auch nicht entschlüsselt wird. Dessen Bedeutungslosigkeit bleibt als Rätsel stehen. Dabei fällt das Märchen aus alten Zeiten ein. Doch Heine flunkert, denn es handelt sich bei der Lorelei nicht um eine alte Märchenfigur, sondern um eine Erfindung des zeitgenössischen Dichterkollegen Clemens von Brentano.

Im zweiten Vers wird eine friedliche Abendsonnenidylle am Rhein erzählt. Der dritte und der vierte Vers handeln von der schönen Lorelei, die auf einem Fels sitzt, sich schön macht und singt. Im fünften Vers tritt der Schiffer auf; die friedliche Idylle verliert die Beschaulichkeit, die Katastrophe kündigt sich an. Der sechste und letzte Vers kündet von dem »notwendigen« Untergang des Schiffers und spielt dezent auf die griechische Mythologie, auf die Sirenen, an. Das neue Märchen von Brentano wird konfrontiert mit der alten Sage von den Sirenen, die durch ihr unwiderstehliches Singen alle Schiffer untergehen lassen.

Die Sirenen aus der *Odyssee* werden an den Rhein, den »Schicksalsfluß der Deutschen«, versetzt, wo sie als Lorelei ihr Unwesen treiben, allerdings weitaus harmloser als in der *Odyssee*. Im Gegensatz zu Odysseus, der sich dem verführerischen Singen der Sirenen durch Anbinden an den Mast – seine Gefährten müssen sich die Ohren verstopfen und rudern – entzieht und deshalb nicht untergeht, läßt sich der Schiffer ergreifen und muß untergehen. Der Schiffer ist kein listiger Odysseus, kein bürgerlicher Held (s. Horkheimer/Adorno 1971, S. 42ff.), dem es gelingt, Begehren und Sehnsucht in ästhetischen Genuß zu verwandeln, der Lust- und Realitätsprinzip zu synthetisieren vermag und so dem Freudschen Diktum folgt, das gesunde (bürgerliche) Individuum sei liebes- und arbeitsfähig zugleich, sondern einer, der sein Ergriffensein, sich, nicht beherrschen kann, hingerissen von seiner Sehnsucht muß er untergehen.

Warum können Heines Verse so widerstandslos aufgenommen, die *Lorelei* sentimalisch zersungen werden, wo die Verse den Singenden doch im Halse stecken bleiben müßten, weil sie deren Moral, deren Fetisch der Selbstbeherrschung und Arbeitsfähigkeit um allen Preis ironisch in Frage stellen?

Ein wesentlicher Grund mag darin liegen, daß ihr volkstümlicher Ton, ihre leichte Zugänglichkeit die kritischen und ironischen Momente »perfekt« verbergen.

II

Versuchte Bedeutungslosigkeit ist nicht Negation allen Bedeutens, sondern Achtung, daß nicht alles bedeutet werden darf oder muß, daß Zustände, Situationen und Gegenstände existieren, die zwar wahrnehmbar und zu beschreiben sind, aber nicht bedeutet werden müssen. Die ersten Zeilen von Heines Gedicht enthalten solch eine Möglichkeit.

Ich ist traurig, ohne zu wissen, was es zu bedeuten hat, die Bedeutung wird nicht erzwungen. Ich erzählt, warum es traurig ist, nicht aber, was es bedeuten soll.

Die Verse von Heine artikulieren einige Motive versuchter Bedeutungslosigkeit, die angesprochen wurden:
– Melancholie – Traurigkeit;
– den Widerspruch, der durch die Beherrschung eigener und fremder Natur, des Begehrens, der Sinnlichkeit entsteht;

– den Einfall, der auf die Fülle möglicher Bedeutungen bezogen ist, nicht deuten, sondern zeigen möchte.

Eindeutigkeit und Deutung eines Gefühls, des Traurigseins, werden in den Versen verneint. Das Ich wird vom Traurigsein ebenso ergriffen wie der Schiffer von der Sehnsucht – nicht das Gefühl bedeuten, sondern den Einfall im Ergriffensein erzählen.

Traurigsein, Heiterkeit und Ironie werden verknüpft zu einer changierenden Uneindeutigkeit. Diese Uneindeutigkeit, diese Wechsel von ironischen Anspielungen und Traurigkeit, die im ersten Vers beginnen, werden vom volksliedhaften Gestus verdeckt. Der volkstümliche Ton kann die Vieldeutigkeit, die Uneindeutigkeit, die traurige Bedeutungslosigkeit abdrängen, zur Sentimentalität verkommen lassen. Wie im Gedicht Stimmung und Einfall verbunden werden, erinnert an den Alltag. Auch darin mag ein Grund für die Beliebtheit dieser Verse liegen. »Heines Gedichte waren prompte Mittler zwischen der Kunst und sinnverlassener Alltäglichkeit.« (Th. W. Adorno 1981, S. 96)

Die Abfolge ist vertraut. Jemand sagt: Heute geht's mir aber gar nicht gut, da fällt mir ein, als ich neulich bei dem Soundso war, da hat der erzählt, daß es dem auch nicht gutgegangen ist, und der hat dann ..., aber bei mir hilft das nicht ... Es gehört zu dem Muster alltäglicher Kommunikation, eigene Befindlichkeit oder Stimmung mit einem Einfall zu verbinden, der in eine Geschichte mündet, d. h., nicht erklären, sondern etwas erzählen, das sich in irgendeiner, wenn auch oft in vertrackter Weise, mit der eigenen Situation assoziieren läßt.

Die affirmierende Tendenz des Alltags drückt sich darin aus, die eigene Befindlichkeit hinzunehmen, einfallende Geschichten zu erzählen, die bestätigen, das Leben sei nun einmal so, wie es ist.

Sind Heines Verse deshalb eine Verteidigung des Alltags, des *common sense*, bestätigen sie dessen Moral, daß es schon immer so war und deshalb auch so bleiben wird, dessen Vertröstungen, warum soll's mir besser oder schlechter gehen als den anderen? Sind sie eine Verteidigung des fragmentarischen Alltags und seines normierenden Stückwerkes, das durch den *common sense* zusammengehalten wird? Schlagen sie ein Abfinden mit dem Gegebenen und Vorhandenen vor? Die Verknüpfung von Stimmung und Einfall kann als dem Alltag abgelauscht angenommen werden; nicht zu wissen, was es bedeuten soll, ist allerdings der Verfahrensweise des Alltagswissens entgegengesetzt.

Die Starrheit, die Sturheit, das sprichwörtliche Auftrumpfen des Alltagswissens – wie des Igels im Märchen: ich bin allweil schon hier – zeichnet sich dadurch aus, daß es immer und in jeder Situation schon weiß, was es bedeuten soll und muß. Es kann alles und nichts erklären und deuten. Es ist schwer zu belehren, resistent gegen neuernde Eingriffe, weil es alles besser weiß. Das schützt es vor immer neuen Moden, läßt die Sicherheit der Routine entstehen, die notwendig bleibt, um nicht immer wieder von vorne anzufangen, macht seine trotzige Beharrlichkeit aus, die sich in dem »das wird so gemacht, weil's immer so gemacht wurde« ausdrückt. Diese Resistenz läßt es gleichzeitig zum Hort, zur Bewahranstalt des Konservativen und Reaktionären werden. Nie darf im Alltag behauptet werden »ich weiß nicht, was soll es bedeuten«; eher schon: »da blick ich nicht durch, das macht aber nichts, weil's andere gibt, die's blicken müssen, die da oben z. B.«; oder »der Durchblick kann auch schädlich, gefährlich sein«, und dann folgt eine Geschichte, wie's einem erging, z. B. dem sprichwörtlichen Schuster, der nicht bei seinen Leisten bleiben wollte und wie er dann in der Gefahr, in die man sich nicht ungestraft begibt, umkam oder zumindest Schaden an Leib und Seele nahm.

Heine spielt mit dem Gedichtanfang zwar auf ein alltägliches Muster an, um gleichzeitig eine Haltung einzunehmen, die sich im Alltag nicht behaupten kann. Diese Haltung meint: Ich kann nicht alle Bedeutungen von allem wissen, mir bleibt manches im Leben, wie in der Welt, Rätsel.

Ich weiß nicht, was es zu bedeuten hat, daß Liebe, Sinnlichkeit, Begehren und Sehnsucht entweder zum Untergehen führen oder durch Sperren und Grenzen aufgehalten werden, daß sie unvereinbar erscheinen mit den anderen Bereichen des Lebens. Aber für die Traurigkeit, ja Verzweiflung empfindlich und empfindsam bleiben, auch wenn ich nicht weiß, was es zu bedeuten hat, warum es so sein muß, ist mehr, als sich darüber hinweg zu trösten, so sei nun einmal der Weltenlauf.

Wenn Heine dann behauptet, ein Märchen aus alten Zeiten käme ihm nicht aus dem Sinn, wenn man sich vergewissert, daß auch das Märchen nichts darüber sagt, was es bedeuten soll, wird der Widerspruch in den Versen deutlich. Auch dieses Märchen aus der alten Zeit, das eine zeitgenössische Erfindung ist, kann nicht helfen zu enträtseln, was es zu bedeuten hat, warum es so sein muß, sondern bestätigt im Gegenteil die herrschende Moral, daß sich der Mensch zwischen Liebe und Arbeit entscheiden muß; entscheidet er sich für seine Sehnsucht, geht er unter. Die Märchen, die vorgeben, der alten Zeit zu entstammen, legen sich diesen Schein zu, damit sie um so besser affirmieren können: so war es immer und so wird es immer bleiben.

Der aufgeklärte Mensch sollte zur Deutung des Lebens und der Welt nicht Märchen und Mythen, seien sie tradiert oder neu erfunden, sondern wissenschaftliche Erzählungen bemühen. Auch dieses Vernunftgebot ironisiert Heine in einem anderen Gedicht des Zyklus »Die Heimkehr«.

> Zu fragmentarisch ist Welt und Leben –
> Ich will mich zum deutschen Professor begeben,
> Der weiß das Leben zusammenzusetzen,
> Und er macht ein verständlich System daraus;
> Mit seinen Nachtmützen und Schlafrockfetzen
> Stopft er die Lücken des Weltenbaus.

Die erste Zeile paraphrasiert die Tendenz der *Lorelei*-Verse: Welt und Leben sind bruchstückhaft, unvollkommen, unvollendet und widersprüchlich, zerrissen in unvereinbare Teile. Aber wenn man nicht weiß, was es zu bedeuten hat, vielleicht kann die Wissenschaft, repräsentiert durch den deutschen Professor, weiterhelfen, aufklären, wie die Fragmente zusammenpassen, wie die Zerrissenheit aufzuheben ist.

Die Wissenschaft weiß das fragmentierte Leben zusammenzusetzen, ein verständlich System daraus zu machen. Aber ach, sieht man genau hin, werden die Lücken, die Widersprüche im wissenschaftlichen System des Weltenbaus verkleistert, mit den Utensilien der Stumpfsinnigkeit verstopft.

Wachheit und Empfindsamkeit werden in diesem System stumpfsinnig gemacht, sind es doch die Lücken, das Fragmentarische, die an Welt und Leben zweifeln, verzweifeln lassen. Widersprüche und Zerrissenheit, die leiden machen, kommen in diesem System nicht vor, werden abgedichtet und überdeckt mit den Nachtmützen und Schlafrockfetzen.

Was bleibt, ist: traurig zu sein und nicht zu wissen, was es bedeuten soll, warum es so sein muß. Märchen, Mythen und die Wissenschaften tun so, als ob sie wüßten, was es zu bedeuten hat, verklären oder verkleistern Welt und Leben, daß es so bleiben muß, wie's ist. Die Wissenschaft sucht das Traurigsein zu kurieren, indem sie es als Gefühl, das nicht in die Welt paßt, erklärt und nahelegt, zu arbeiten, Welt und Leben wissenschaftlich zu deuten, solche Gefühle, falls sie doch einmal aus dunklen Untergründen auftauchen, am besten zu ignorieren, weil sie Lebens- und Arbeitsfähigkeit beeinträchtigen und das Untergehen droht.

Die erfundenen Märchen verklären das Traurigsein als schönes melancholisches Gefühl, lassen es zur Sentimentalität verkommen, so daß seine Sprengkraft entschärft wird, daß gegrölt oder gehaucht werden kann, ich weiß nicht..., es ist traurig, aber wahr, doch in Erinnerung bleibt, wer sich ins Begehren, an die Sehnsucht verliert, geht darin unter, so gilt zu guter Letzt: sieh nach den Sternen, gib acht auf die Gassen. Im stillen Kämmerlein oder in trauter Runde darf sich mensch versichern, wie's so traurig ist, um gleichzeitig gemahnt zu werden, acht auf die Gassen und heule sentimentalisch über die Schönheit der Sterne, die unerreichbar bleiben.

Könnten die letzten Sätze nicht auch auf die Verse von Heine zutreffen, weil ihr volkstümlicher Ton signalisiert, daß mit dem Leben, so wie's ist, übereingestimmt, bloß beklagt wird, daß es so traurig ist?

Adorno hat auf diese Problematik der Gedichte von Heine hingewiesen und gleichzeitig ihre andere Seite, das, was sie verbergen, angesprochen.

»... die Nuancen und Valeurs, die sie entdeckten, machten sie zugleich fungibel, gaben sie in die Gewalt einer fertigen, präparierten Sprache ... Die sich selbst überspielende und damit wiederum sich selbst kritisierende Willfährigkeit seiner Gedichte demonstriert, daß die Befreiung des Geistes keine Befreiung der Menschen war und darum auch keine des Geistes ... Heines stereotypes Thema, hoffnungslose Liebe, ist Gleichnis der Heimatlosigkeit, und die Lyrik, die ihr gilt, eine Anstrengung, Entfremdung selber hineinzuziehen in den nächsten Erfahrungskreis.« (Adorno 1981, S. 96–97, 100. Weitaus schärfer, vernichtender kritisiert Karl Kraus die Gedichte von Heine in dem Aufsatz *Heine und die Folgen*, München 1977, S. 290.)

Daß Heines Verse durch ihre Eingängigkeit Gefahr laufen, vernutzt zu werden, zumal wenn sie entsprechend vertont werden, ist nicht zu bestreiten. Läßt man sich jedoch auf ihre Uneindeutigkeit ein, die hinter scheinbarer Eindeutigkeit verborgen ist, enthüllen sie Schmerz, Trauer und Kritik, die alles andere als eine

Bestätigung der heilen Welt meinen. Heine mag bei seinen Versen an Schmuggelware gedacht haben, an eine Verpackung, die nicht sofort erkennen läßt, was verborgen ist, aber manchmal täuscht die Verpackung über den Inhalt, und die Verpackung wird fürs Ganze genommen.

Versuchte Bedeutungslosigkeit ist in diesen Versen Trauer darüber, daß ich nicht weiß, was es bedeuten soll, warum es so sein muß, vor allem aber Trauer darüber, daß es so sein muß, und Einsicht, daß weder Mythos noch Wissenschaft deuten und aufklären mögen, warum es so ist. So bleibt als Widerstand, dieses Traurigsein, diese Bedeutungslosigkeit wahrzunehmen und nicht durch Deutungssysteme verdrängen zu lassen. Bleibt die Wahrnehmung dieser Bedeutungslosigkeit erhalten, dann geht auch die Sehnsucht, das wilde Weh nicht verloren, daß es anders werden muß.

III

»Ich weiß nicht, was soll es bedeuten«, gibt versuchter Bedeutungslosigkeit eine Satzgestalt. Unterschiedliche Ursachen von Bedeutungslosigkeit lassen sich, wird der Satz variiert, ausdrükken:

– Ich darf nicht wissen, was soll es bedeuten.
– Ich soll nicht wissen, was soll es bedeuten.
– Ich kann nicht wissen, was soll es bedeuten.
– Ich will nicht wissen, was soll es bedeuten.
– Ich muß nicht wissen, was soll es bedeuten.

Eine analoge Veränderung des Nebensatzes veränderte nichts Wesentliches an der Aussage. Die Varianten artikulieren Verhinderung (ich darf/soll nicht wissen), Unvermögen (ich kann nicht wissen), intentionale Verneinung (ich will nicht wissen) sowie eine offene Zwischenform, die zwischen wissen und nicht wissen wollen (ich muß nicht wissen) oszilliert.

Deutlich wird, daß die im Gedicht gewählte Aktiv-Präsens-Form weniger festgelegt, offener ist als diese Varianten; jede der genannten könnte sie ausdrücken.

Für den Kontext versuchter Bedeutungslosigkeit ergibt sich jedoch eine wichtige Einsicht: die Aussage »ich weiß nicht, was soll es bedeuten« kann zwei unterschiedliche Reaktionen auf Bedeutung(en) meinen.

Die Aussage kann eine Reaktion auf ein Nichtwissen, Nichtkennen oder einen Verlust von Bedeutungen sein, genausogut aber eine auf die Überfülle von Bedeutungen, so daß »ich« nicht mehr entscheiden kann, welche zutrifft.

Die Ursache partieller oder momentaner oder versuchter Bedeutungslosigkeit kann sowohl in absichtlicher Bedeutungsabstinenz oder erzwungenem Bedeutungsverlust als auch in der Überfülle von Bedeutungen liegen, bei der »ich« nicht mehr wissen will oder nicht mehr weiß, welche zutreffend ist. Walter Benjamin sieht diesen Zustand der Überfülle der Bedeutung, den er in einem frühen sprachtheoretischen Aufsatz als Überbenennung kennzeichnet, generell für die Sprache der Menschen nach dem biblischen Sündenfall gegeben.

»Ich weiß nicht, was soll es bedeuten, daß ich so traurig bin«, könnte unterschiedliche Gründe haben, die im Gedicht jedoch offengelassen werden. Jeder der folgenden könnte zutreffen:

– Ich weiß nicht, was mein Traurigsein bedeutet, weil ich es nicht (be)deuten (nicht darf, nicht muß, nicht will). Ich weiß/kenne nicht die (Be)Deutung meines Traurigseins (Bedeutungsverlust, Bedeutungsabstinenz).

– Ich weiß nicht, was mein Traurigsein bedeutet, weil ich mich nicht entscheiden kann/will/darf, welche der vielen (zu vielen) (Be)Deutungen zutreffen, die ich zwar alle kenne, aber nicht in der Lage bin (oder nicht will) zu entscheiden, welche zutreffend ist.

– Eine anschauende Haltung gegenüber der Überfülle der Bedeutungen meines Traurigseins könnte auch gemeint sein. Ich will nicht wissen, welche zutrifft, sondern schaue sie an, lasse sie passieren, um im Einfall die Fülle zu verdichten.

Was zutrifft, muß nicht entschieden werden, denn die fließenden Übergänge zwischen Bedeutungsverlust und Bedeutungsfülle, die versuchte oder gewählte oder erzwungene Bedeutungslosigkeit auslösen können, sind das entscheidende Moment. Die Uneindeutigkeit macht die Spannung des ersten Satzes des Gedichtes aus, es artikuliert die Fülle eines Zustandes von Bedeutungslosigkeit, es versucht Bedeutungslosigkeit.

Deuten, bedeuten, Deutung, Bedeutung, verweisen, vergewissert man sich die Bedeutungen dieser Worte, auf das Vielsagende eines Satzes, in dem verneint wird zu wissen, was es bedeuten soll: deuten: mittelhochdeutsch: diuten; mh.: diet: Volk; also eigentlich volkstümlich, verständlich machen; auslegen. »Vielleicht geht

das Wort vom deuten des Opferbefundes durch den Priester aus, vom ›dem Volk nahe bringen, verständlich machen‹.« (eindeutig, mehrdeutig, andeuten, verdeutlichen, deutlich)
bedeuten: einem etwas bedeuten, ihm zu verstehen geben (hindeuten, zeigen); aber auch dieses Zeichen bedeutet gutes Wetter; bedeuten meint gleichsetzen. (S. H. Paul, *Deutsches Wörterbuch*, Tübingen 1966; sowie Wasserzieher, *Woher?*, Berlin/Bonn 1935)

Wird der Gedichtanfang mit diesen »Bedeutungen« übersetzt, heißt er: Ich kann nicht verständlich machen (weil ich es selbst nicht verstehe), daß ich so traurig bin.

Wird bedeuten als gleichsetzen übersetzt, ergibt sich:
- Ich weiß nicht, mit welchem Wort ich es gleichsetzen soll, daß ich so traurig bin.
- Mit welchem Wort soll ich mein Traurigsein gleichsetzen, beschreiben?
- Mit was oder wem soll ich mein Traurigsein gleichsetzen?
- In welcher Sprache kann ich mein Traurigsein mitteilen (über mein Traurigsein sprechen)?

Heine läßt diese Frage nicht offen, er beantwortet sie, indem er sein Traurigsein mit einem Märchen verständlich macht, in ein einfallendes Märchen übersetzt. Es bleibt zwar ein Gedicht, das Traurigsein artikuliert, aber das Ereignis, das den Ausschlag für ein trauriges Ende gibt, geschieht nur, weil es wohl so sein muß: »Ich glaube, die Wellen verschlingen am Ende Schiffer und Kahn«. Der traurige Rest, das traurige Ende bleibt der Moral geschuldet, wie es auch ein moralisches Urteil darstellt, daß die Lorelei mit ihrem Singen den Untergang des Schiffers verursacht hat.

Diese Schlußstrophe beginnt wie die erste, nur daß es anstelle »ich weiß nicht« »ich glaube« heißt, wobei glauben ein Synonym von nicht wissen bzw. ein Antonym von wissen ist. »Ich glaube« kann meinen: »ich weiß nicht, ob es richtig ist, daß der Schiffer untergeht, aber ich weiß, daß der Untergang der Moral entspricht«.

Eine kleine Veränderung – »verschonen statt verschlingen« – gäbe dem Märchen eine andere Wendung; daß es »verschlingen« heißt, kann wohl nicht allein dem Reim geschuldet sein.

Das lyrische Ich weiß nicht, was es bedeuten soll, daß es so traurig ist. Der Autor stellt ein Ich dar, das sich über die Bedeutungslosigkeit mit einem Märchen rettet oder tröstet. Die Sprache, die Ordnung der »alten Zeiten« gilt nach wie vor und ist noch nicht überwunden, weshalb das Märchen aus den alten Zeiten die alte Ordnung bestätigt. In dieser Ordnung müssen die Menschen an ihrer Sehnsucht scheitern. Erst in einer neuen Ordnung verschonten die Wellen Schiffer und Kahn, Sehnsucht wäre noch, führte aber nicht zum Untergang. Deshalb »muß« ein Märchen aus alten Zeiten nicht mehr aus dem Sinn kommen, weil die alte Ordnung weiter existiert, deshalb kann »ich« nicht wissen, sondern muß glauben.

Der Autor weiß, was es zu bedeuten hat, daß »ich so traurig bin«, aber solange die alte Ordnung herrscht, kann er nur traurig bleiben und zwischen Sehnsucht und Realitätsprinzip hin und her schaukeln, von den Wellen verschlungen oder auf die Felsenriffe schauen und nicht mehr in die »Höh«. Den Widerspruch zwischen Wunsch und Leben (Überleben) kann »ich« nicht auflösen, nicht (be)deuten. Der Autor verweigert dem lyrischen Ich neue Bedeutungen, es soll erleben, daß die alten zum Untergang nicht der Ordnung, aber der Menschen führt.

Bedeutungslosigkeit zu versuchen bzw. nicht zu wissen, was es bedeuten soll, ist eine Reaktion auf die Starrheit der Bedeutungen, der Gleichsetzungen, auf die Ordnung der Bedeutungen und Gleichsetzungen, die sich als unveränderlich ausgibt. Bedeutungslosigkeit zu versuchen, nicht zu wissen, was es bedeuten soll, läßt dieser Starrheit eingedenk werden, um sich von den herrschenden Bedeutungen abzuwenden.

IV

Die Bedeutungen, die gleichsetzen und gleichmachen – das Bezeichnete wird sowohl mit als auch im Bezeichnenden bedeutet –, drohen starr zu werden. Zum einen wird die Ordnung zum Zwang: alles und jedes muß bedeutet werden; zum anderen werden die Bedeutungen verfestigt: dies oder jenes muß etwas Bestimmtes bedeuten.

Die gleichsetzende Tätigkeit des Bedeutens ist, wie Walter Benjamin am Ende des Trauerspielbuches darstellt, schuldhaft.

»Im Sündenfall selbst entspringt die Einheit von Schuld und Bedeuten vor dem Baum der ›Erkenntnis‹ als Abstraktion... Denn Gut und Böse stehen unbenennbar, als Namenlose, außerhalb der Namensprache, in welcher der paradiesische Mensch die

Dinge benannt hat. Der Name ist für die Sprache nur ein Grund, in welchem die konkreten Elemente wurzeln. Die abstrakten Sprachelemente aber wurzeln im richtenden Wort, dem Urteil.« (Benjamin 1980, S. 407) Davor heißt es: »Die Bibel führt das Böse unter dem Begriff des Wissens ein ... Es setzt sich mit der Lust am Wissen erst, vielmehr am Urteil, in dem Menschen selber ... Wissen um Gut und Böse ist also Gegensatz zu allem sachlichen Wissen. Bezogen auf die Tiefe des Subjektiven ist es im Grunde nur Wissen vom Bösen ... Als der Triumph der Subjektivität und Anbruch einer Willkürherrschaft über Dinge ist Ursprung aller allegorischen Betrachtung jenes Wissen.« (Ebenda)

Im Zentrum der Sprachtheorie von Benjamin steht die Unterscheidung zwischen namengebender und bedeutender Sprache, zwischen konkreter und abstrakter Sprache:

– Vor dem Sündenfall existiert die Namensprache, »in welcher der paradiesische Mensch die Dinge benennt«.

– Die Namensprache ist konkret, nicht urteilend, bedeutend, bewertend.

– Der Sündenfall, der zur Unterscheidung, zur Erkenntnis von Gut und Böse führt, verwandelt die namengebende Sprache in eine abstrakte, urteilende, wertende, unterscheidende, bedeutende. »Die abstrakten Sprachelemente wurzeln im richtenden Wort, dem Urteil.«

– Wissen von Gut und Böse, die Dinge als gute und böse bedeuten zu müssen, ist Gegensatz zum sachlichen Wissen, das sich ausschließlich im Benennen ausdrückt.

– Die Dinge sind vor dem Sündenfall weder gut noch böse, sie sind erst durch das menschliche Wissen, das im Sündenfall als Einheit von Schuld, Erkenntnis, Bedeuten und Abstraktion entsteht, werden durch menschliche Tätigkeit zu guten oder bösen gemacht.

Bedeuten als gleichsetzen ist nach Benjamin *nicht*, den Dingen Namen zu geben, sondern die Dinge als gut oder böse zu identifizieren. Gut und Böse können als grundlegende, unterscheidende Kategorien gelten, aus denen alle anderen, wie z. B. nützlich und unnütz, richtig und falsch, schön und häßlich, entwickelt werden. Die Zuordnung einer abstrakten Bewertung, die Gleichsetzung der Dinge mit einem Urteil, das aus dem »für mich« und nicht dem »für sich und an sich« der Dinge entspringt, ist nach Benjamin der Kern des Bedeutens, der Bedeutung. Die

Unterscheidung von namengebender und bedeutender Sprache geht auf den frühen sprachtheoretischen Aufsatz Benjamins *Über die Sprache überhaupt und die Sprache des Menschen* (1916) zurück. Einige Passagen lassen den Hintergrund deutlich werden:

»Die Übersetzung der Sprache der Dinge in die des Menschen ist nicht nur Übersetzung des Stummen in das Lauthafte, sie ist die Übersetzung des Namenlosen in den Namen.« (20)

»In dieser Verbindung von Anschauung und Benennung ist innerlich die mitteilende Stummheit der Dinge (der Tiere) auf die Wortsprache des Menschen zu gemeint, die sie im Namen aufnimmt. In demselben Kapitel der Dichtung spricht aus dem Dichter die Erkenntnis, daß nur das Wort, aus dem die Dinge geschaffen sind, ihre Benennung dem Menschen erlaubt, indem es sich in den mannigfachen Sprachen der Tiere, wenn auch stumm, mitteilt in dem Bild: Gott gibt den Tieren der Reihe nach ein Zeichen, auf das hin sie vor den Menschen zur Benennung treten. Auf eine fast sublime Weise ist so die Sprachgemeinschaft der stummen Schöpfung mit Gott im Bilde des Zeichens gegeben.« (21)

»Die paradiesische Sprache des Menschen muß die vollkommen erkennende gewesen sein; während später noch einmal alle Erkenntnis in der Mannigfaltigkeit der Sprache sich unendlich differenziert, auf einer niederen Stufe als Schöpfung im Namen überhaupt sich differenzieren mußte. Daß nämlich die Sprache des Paradieses vollkommen erkennend gewesen sei, vermag auch das Dasein des Baums der Erkenntnis nicht zu verhehlen. Seine Äpfel sollten die Erkenntnis verleihen, was gut und böse sei. Gott aber hatte schon am siebenten Tage mit den Worten der Schöpfung erkannt. Und siehe, es war sehr gut. Die Erkenntnis, zu der die Schlange verführt, das Wissen, was gut sei und böse, ist namenlos. Es ist im tiefsten Sinne nichtig, und dieses Wissen eben selbst das einzige Böse, das der paradiesische Zustand kennt. Das Wissen um gut und böse verläßt den Namen, es ist eine Erkenntnis von außen, die unschöpferische Nachahmung des schaffenden Wortes. Der Name tritt aus sich selbst in dieser Erkenntnis heraus: Der Sündenfall ist die Geburtsstunde des *menschlichen Wortes*, in dem der Name nicht mehr unverletzt lebte, das aus der Namensprache, der erkennenden, man darf sagen: der immanenten eigenen Magie heraustrat, um ausdrücklich, von außen gleichsam, magisch zu werden. Das Wort soll *etwas* mitteilen (außer sich selbst).« (21/22)

»Für den Wesenszusammenhang der Sprache hat der Sündenfall eine dreifache Bedeutung (ohne seine sonstige hier zu erwähnen). Indem der Mensch aus der reinen Sprache des Namens heraustritt, macht er die Sprache zum Mittel (nämlich einer ihm unangemessenen Erkenntnis), damit auch an einem Teile jedenfalls zum *bloßen* Zeichen; und das hat später die Mehrheit der Sprachen zur Folge. Die zweite Bedeutung ist, daß nun aus dem Sündenfall als die Restitution der in ihm verletzten Unmittelbarkeit des Namens eine neue, die Magie des Urteils, sich erhebt, die nicht mehr selig in sich selbst ruht. Die dritte Bedeutung, deren Vermutung sich vielleicht wagen läßt, wäre, daß auch der Ursprung der Abstraktion als eines Vermögens des Sprachgeistes im Sündenfall zu suchen sei. Gut und böse nämlich stehen als unbenennbar, als namenlos außerhalb der Namensprache, die der Mensch eben im Abgrund dieser Fragestellung verläßt. Der Name bietet nun aber im Hinblick auf die bestehende Sprache nur den Grund, in dem ihre konkreten Elemente wurzeln. Die abstrakten Sprachelemente aber – so darf vielleicht vermutet werden – wurzeln im richtenden Worte, im Urteil. Die Unmittelbarkeit (das ist aber die sprachliche Wurzel) der Mitteilbarkeit der Abstraktion ist im richterlichen Urteil gelegen. Diese Unmittelbarkeit in der Mitteilung der Abstraktion stellte sich richtend ein, als im Sündenfall der Mensch die Unmittelbarkeit in der Mitteilung des Konkreten, den Namen, verließ und in den Abgrund der Mittelbarkeit aller Mitteilung, des Wortes als Mittel, des eitlen Wortes verfiel, in den Abgrund des Geschwätzes. Denn – noch einmal soll das gesagt werden – Geschwätz war die Frage nach dem Gut und Böse in der Welt nach der Schöpfung. Der Baum der Erkenntnis stand nicht wegen der Aufschlüsse über Gut und Böse, die er zu geben vermocht hätte, im Garten Gottes, sondern als Wahrzeichen des Gerichts über den Fragenden. Diese ungeheure Ironie ist das Kennzeichen des mythischen Ursprungs des Rechtes.« (22/23)

»Nach dem Sündenfall aber ändert sich mit Gottes Wort, das den Acker verflucht, das Ansehen der Natur im tiefsten. Nun beginnt ihre andere Stummheit, die wir mit der tiefen Traurigkeit der Natur meinen. Es ist eine metaphysische Wahrheit, daß alle Natur zu klagen begönne, wenn Sprache ihr verliehen würde. (Wobei ›Sprache verleihen‹ allerdings mehr ist als ›machen, daß sie sprechen kann‹.) Dieser Satz hat einen doppelten Sinn. Er bedeutet zuerst: sie würde über die Sprache selbst klagen. Sprachlosigkeit:

das ist das große Leid der Natur (und um ihrer Erlösung willen ist Leben und Sprache des *Menschen* in der Natur, nicht allein, wie man vermutet, des Dichters). Zweitens sagt dieser Satz: sie würde klagen. Die Klage ist aber der undifferenzierteste, ohnmächtige Ausdruck der Sprache, sie enthält fast nur den sinnlichen Hauch; und wo auch nur Pflanzen rauschen, klingt immer eine Klage mit. Weil sie stumm ist, trauert die Natur. Doch noch tiefer führt in das Wesen der Natur die Umkehrung dieses Satzes ein: die Traurigkeit der Natur, macht sie verstummen. Es ist in aller Trauer der tiefste Hang zur Sprachlosigkeit, und das ist unendlich viel mehr als Unfähigkeit oder Unlust zur Mitteilung. Das Traurige fühlt sich so durch und durch erkannt vom Unerkennbaren. Benannt zu sein – selbst wenn der Nennende ein Göttergleicher und Seliger ist – bleibt vielleicht immer eine Ahnung von Trauer.« (24)

»Im Verhältnis der Menschensprachen zu der der Dinge liegt etwas, was man als ›Überbenennung‹ annähernd bezeichnen kann: Überbenennung als tiefster sprachlicher Grund aller Traurigkeit und (vom Ding aus betrachtet) allen Verstummens. Die Überbenennung als sprachliches Wesen des Traurigen deutet auf ein anderes merkwürdiges Verhältnis der Sprache: auf die Überbestimmtheit, die im tragischen Verhältnis zwischen den Sprachen der sprechenden Menschen waltet.« (24/25, Benjamin 1966)

Benjamins Gedanken kreisen um eine Sprache, die nicht richtet, verurteilt, wertet, gleichsetzt und bedeutet. Daß diese Möglichkeit zu sprechen, sich zu den Dingen in Beziehung zu setzen, existiert hatte – eine Sprache, die den namenlosen Dingen ausschließlich Namen gibt –, entnimmt Benjamin dem biblischen Paradies-Mythos. Ein Paradies, in dem Unschuld und Übereinstimmung herrscht; es ist ein Zustand, den Octavio Paz in Sätzen über den Dichter imaginiert:

»Jedes Ding ist in seine eigene Wirklichkeit vertieft. Die Worte sind nicht die Dinge: sie sind die Brücken, die wir zwischen ihnen und uns schlagen. Der Dichter ist das Bewußtsein der Worte, das heißt, das Heimweh nach der wirklichen Wirklichkeit der Dinge. Doch auch die Worte waren Dinge, bevor sie Namen von Dingen wurden. Sie waren es im Mythos vom unschuldigen Dichter, das heißt, vor der Geburt der Sprache. Die opaken Worte des wirklichen Dichters evozieren das Sprechen vor der Geburt der Sprache, die geahnte paradiesische Übereinstimmung. Unschuldiges Sprechen: ein Schweigen, in dem nichts gesagt wird, weil alles gesagt ist, alles sich selbst sagt. Die Sprache des Dichters nährt sich von diesem Schweigen, das unschuldiges Sprechen ist.« (Paz 1984, Bd. 2, 1984, S. 184)

Aber der schöne Bann des Paradieses wird durch den Sündenfall gebrochen; fortan sind die Menschen zum Wissen, Gleichsetzen und Bedeuten verdammt; sie müssen urteilen, wie sie verurteilt werden. Alle Versuche, nicht zu bedeuten, alle Zweifel am Bedeuten und den Bedeutungen artikulieren eine Sehnsucht, die von einem Bild der Vergangenheit ihre Kraft erhält, nach dem Paradies, einem Ort »jenseits von Gut und Böse«, wo eine Sprache gesprochen wird, eine Beziehung untereinander und zu den Dingen da ist, die »vollkommen erkennend« ist, aber nicht die Abstraktion des Gut und Böse kennt. Warum Natur und Mensch nach dem Sündenfall traurig sein müssen, davon berichtet Benjamins Sprachtheorie.

Daß sich die menschliche Trauer in Wut, Gewalt, Herrschaft und Unterdrückung wiederfindet, weil nun der Mensch im Schweiße seines Angesichtes »den verfluchten Acker« bestellen muß, ist die Fortsetzung des Sündenfalls, ein andauernder Fall, fürwahr kein freier Fall. So bekommt der Wittgensteinsche Satz »Die Welt ist alles, was der Fall ist« noch eine andere Geltung, als nur eine logische. Die Welt ist alles, was der Fall ist, weil die Welt alles sein muß, was die Bedeutung ist.

V

Es ist Trauern besser als Lachen; denn durch Trauern wird das Herz gebessert. (*Prediger* 7,3)

Es könnte viel bedeuten

Es könnte viel bedeuten: wir vergehen,
wir kommen ungefragt und müssen weichen.
Doch daß wir sprechen und uns nicht verstehen
und keinen Augenblick des andern Hand erreichen,

zerschlägt so viel: wir werden nicht bestehen.
Schon den Versuch bedrohen fremde Zeichen,
und das Verlangen, tief uns anzusehen,
durchtrennt ein Kreuz, uns einsam auszustreichen.

Ingeborg Bachmann

Die Bedeutungsfülle ist unsicher, möglich, daß es viel bedeutet, vielleicht bedeutet es viel, bedeutet es viel?

Der Anfang erinnert an das Ende, die Zukunft bedeutet das Ende, wir vergehen, wir müssen, werden vergehen.

Geboren werden wir ungefragt, die uns zeugen und in die Welt setzen, können uns nicht fragen, ob wir kommen wollen; Leben und Welt müssen wir verlassen, ohne daß wir gefragt werden, ob wir weichen wollen. Ein ungefragtes Kommen und Gehen herrscht. »Vergehen« und »weichen« benennen einen Zustand der Auflösung, erinnern daran, daß wir Platz machen müssen für die, die nach uns ungefragt kommen. Ungefragt in die Welt gesetzt und das Ende vor uns, könnte uns Zeit bleiben, zu sprechen und zu verstehen. »Doch daß wir sprechen und uns nicht verstehen / und keinen Augenblick des andern Hand erreichen / zerschlägt so viel: wir werden nicht bestehen.« Sprechen und verstehen könnte bedeuten, die Hand des andern zu erreichen. Doch wir sprechen, ohne uns zu verstehen und zu erreichen. Es gelingt, zu sprechen, es mißlingt, zu verstehen, kein Verstehen kommt zustande, es ist abhanden gekommen.

Daß wir isoliert bleiben, zerschlägt so viel, es zerschlägt so viel, soviel es bedeuten könnte. Wir haben nicht bestanden, wir bestehen nicht. Bestehen bedeutet standhalten, eine Prüfung bestehen, sich bewähren.

Wir werden versagen, wir werden nicht bestehen. Vor wem? Vor uns, vor den andern?

Die Zeit, die uns zwischen ungefragtem Ende und Anfang bleibt, führt zu keinem Verstehen, deshalb werden wir nicht bestehen. Verstehen wäre bestehen. Alle Versuche bleiben vergeblich, nur die Sehnsucht kann beschrieben werden. »Schon den Versuch bedrohen fremde Zeichen, / und das Verlangen, tief uns anzusehen, / durchtrennt ein Kreuz, uns einsam auszustreichen.« Schon den Versuch, uns nahe zu kommen, bedrohen fremde Zeichen. Der Gegensatz der Nähe ist das Ferne, die Distanz, aber auch das Fremde. Die Nähe wird durch das Fremde bedroht. Da wir ungefragt aus der Fremde kommen, in die wir wieder zurückgehen, haftet an uns die Fremde, die jede Nähe bedroht. Das fremde Zeichen, das Kainsmal, das Kreuz, das Zeichen des Todes. Solange wir von dieser Fremde bedroht sind, werden wir nicht bestehen.

Das Verlangen, uns tief anzusehen, ist in uns, aber es ist

durchtrennt vom Kreuz. Einsam geblieben – die Hand des andern haben wir nicht erreicht, uns nicht verstanden und uns nicht tief angesehen – werden wir auf dem Kreuz ausgestrichen, keiner erinnert sich unser, weil wir isoliert blieben.

Die Vergeblichkeit macht traurig, über das eigene Kommen und Weichen jedoch nachzusinnen, ist vergeblich. Es bleibt die Sehnsucht nach Berührung, Verstehen, den anderen zu erreichen, nach Aufhebung der Einsamkeit.

Trauern ist besser, als einverstanden zu sein, denn in ihr bleiben Sehnsucht und Hoffnung bewahrt.

VI

Wenn das Sprechen, das bedeutende Sprechen so viel zerschlägt, bliebe nur übrig, zu verstummen und zu schweigen.

Die schweigen, wären ausgeschlossen. Es würden viele Versuche unternommen, sie wieder zum Reden zu bringen. Was wäre gewonnen? Der Zustand, den Ingeborg Bachmann beschreibt, wäre nicht überwunden, Verstehen wäre durch Schweigen nicht zu gewinnen. Die Frage, die Max Horkheimer 1946 am Ende einer Diskussion mit Adorno stellte – Wie weit hat man an der Selbsterhaltung teilzunehmen und wie weit ist sie Wahnsinn? –, gilt nach wie vor.

Teilnahme an der Sprachgemeinschaft ist Teilnahme an der Selbsterhaltung, einer Selbsterhaltung, die Erhalt des Selbst durch Beherrschung des Selbst und der Natur erkauft. Die Selbsterhaltung droht wahnsinnig zu werden, weil in allem und jedem das Feindliche und Bedrohliche lauert. Die anderen Menschen und die Dinge als feindlich und bedrohlich zu bedeuten, dem Motto der Vorsicht folgend, zwingt zur Beherrschung oder Zerstörung des Bedrohlichen; selbsterhaltende Beherrschung zeigt ihr wahres Gesicht: Destruktion.

Wenn verstummen und schweigen nicht weiterhelfen?

Das Verständnis, welches Walter Benjamin, aber auch Ingeborg Bachmann beschreiben, eine Sicht der Trauer auf die Menschen und die Dinge ist notwendig, weil Trauer den Verlust empfinden läßt, weil die Menschen zum Bedeuten, Nicht-Verstehen, verdammt sind. Es gibt keinen Ausweg?

Die Trauer darf nicht aufgelöst werden, zur Tagesordnung der

Rettung übergehen; aber sie verführt, sich abzufinden. Dichtung, Kunst und Philosophie müssen darauf bestehen, nicht von der Hoffnung zu sprechen, daß alles doch wieder gut wird, sondern das Bedeuten und das Einverstandensein verweigern, weil es das Geschäft der Ideologien bleiben sollte, zu suggerieren, wir schaffen es.

Trauer bewahrt vor dem Vergessen. Aber sie macht ohnmächtig; Trauer sucht Trost, daß es trotz des Verlustes weitergeht.

Sowohl im Gedicht von Heinrich Heine als auch in dem von Ingeborg Bachmann wie im Aufsatz von Benjamin wird diese Ohnmacht beschrieben. Ohnmacht, ohnmächtig sein, bleibt widersprüchlich. Keine Macht zu haben ist dem Bedeutungslosen nahe, verwandt, bedeutet andererseits, eine Gegebenheit anzunehmen, die ich nicht negieren kann, sondern annehmen muß, wie sie kommt. Darin liegt die Ambivalenz der Trauer, nicht in der Ohnmacht, sondern in dem, daß Ohnmacht zum Sich-damit-Abfinden führen kann, weil kein Weg daran vorbeiführt.

Trauer verzichtet auf Widerstand, ist ergeben, verzichtet auf Negation, ist Klage über die Negation des Lebens und des Vertrauens. So bleibt sie dem Schmerz verhaftet, aber auch seiner eingedenk, ein Vorschein von Gewaltlosigkeit in dem Verzicht auf Gewalt und die Konzentration auf den Schmerz über die Gewalt. Ist der Schmerz auch sprengend, ruhen in der Trauer die Aggressionen; gleichzeitig könnte dieser Blick auf die Menschen und die Dinge, die Erkenntnis, daß alles zum Untergehen führt, wie man's auch anstellt, zum Akzeptieren der fremden Gewalt führen. Trauer sagt nicht: alle Verhältnisse umzustürzen, die Menschen trauern lassen.

Könnten die, die ihre Unterdrücker besiegt haben, nach dem Kampf auch um die im Kampf umgekommenen Unterdrücker trauern, würde nicht Siegestaumel das Töten verdrängen, wäre ein Anfang, die Spirale der Herrschaft außer Kraft zu setzen. In der Trauer um den Tod der Unterdrücker wäre das Eingedenken, daß sie wie die Unterdrückten der fatalen Logik der Bedrohung gefolgt sind.

Erst das trauernde Erkennen der Bedrohungslogik, die eine des Bedeuten ist, könnte einen Ausweg aus dieser Logik weisen. Sollte Trauer auch zum Sich-Abfinden führen, Veränderung gefährden, bleibt sie notwendiger als Trost, weil sie dem Vergessen einen Riegel vorschieben kann; der Trost kann hinweg trösten.

Im alltäglichen Leben müssen wir hoffen und wissen, Gewißheit haben und besitzen, daß es weitergeht; wir benötigen Gewißheit, aber ein memento mori – mitten im Leben im Tode wir sind –, das den Alltag unterbrechen könnte, ist zu bewahren.

Bedeutungslosigkeit und Trauer, Kunstwerke, die sich dem sofortigen Verstehen entziehen, können erinnern, das Vergessen aufhalten. Sie machen nicht hoffen, aber bewahren, daß die, die hoffen, deshalb hoffen, weil sie traurig sind.

Es gibt auch Trauer, die das Hoffen ausschließt, weil sie zum abschließenden Vergessen führt, weil die Hoffnung den Ideologen überlassen wird; dann verkommt Kunst zur Weihe des Augenblikkes, daß es danach unverändert weitergehen kann.

Trauer schließt Verändern nicht aus, ein Ansehen des Verlustes weiß um die Bestimmungen, aber auch darum, daß Bestimmtes in das Unbestimmte führen kann; und weiß, daß dieser Wechsel sehr viel erfüllt, daß nur die Trauer die Zerstörung begrenzen könnte.

Überwindung der Unterdrückung bleibt Gewalt, aber zu behalten, daß es ohne die nicht geht, macht traurig, sollte die Unterdrückung weniger werden, könnte sich der Krampf der Bedeutung im Traurigsein langsam lösen.

VII

Daß Sprechen nötig bleibt, daß die Sprache aber auf das Deuten reduziert (Horkheimer 1985, Bd. 12, S. 496), ist der Widerspruch, in dem Bedeutungslosigkeit zu versuchen, gefangen bleibt. »Der Sinn der Sprache, den sie trotz ihrer Schwäche stets intendiert«, wird im Urteil deutlich. »Das Urteil ist ein Versuch, dem Seienden auszudrücken helfen, was es in seiner Stummheit nicht sagen kann.« (Ebenda, S. 123) Gleichzeitig bleibt es »Mangel der Sprache, die dem Lebendigen nur zum Ausdruck verhilft, indem sie ihn zum Begriff macht, mit dem es zusammenfällt, so wie die Justiz den Menschen als Verbrecher anspricht und vernichtet, der einmal die Tat begangen hat« (ebenda, S. 127). »Sprache ist da, um den Dingen, wenn sie benannt werden, ihren Schrecken, ihre Macht zu nehmen.« (Ebenda, S. 501) »Mit der Benennung verliert es nicht nur seinen Schrecken, es bekommt auch einen neuen.« »Mit der Benennung verlieren die Gegenstände ihre Schrecken als Naturgegenstände und nehmen den Schrecken des gesellschaftlichen Gegenstandes an. Wenn einer Krebs hat, ist es weniger das Naturphänomen Krebs als das gesellschaftliche, das die Menschen in Schrecken versetzt.« (Ebenda, S. 504) »Das Mittel der Erkenntnis ist die Sprache, Sprache aber verdoppelt die Welt. Indem sie sich als eigenes Medium konstituiert, wird sie entweder Herrschaftsmittel oder Bild. Das Bild aber lügt und das Herrschaftsmittel vernichtet. Das Instrument vereitelt den Zweck, für den es da ist: Erkenntnis.« (Ebenda, S. 261)

Durch das Benennen, das gleichzeitig Bedeuten ist, welches den Gegenstand gesellschaftlich macht, wird der »Fluch«, der Schrekken auf den gesellschaftlichen Zusammenhang übertragen.

Zu der Sprache der Namen (vor dem Sündenfall) ist nicht mehr zurückzukehren. Moral, Ethik, Kunst, Ästhetik, Erkenntnis, Philosophie bleiben auf das Urteil verwiesen; entsteht und besteht etwas in der Gesellschaft, haftet ihm das Urteil an, sei es, daß es selbst Urteil ist oder beurteilt wird. So sehr solche Sprache auch beherrscht und lügt, ein »Jenseits von gut und böse« ist ausgeschlossen. Die bedeutende Sprache und die »schlechte Ordnung der Welt« sind aufeinander bezogen: »Mir scheint, daß in dieser Welt die Sprache immer alles auf eine ebenso schlechte Ordnung bezieht, wie die Welt sie selbst darstellt. Eine bessere Sprache scheint nur in einer besseren Welt möglich, wo sie aber nicht mehr nötig wäre.« (Ebenda, S. 497)

Die Erzählung vom Sündenfall reflektiert den Beginn der bedrohlichen Beziehungen, der Beziehungen zwischen den Menschen selbst, den Menschen und der Natur bzw. den Dingen, die von diesem Zeitpunkt an durch gegenseitige Bedrohung bedeutet sind. Werden die Natur und die Dinge sowie der andere Mensch als bedrohlich erkannt, ist Gut und Böse das grundlegende Urteil, das die Einteilung in Bedrohliches und Nichtbedrohliches zuläßt und die Rechtfertigung entstehen läßt, das Bedrohliche zu richten, zu unterdrücken oder zu zerstören.

Das Erkennen der schlechten Ordnung der Welt reicht zurück bis zur Vertreibung aus dem Paradies, ist Trauer, daß Bedrohung ist. So ist in aller Klage, aller Kritik an der schlechten Ordnung der Welt, allen Utopien einer besseren Welt Trauer über die Vertreibung enthalten. Daneben mag auch Ambivalenz bestehen, ob die Erkenntnis nicht doch notwendig war, selbst wenn daraus Unheil entstand – aber mußte sie einen solch hohen Preis haben?

Sowohl in der Trauer als auch in einer Ambivalenz, die noch die Frage zuläßt, ob auch andere Erkenntnis möglich ist, ob der Preis nicht zu hoch war und ist, bleibt die Frage bewahrt, ob der Zustand der »schlechten Ordnung« umkehrbar sei, ob eine »bessere Welt« möglich wäre. Diese Frage aufzugeben oder negativ zu beantworten oder pragmatisch – man müsse das Beste aus dem machen, wie's geworden ist, weil's nun einmal so ist –, bedeutet Resignation oder abgefundene Resignation, die Trauer verdrängt.

Bilder oder Dichtungen oder Philosophien, die nach der Trauer fragen, sie artikulieren, sind nicht resignativ, weil Trauern Erinnern ist. Darin mag ein Grund liegen, daß Kunstwerken oder Philosophie der Vorwurf gemacht wird, sie seien nicht verständlich oder unzugänglich. Das Abfinden mit der Welt, wie sie ist, braucht Rechtfertigungen für die Abwehr der Trauer.

Natur- und Sprachwissenschaften, Teile der Sozialwissenschaften sowie Ideologien liefern ungefragt die Rechtfertigungen, daß es so sein muß und weitergeht, wobei sich vor allem Ideologien durch ein hohes Maß an Verständlichkeit, Plausibilität und Zugänglichkeit auszeichnen.

Trauer ist das Empfinden, das auf Gegebenheiten, deren Bedeutung, Grund und »Sinn« nicht erkannt werden kann, antwortet. Sie antwortet auf die Abwesenheit von Bedeutungen, tendiert zum Sprachlosen, zum Verstummen. Sie bewahrt die Erinnerung an eine Sprache, die Namen geben kann, aber nicht bedeutet; Trauer weiß nicht, was es bedeuten soll.

VIII

Mutlos

Die stille Trauer
besuchte mich,
ich senkte mich
in ihre Schauer,

darin ich spürte
nicht Sorg' nicht Hast,
nur schwere Last.
Die Trauer führte

dann so mich weiter
durch dunklen Gram,
bis wieder kam
ans Licht der Schreiter.

Ich bat sie leise:
behalte mich –
sie aber wich
auf neue Reise.

Robert Walser

Die Trauer ist still, macht still, führt zum Verstummen, nicht zum Aufschrei. Trauer läßt einen in tiefe Empfindungen (Schauer) sinken; sich versenken und in den schmerzlichen Empfindungen versinken, liegen nahe beieinander. Keine Sorge, keine Hast sind, wenn sie einen ergreift, zu spüren, nur schwere Last. Angesichts der Vergänglichkeit hört die Sorge auf, Hast und Unruhe weichen der Stille. Zu spüren bleibt nur die Last, die niederdrückt. Es ist die Last des Lebens, das von Sorge und Hast bestimmt wird. Erst in der Ruhe der Trauer, wenn Sorge und Hast stillstehen, wird diese Last spürbar. Trauer führt in die Dunkelheit der Betrübnis, des Gram, der Einsamkeit.

Im dunklen Gram ist der Mensch allein und hadert mit dem Schicksal, der Vergänglichkeit und dem Leben, ist betrübt, daß es so ist. Sind die Empfindungen des tiefen Schmerzes abgeklungen, wird im Gram, wenn auch hadernd, wieder die Beziehung zum Leben aufgenommen, das Abwenden vom Leben läßt langsam nach. Nachdem die Trauer durchschritten ist, der Trauernde aus dem Dunkeln wieder ins Licht kommt, bittet er sie leise, ihn zu behalten, sie behalten zu dürfen; aber die Trauer weicht und geht auf neue Reise, um andere zu besuchen. Flüchtig, wie auch andere Empfindungen, ist die Trauer. Sie weicht, damit das Leben wieder bejaht werden kann. Der Trauernde will oder kann noch nicht das Leben bejahen, darum bittet er sie, ihn zu behalten.

Ob die Trauer ihn besuchte, weil er mutlos war? Ob sie ihn, weil er mutlos war, wieder in's Leben, in's Licht zurückführen wollte?

Sie befreit für eine Weile von der Sorge und der Hast des Lebens und könnte, wenn auch der dunkle Gram, der Hader mit dem Schicksal, eine ihrer Erfahrungen ist, wieder Mut zum Leben machen; doch der Trauernde möchte traurig bleiben, möchte noch nicht oder nie mehr in Hast und Sorge des Lebens zurückkehren, bittet bei der stillen Trauer bleiben zu können. Die Bitte, ihn zu behalten, könnte auch meinen, ihn nicht zu vergessen, ihn in Erinnerung zu behalten, ihn zu halten, bei ihm zu bleiben. Doch sie weicht auf neue Reise und wird ihn vergessen. Er aber wird sie nicht vergessen.

Enttäuschung

Enttäuschung vergißt man nie,
wie der Lockruf des Glücks unvergeßlich ist.
Erinnern ist Sehnsucht, ach, sie,
weil sie so unermeßlich ist,
vergißt man nie.

Stille

Wie wär ich froh, wenn irgendwo
nur still ich ruhen könnte;
Zufriedenheit, als warmes Kleid,
mir innre Stille gönnte.

Wie liebt' ich sie, wenn irgendwie
ich darin Trost empfände,
was sicher ist, da aller Zwist
in ihr ein Ende fände.

Und ging

Er schwenkte leise seinen Hut
und ging, heißt es vom Wandersmann.
Er riß die Blätter von dem Baum
und ging, heißt es vom rauhen Herbst.
Sie teilte lächelnd Gnaden aus
und ging, heißt's von der Majestät.

Es klopfte nächtlich an die Tür
und ging, heißt es vom Herzeleid.
Er zeigte weinend auf sein Herz
und ging, heißt es vom armen Mann.

Robert Walser

Trauer berührt vieles, Stille, Ruhe, Trost, Enttäuschung, Erinnerung, Sehnsucht, Abschied, Leid, Glück, Last, Gram.

In Trauer kann sich Sehnsucht nach dem Tode, müde des Lebens zu sein, mischen, weil alles vergeblich ist und mutlos macht.

Gedichte, die vom Traurigsein erzählen, rühmen oder loben nicht die Trauer, sondern erinnern an sie und an Gründe der Trauer, beharren auf dem Erinnern und der Sehnsucht, wobei in jeder Sehnsucht Hoffnung nach Erfüllung ist, auch wenn sie enttäuscht wird. In der Trauer, von der sie erzählen, erhält sich immer eine Spur vom Frieden, im Tod stets eine der Bedeutungslosigkeit, der Sprache, die nicht bedeutet, sondern nur beim Namen ruft, weil sich der Tod dem Bedeuten verschließt.

Die Stille, das ohne Sorge und Hast, aber Belastetsein in der Trauer erinnert an Beziehungen zwischen Mensch und Natur und zwischen den Menschen, die ohne Bedrohung sind.

Wie liebt ich sie, wenn irgendwie
ich darin Trost empfände,
was sicher ist, da aller Zwist
in ihr ein Ende fände.

Nicht Trauer statt Freude oder Glück, sondern die Momente des »richtigen Lebens«, die Trauer bewahren und aufheben, darin sind sich Trauer und Bedeutungslosigkeit nahe.

IX

Wenn in Gedichten, in Bildern, der Musik und der Philosophie die Sehnsucht nach dem verlorenen Paradies nachklingt, könnte in ihnen die Sprache vor dem Sündenfall anklingen.

Fernando Pessoa hat unter einem seiner »Namen«, Alberto Caeiro, Gedichte geschrieben, die Verse und Strophen enthalten, in denen abstrakte und konkrete Sprachelemente hart aufeinandertreffen.

Die Sprache des Paradieses ist verloren; deshalb sind nur Imaginationen und Annäherungen möglich, eine Sprache, die den Konflikt zwischen konkreten (»reiner Sprache des Namens«) und abstrakten Sprachelementen – die richten, bewerten, urteilen, vergleichen und bedeuten – beibehält, bewahrt und darstellt. Gedichte in der »reinen Sprache des Namens« sind verstellt, ebenso wie das Paradies verschlossen und verloren ist. Wer diese Sprache zu verwenden suchte, täuschte vor, was endgültig und unerreichbar ist.

Der Widerspruch zwischen den beiden tragenden Elementen der Sprache, den konkreten und abstrakten, kann betont werden, auch um das Elend der abstrakten Sprache zu vergegenwärtigen. Die Gedichte Pessoas/Caeiros sind der Versuch, darzustellen und auszudrücken, wie die konkrete Sprache von der abstrakten bedroht ist, zu zeigen, wie die konkrete permanent von der abstrakten eingeholt wird.

X

»Heda, Hüter der Herden,
dort am Rande der Straße,
was sagt dir der wehende Wind?«

»Daß er Wind ist und daß er weht,
daß er schon vordem wehte
und daß er auch künftig wehen wird.
Und was sagt er dir?«

»Vieles andere mehr. Er
spricht von vielen anderen Dingen.
Von Erinnerungen und Sehnsucht
und Dingen, die nie gewesen.«

»Nie hast du das Wehen des Windes vernommen.
Der Wind erzählt nur vom Winde.
Was du ihn sagen hörtest, war Lüge,
und diese Lüge, sie steckt in dir.«

XIII

Sachte, sachte, sacht
zieht ein sachter Wind vorüber
und verschwindet sacht.
Und ich weiß nicht, was ich denke,
und ich will es auch nicht wissen.

XXVI

An manchen Tagen klaren, vollkommenen Lichtes,
wenn die Dinge sich zu dem steigern, was sie sein können,
frag ich mich selber in aller Ruhe,
warum ich den Dingen
Schönheit zuschreibe.

Hat eine Blume Schönheit?
Eine Frucht, ist sie schön?
Nein: sie besitzen Farbe und Form
und bloßes Dasein.
Schönheit ist nur ein Name für etwas, was es nicht gibt,
den ich den Dingen gebe im Tausch gegen das Wohlgefallen, das sie mir bringen.

Er hat nichts zu bedeuten.
Warum sage ich von den Dingen, sie seien schön?

Ach, auch zu mir, der nur das Leben lebt,
kommen heimlich die Lügen der Menschen
über die Dinge,
über die Dinge, die einfach vorhanden sind.

Wie schwierig ist es, selbständig zu sein und nur zu sehen, was sichtbar ist

XXVII

Nur die Natur ist göttlich, und sie ist nicht göttlich...

Wenn ich von ihr wie von einem Wesen rede,
so nur, weil ich, von ihr zu reden, die menschliche Sprache brauche,
die den Dingen Persönlichkeit gibt
und den Dingen Namen aufzwingt.
Aber die Dinge haben nicht Namen und nicht Persönlichkeit:
sie sind einfach da, der Himmel ist groß und die Erde breit
und unser Herz hat die Größe einer geballten Faust...

Gesegnet sei ich für alles, was ich nicht weiß.
Genieß ich doch alles wie einer, der weiß, daß die Sonne da ist.

XXXIX

Das Geheimnis der Dinge, wo ist es?
Wo ist es, warum erscheint es nicht,
wenigstens um zu zeigen, daß es Geheimnis ist?
Was weiß der Fluß davon und was der Baum?
Und ich, nicht mehr als sie, was weiß ich davon?
Immer, wenn ich die Dinge anschaue und daran denke, was die Menschen von ihnen denken,

lache ich wie ein Bach, der frisch über Steine plätschert.
Weil der einz'ge verborgene Sinn der Dinge
darin besteht, daß sie keinen verborgenen Sinn besitzen,
ist es sonderbarer als alle Sonderbarkeiten,
als alle Dichterträume
und alle Philosophengedanken,
daß die Dinge auch wirklich sind, was sie scheinen,
und es nichts zu verstehen gibt.

Ja, das ist es, was meine Sinne einsam erlernten:
Die Dinge haben keine Bedeutung: sie sind einfach da.
Die Dinge selbst sind der einz'ge verborgene Sinn der Dinge.

XLV

Eine Reihe von Bäumen dort an dem fernen Hang.
Aber was ist eine Reihe von Bäumen? Es gibt nur Bäume.
Reihe und die Mehrzahl von Baum sind nicht Dinge, sind bloße Namen.

Arme menschliche Seelen, die alles ordnen wollen,
von Ding zu Ding Linien ziehn,
Namensschilder an vollkommen wirkliche Bäume heften
und Längen- und Breitengrade
selbst auf die Erde zeichnen, die unschuldig, grüner und blühender als dies alles.

9

Du, Mystiker, suchst in allen Dingen eine Bedeutung.
Für dich hat alles einen verschleierten Sinn.
Etwas Verborgenes liegt in allem, was du erblickst.
Was du siehst, siehst du immer, um etwas andres zu sehen.
Ich aber, weil ich nur zum Sehen Augen habe,
bemerke das Fehlen jeder Bedeutung in allen Dingen;
ich sehe und liebe sie, denn Ding sein, heißt, nichts bedeuten.
Ding sein, heißt, keiner Auslegung fähig sein.

Fernando Pessoa

Diese sieben Gedichte lesen sich wie ein Sündenregister der abstrakten Sprache und dem damit verbundenen Denken und Erleben, Einspruch und Selbstbehauptung, nicht wesentlich sein, sondern konkret bleiben:

- Die Dinge werden mit Bedeutungen verknüpft, die sie nicht sind: »denn Ding sein, heißt, nichts zu bedeuten.«
- Es wird nicht gesehen, was zu sehen ist. Die Bedeutungen verstellen das Sichtbare: »Wie schwierig ist es, selbständig zu sein und nur zu sehen, was sichtbar ist.«
- Die Bedeutungen sind Lügen; da die Menschen bedeuten, stecken sie in den Menschen, die ihre Lüge über die Dinge diesen als Bedeutung anhängen: »und diese Lüge, sie steckt in dir.«
- Es gilt, die Dinge wahrzunehmen, es gibt nichts zu verstehen. Die Dinge sind einfach da, die Dinge sind die Dinge und nichts weiter, sie können nicht miteinander verglichen werden: »Aber die Dinge ... sind einfach da.«
- Um über die Dinge zu reden, muß der Mensch ihnen Namen geben, obwohl die Dinge keinen Namen haben.
- Die Dinge haben keinen verborgenen Sinn, die Dinge sind, was sie scheinen.
- Die Unterordnung des einzelnen Dinges unter einen Oberbegriff verkennt dessen Einzigartigkeit: »Reihe und die Mehrzahl von Baum sind nicht die Dinge, sind bloße Namen.«

In den *Aufzeichnungen zur Erinnerung an meinen Meister Alberto Caeiro* von Alvaro de Campos wird folgende Begebenheit erzählt, die vielleicht noch deutlicher als im Gedicht die Kritik an der Subsumtion des Einzelnen unter den Oberbegriff zeigt:

»Einmal zitierte ich Caeiro mit freundschaftlicher Bosheit die Verse, mit denen Wordsworth einen gefühllosen Menschen kennzeichnet:

A primrose by the river's brim
A yellow primrose was to him,
And it was nothing more.

Ich übersetzte ihm das, indem ich das genaue Wort für primrose ausließ, weil ich keine Pflanzen- und Blumennamen kenne: »Eine Blume am Ufer des Flusses war eine gelbe Blume für ihn und weiter nichts.«

Mein Meister Caeiro lachte. »Dieser Mann hat ganz richtig gesehen; eine gelbe Blume ist wirklich nichts anderes als eine gelbe Blume.«

Doch mit einem Mal wurde er nachdenklich. »Mit einem Unterschied«, fuhr er fort. »Es kommt darauf an, ob man die gelbe Blume als eine der vielen gelben Blumen ansieht oder allein als jene gelbe Blume.«

Dann sagte er: »Der englische Dichter wollte offenbar sagen, daß diese gelbe Blume für den besagten Menschen etwas Bekanntes, eine banale Erfahrung war. Und das stimmt nicht. Alle Dinge, die wir sehen, müssen wir wirklich zum erstenmal sehen, weil es ja tatsächlich das erstemal ist, daß wir sie sehen. Und dann ist jede gelbe Blume eine neue gelbe Blume, auch wenn es dieselbe von gestern ist. Wir sind nicht mehr dieselben und die Blume ebensowenig. Sogar das Gelb kann nicht mehr dasselbe sein. Schade, daß wir nicht Augen haben, um das zu begreifen, denn dann wären wir wirklich glücklich.« (Alvaro de Campos, *Aufzeichnungen zur Erinnerung an meinen Meister Albero Caeiro*, in, Fernando Pessoa 1965, S. 67)

Die Gedichte Pessoas/Caeiros sind ab 1914 entstanden, Walter Benjamin schrieb seinen Aufsatz über die Sprache 1916, die für die Sprachphilosophie zentrale Arbeit von Ludwig Wittgenstein, der *Tractatus logico-philosophicus*, wurde vor dem Ersten Weltkrieg begonnen und 1918 abgeschlossen. Diese Texte des Nachdenkens über die Sprache entstehen, als die Vernichtung des Lebens total zu werden beginnt – der Ausdruck Materialschlacht, der nichts anderes bedeutet, als daß die Menschen zum Material werden, wird im Ersten Weltkrieg geprägt, bzw. nachdem sie total geworden ist; im Wörterbuch des »Dritten Reiches« heißt das Endlösung ... wie kann man heute noch von Lösung sprechen, wenn die Lösung das Ende des Menschen bedeutet?

Arme menschliche Seelen, die alles ordnen wollen,
Menschliche Seelen, die alles lösen wollen.

X

Hätte Pessoa/Caeiro nur Gedichte geschrieben, in denen ein »ursprüngliches« Verhältnis zur Natur und zu den Dingen rekonstruiert und der Einbruch der abstrakten Sprache als Störung und Bedrohung dieses Verhältnisses dargestellt wird, könnte der Wirklichkeitsverlust in diesen Gedichten kritisiert werden, wie sie gleichzeitig als Kritik an der bestehenden Wirklichkeit zu verstehen wären. Hätte Caeiro von den gesellschaftlichen Verhältnissen nur als Einbruch der abstrakten Sprache in das als ursprünglich imaginierte Verhältnis von Mensch und Natur erzählt, wäre er zwar nicht weise, hätte aber seine Maske der Unschuld behalten.

Aber nicht einmal die bewahrt Caeiro, weil er sich den gesellschaftlichen Verhältnissen, den Beziehungen zwischen den Menschen, nicht entziehen kann.

Er lebt zwar, wie die Gedichte vermuten lassen, außerhalb der Stadt, auf dem Land, zurückgezogen. Aber in den Gedichten schildert er auch, wie er von einem »Mann aus der Stadt«, einem »Prediger« und einem »Du« angesprochen und mit gesellschaftlichen Verhältnissen bzw. dem, was sie anrichten, »belästigt« wird. Seine Antwort in den Gedichten reicht von abweisend über besserwisserisch bis zynisch, die Erzählungen aus der Stadt stören seine Idylle, die schon von der abstrakten Sprache, der er sich auch nicht entziehen kann, gestört ist.

Vorschnell fällt einem ein: Wenn du doch (darüber) geschwiegen hättest, wärst du ein Weiser geblieben oder zumindest ein Unschuldiger. Die Motive dieser Reaktion sind leicht zu erraten: ich will mir mein Bild von Weisheit und Unschuld nicht nehmen lassen.

Doch die Konfrontation des Verhältnisses zwischen Mensch und Dingen mit den gesellschaftlichen Verhältnissen ist wichtig, weil sie die Frage provoziert, ob und wie diese Verhältnisse übertragbar, vergleichbar sind oder, um ein Urteil vorwegzunehmen, weil sie verdeutlicht, wie problematisch es ist, das eine Verhältnis (Mensch–Natur) als Maßstab für das andere zu wählen. Dieses Urteil bleibt auch zutreffend, wenn, wie derzeit oft behauptet wird, Friede zwischen den Menschen erst dann wäre, wenn auch Friede zwischen Mensch und Natur wäre.

XXXII

Gestern abend sprach ein Mann aus der Stadt
an der Gasthaustür.
Er sprach auch mit mir.
Er sprach von Gerechtigkeit und vom Kampfe für die Gerechtigkeit
und von den leidenden Arbeitern
und von der Vollbeschäftigung und von denen, die hungern müssen,
und von den Reichen, denen das einerlei ist.

Als er mich ansah, bemerkte er Tränen in meinen Augen
und lächelte wohlgefällig, denn er glaubte, ich fühlte
den Haß, den er fühlte, und das Mitleid,
das er zu fühlen behauptete.

(Aber ich hörte kaum zu.
Was kümmern die Menschen mich
und was sie leiden oder zu leiden glauben?
Sind sie wie ich – dann leiden sie nicht mehr.
Alles Böse der Welt rührt daher, daß wir uns umeinander kümmern,
sei es, um Gutes, sei es, um Böses zu tun.
Unsere Seele und Himmel und Erde sind uns genug.
Mehr wollen, heißt, sie verlieren und unglücklich sein.)

In Wahrheit dachte ich, als der Freund der Armen sprach,
eben
(und das rührte mich zu Tränen),
das ferne Läuten der Herdenglocken
in dieser Abendstunde
klinge *nicht* wie der Glockenton einer kleinen Kapelle,
in der die Blumen und Bäche
und schlichten Seelen wie ich zur Messe gehen.

(Gott sei gelobt, daß ich kein guter Mensch bin
und die natürliche Eigenliebe der Blumen
und Flüsse besitze, die ihre Bahn verfolgen
unbewußt, mit der einzigen Sorge,
zu blühen und hinzuströmen.
Dies ist die einzige Pflicht auf Erden:
ein Wandel in Klarheit
und ohne Grübeln.

Der Mann war verstummt und blickte ins Abendrot.
Aber was kümmert das Abendrot den, der haßt und liebt?

2

Du sprichst von Kultur und dem, was nicht sein darf,
oder von dem, was nicht so sein dürfte.
Du sagst, alle oder die große Mehrheit leiden,
weil die menschlichen Dinge so und nicht anders geordnet sind,
du sagst, wenn sie anders wären, litten sie weniger.
Du sagst, wenn sie wären, wie du es willst, wäre es besser.
Ich höre es, ohne dir zuzuhören.
Warum sollte ich wohl dir zuhören wollen?
Beim Zuhören würde ich doch nichts erfahren.
Wären die Dinge anders, so wären sie anders, und das ist alles.
Wären die Dinge so, wie du willst, so wären sie nur, wie du willst.
Wehe dir, wehe allen, die ihr Leben damit verbringen,
eine Beglückungsmaschine erfinden zu wollen!

8

Gestern sprach der Prediger seiner eigenen Wahrheiten
wiederum mit mir.
Er sprach vom Leiden der Arbeiterklasse
(nicht von den leidenden Menschen und im Grunde sind sie es, die leiden).
Er sprach von der Ungerechtigkeit, daß die einen Geld
und die anderen Hunger haben, man weiß nicht, ob Hunger nach Essen
oder nur Hunger nach fremdem Nachtisch.
Er sprach von allem, was ihn erzürnen konnte.

Wie töricht ist er, wenn er nicht weiß, daß das Unglück der andern ihr Eigentum ist
und nicht von außen geheilt werden kann.
Leiden ist doch nicht Mangel an Tinte
oder eine Kiste ohne Bandeisen!

Ungerechtigkeit ist so unvermeidlich wie der Tod.
Ich würde nie einen Schritt tun, um das zu ändern,
was man die Ungerechtigkeit auf Erden nennt.
Tausend Schritte für dieses Ziel
wären nur tausend Schritte.
Ich nehme die Ungerechtigkeit hin, wie ich hinnehme, daß ein Stein nicht rund
und eine Korkeiche nicht als Pinie oder als Eiche gewachsen ist.

Ich habe die Apfelsine in zwei Teile zerschnitten – und beide Teile sind nicht gleich ausgefallen.
Zu welchem Teil war ich ungerecht – ich, der beide verzehren wird?

XXXVIII

Gesegnet sei die Sonne anderer Länder,
die alle Menschen meine Brüder werden läßt,
weil alle sie, für einen Augenblick am Tage, schaun wie ich
und für die Dauer dieses klaren Augenblicks
mit einem unmerklichen Seufzer
rein und voller Empfindung
rückkehren zum ursprünglichen und wahren Menschen,
der diese Sonne aufgehn sah und noch nicht vor ihr niederfiel...
Das ist natürlich – weit natürlicher
als Gold anbeten, Gott
und Kunst und Sittlichkeit...

23

Der Krieg, der mit seinen Heeren die Welt verwüstet,
ist das Idealbild philosophischen Irrtums.

Der Krieg will verändern, wie alles menschliche Tun.
Aber der Krieg will mehr, als alles verändern und stark verändern
und rasch verändern.

Doch der Krieg bringt den Tod mit sich.
Und der Tod ist die Verachtung des Weltalls uns gegenüber.
Da er Tod bringt, so beweist der Krieg, daß er falsch ist.
Da er falsch ist, beweist er, daß jeder Wille zur Änderung falsch ist.
Lassen wir doch das äußere Weltall und die anderen Menschen, wo die Natur sie beließ.

Alles ist stolz und gewissenlos.
Alles ist ein Sich-Rühren-, Dinge-Tun-, Spur-hinterlassen-Wollen.
Für das Herz und den Befehlshaber der Heere
kehrt stückweis das äußere Weltall wieder.

Die unmittelbare Chemie der Natur
läßt keinen Platz für das Denken.

Die Menschheit ist eine Sklavenrevolte.
Die Menschheit ist eine gewaltsam vom Volk übernommene Regierung.
Sie ist da, weil sie gewaltsam begründet wurde, aber sie irrt, weil die Gewalt keine Rechte verleiht.

Laßt die Außenwelt und die natürliche Menschheit in Ruhe dasein!
Friede sei allen vormenschlichen Dingen, auch im Menschen!
Friede sei dem vollkommenen äußeren Wesen des Weltalls!

Sprechen die ersten sieben Gedichte Pessoas/Caeiros von dem Versuch, ein unmittelbares, unverstelltes Verhältnis zwischen Mensch und Natur wiederzugewinnen, das durch herrschendes Sprechen und Denken und dem damit verbundenen Handeln zerstört ist, entfalten die vier (XXXII/2/8/23), in denen beschrieben wird, wie er mit gesellschaftlichen Verhältnissen konfrontiert wird, und das eine (XXXVIII), in dem er entwirft, wie Zusammenhalt und Brüderlichkeit zwischen den Menschen sein kann, die Weltanschauung des Dichters. Sollte ihr Grundsatz benannt werden, könnte er heißen: *Sein lassen:*

- Das Sein lassen, wie es ist: »Laßt die Außenwelt und die natürliche Menschheit in Ruhe dasein!«
- Veränderungen sein zu lassen: »Da er falsch ist, beweist er, daß jeder Wille zur Änderung falsch ist.« »Wären die Dinge anders, so wären die Dinge anders, und das ist alles.«
- Den Dingen und den Menschen ihr Sein lassen; »Alles Böse der Welt rührt daher, daß wir uns umeinander kümmern, sei es, um Gutes, sei es, um Böses zu tun.« »Wie töricht ist, wenn er nicht weiß, daß das Unglück der anderen ihr Eigentum ist und nicht von außen geheilt werden kann.«

Dem »Willen zur Macht«, durch den die Menschen zur Herrschaft getrieben werden, gilt die Kritik, da er ins Unheil führt:

»Wären die Dinge so, wie Du willst, so wären sie nur, wie du willst.
Wehe Dir, wehe allen, die ihr Leben damit verbringen,
eine Beglückungsmaschine erfinden zu wollen.«

»Sie ist da, weil sie gewaltsam begründet wurde, aber sie irrt, weil die Gewalt keine Rechte verleiht«. Würden sich die Menschen einfügen in den Ablauf der Natur, »die natürliche Eigenliebe der Blumen und Flüsse besitzen«, »blühen und dahinströmen, ohne zu grübeln«, es hinnehmen, wie's gegeben ist, wäre Friede im Dasein; »ich gehe, wohin mich der Wind treibt / und gehe, ohne zu denken.« Sein lassen: sich treiben lassen, hinnehmen, wie es ist, in Ruhe dasein lassen, ansehen und nicht niederfallen, nicht verändern wollen.

Der eigene Wille des Menschen wird negiert, ein Wille zur Änderung ist falsch; wo er sich artikuliert, werden »Seele, Himmel und Erde verloren«, wird der Mensch unglücklich.

Die gleichgültige, an manchen Stellen zynisch anmutende Haltung gegenüber Ungerechtigkeit, Ausbeutung, Hunger, Leiden und Unglück in den Gedichten mag empören. Es findet sich darin aber keine Verachtung der Menschen, sondern es artikuliert sich eine Einstellung, die mit einem von Althusser geprägten Begriff als Anti-Humanismus zu bezeichnen wäre.

Caeiro imaginiert das »richtige Leben« im Einfügen des Menschen in den natürlichen Lauf der Natur. Eine direkte Determination des Menschen durch die Natur wird nicht behauptet, sondern nur, daß der Mensch seinen Platz in der Natur finden kann, indem er sich einfügend in ihr ist. Caeiros Blick auf die Menschen ist der Blick vom Standpunkt des Daseins, der Existenz; die Menschen sind da, wie die anderen Dinge da sind. Nicht der Standpunkt des Menschen wird bezogen, die Anschauung Caeiros ist nicht gegen die Menschen gerichtet, aber dagegen, sie vom Standpunkt des Willens, der Veränderung der Welt durch den Willen des Menschen zu betrachten. Sein Anti-Humanismus reicht bis zu den Konnotationen, man solle sich nicht um die Leiden des Menschen kümmern, Ungerechtigkeit sei unvermeidlich, das eigene Unglück gehöre jedem selbst, das Böse der Welt rühre daher, daß wir uns umeinander kümmern.

Caeiro findet sich nicht mit dem Wissen ab, »daß wir nicht unschuldig sind«, im Gegenteil: er spricht oft davon, wie wir wieder unschuldig werden könnten: durch »Wandel in Klarheit und ohne Grübeln«; »rückkehren zum ursprünglich und wahren Menschen, der diese Sonne aufgehn sah und noch nicht vor ihr niederfiel.«

Ich glaub an die Welt wie an ein Tausendschönchen,
weil ich sie sehe. Aber ich denke nicht über sie nach,
denn denken heißt nicht-verstehen.
Die Welt ward nicht geschaffen, damit wir nachdächten über sie,
(denken heißt mit kranken Augen sehen),
sondern damit wir sie anschauen und mit ihr eins sind.

Ich hab keine Philosophie, ich habe Sinne...
Rede ich von der Natur, so nicht, weil ich weiß, was sie ist,
sondern weil ich sie liebe und darum liebe ich sie;
denn nie weiß der Liebende, was er liebt,
noch auch, warum er liebt oder was lieben ist...

Lieben ist die ewige Unschuld
und die einzige Unschuld ist: nicht denken.

Caeiro versucht, das Bedrohliche, das die Beziehungen der Menschen zueinander und zur Natur bestimmt, soweit wie möglich zu ignorieren, er will vom Bedrohlichen nichts wissen, sondern in der Unschuld verweilen. Daraus mögen sich auch seine harschen Kommentare über die Wahrheiten der Prediger, die für ihn Beglücker sind, die aber das Unheil mehren, erklären. Caeiro kann sich getrost dem »Wissen« entziehen, daß die Unschuld seit dem Sündenfall verloren ist. Den Krieg kann er allerdings nicht ignorieren, er gilt ihm als *der* destruktive Ausdruck des Willens des

Menschen, die Welt zu verändern, als Idealbild philosophischen Irrtums, und Philosophie denkt darüber nach, wie die Welt und die Menschen zu verändern seien: da Denken ohnehin Verlust der Unschuld ist, muß Nachdenken über Veränderungen zu Unheil führen. In jedem Denken liegt die Spur des Verändern-Wollens, auch in dem Caeiros, das sich in seinen Versen gegen den Krieg ausdrückt, mit denen er die Menschen zur Umkehr aufruft: »Laßt die Außenwelt und die natürliche Menschheit in Ruhe dasein.« Angesichts der Destruktion kann auch der Unschuldige seine Unschuld nicht mehr bewahren. Im Gedicht gegen den Krieg wird das Bedrohliche nicht mehr ignoriert, aber es bleibt beim Appell eines, der sich ansonsten aus den menschlichen, gesellschaftlichen Verhältnissen raushält, ein Aufruf zur Umkehr, der zu spät kommt. Aber Caeiro würde sich, wenn die Zerstörung ihn einholte, nicht ängstigen, sondern sagen:

> Vielleicht ist heute mein letzter Lebenstag.
> Ich hob die rechte Hand und grüßte die Sonne,
> aber ich grüßte sie nicht, um Abschied zu nehmen,
> sondern zum Zeichen, daß es mir lieb war, sie vorher zu sehen:
> nichts weiter.

»Ja, ich werde sterben, und auch die Welt wird sterben, doch sterben heißt leben. Die Aussage Caeiros annulliert den Tod; indem er das Bewußtsein negiert, negiert er das Nichts. Er behauptet nicht, daß alles *ist*, denn das hieße, eine Idee zu vertreten; er sagt, daß alles *existiert.* Und mehr noch: er sagt, daß nur ist, was existiert. Alles übrige sind Täuschungen.« (Paz 1984, Bd. 2, S. 182)

XI

Caeiro hat kein Vertrauen in menschliche Lösungen, sie sind ihm nicht einfältig genug, sie haben kein Vertrauen in die Natur, sie »glauben nicht an die Welt«, sie wollen immer in und hinter den Dingen einen Sinn, eine Bedeutung, etwas Verborgenes finden, die Menschen haben kein Vertrauen in ihre Wahrnehmung, darum müssen sie alles bedeuten. Die menschlichen Lösungen führen zur Endlösung.

Die Menschheit begründet sich gewaltsam, das Urteil, das Recht gründen in der Gewalt, aber die Gewalt verleiht kein Recht. Nach dem Sündenfall, der Unterscheidung von Gut und Böse, dem Willen zur Macht, wie Gott sein zu wollen, ereignet sich zwischen Kain und Abel, den Kindern von Adam und Eva, der erste Brudermord, weil sich Kain gegenüber Abel von Gott benachteiligt fühlt. Darin begründet sich die Menschheit gewaltsam, Kain gründet nach der biblischen Erzählung die erste Stadt.

Nach Lösungen zu suchen, überhaupt Suche, führt in die Irre. Dasein und wahrnehmen, was ist, sich treiben lassen und einfügen, nicht suchen; suchen setzt einen Willen voraus, und der will Lösungen, weil er finden muß, darum wird der Weg in den Sündenfall, in die Vertreibung aus dem Paradies und der sich daraus folgerichtig entwickelnden Gewalt, durch die Versuchung eingeleitet, der nicht widerstanden wird.

Soweit, so mag's gewesen sein, aber die Menschen der Moderne können nicht mehr unschuldig sein, sie können sich zwar einfügen und abfinden, nicht unbedingt in die Natur, dafür aber in die zweite, von Menschen geschaffene Natur, die Gesellschaft. Sie tun's zur Genüge, sind unglücklich, sind von der Zerstörung bedroht, wenn sie's auch nicht wissen wollen; kümmern sich, wie Caeiro, darin ist er modern, nicht um das Leid und Unglück des anderen, aber schwätzen viel über das Leid und Unglück, werden über das weltweite tagtäglich informiert, versuchen und suchen zu unterscheiden, ob's gerechtfertigt ist oder nicht. Caeiro kann, wenn er's auch versucht, keinen Weg aus dem Unheil zeigen. Seine Vorschläge des Rückzuges bleiben, obwohl anscheinend konkret, abstrakt. Es ist eine andere Welt, die er für sich zu retten sucht, aber er kann sie nur für sich retten, nicht für andere, was er auch nicht beabsichtigt. Trotzdem bleibt sein Rat: Rettet Euch vor dem Denken und Bedeuten.

Rette sich wer kann, wer aber kann?

Caeiros böse Kommentare auf die Botschaften der Prediger sollten nicht vorschnell mit dem Hinweis auf Ignoranz, Zynismus und Besserwisserei abgetan werden. Sie könnten denen in den Ohren klingen, die mit dem Leid und der Unterdrückung der anderen hausieren gehen, es als Vorwand nehmen, um ihren eigenen Willen zur Macht zu profilieren, die zu erreichen versuchen, daß die Dinge und die Welt und die Verhältnisse so werden, wie sie wollen. Wehe, wenn sie herrschen, es herrscht der Zwang zur Beglückung, und wer nicht beglückt werden will, nicht glücklich ist, wird beiseite geschafft, stigmatisiert, ausgeschlossen, eingeschlossen.

»In einem freilich läßt die ausgehöhlte Ideologie nicht mit sich spaßen: es wird gesorgt. ›Keiner darf hungern und frieren; wer's doch tut, kommt ins Konzentrationslager‹: der Witz aus Hitlers Deutschland könnte als Maxime über allen Portalen der Kulturindustrie leuchten...

Wer hungert und friert, gar wenn er einmal gute Aussichten hatte, ist gezeichnet. Er ist Outsider, und, vom Kapitalverbrechen zuweilen abgesehen, ist es die schwerste Schuld, Outsider zu sein...

Die großen Helfer und Wohltäter der Menschheit aber, deren wissenschaftliche Leistungen die Schreiber geradewegs als Taten des Mitleids aufziehen müssen, um ihnen ein fiktives menschliches Interesse abzugewinnen, fungieren als Platzhalter der Führer der Völker, die schließlich die Abschaffung des Mitleids dekretieren und jeder Ansteckung vorzubeugen wissen, nachdem noch der letzte Paralytiker ausgerottet ist.« (Horkheimer/Adorno 1944, S. 177/178)

Insoweit sind Caeiros Kommentare, Ausfälle und Abwehr gegen die Prediger und ihre Beglückungsmaschinen, sein »Wehe«, seine Warnungen gerechtfertigt.

Die Einwände Caeiros, daß Ungerechtigkeit so unvermeidlich wie der Tod sei und daß die Menschen nicht mehr leiden würden, wenn sie sich weniger umeinander kümmerten, bleiben hilflos und helfen wohl nur dem weiter, der sie ausspricht. Diese Hilflosigkeit und die Versuche, Unmittelbarkeit und Unschuld zu retten, mögen aufrichtiger sein als die Versprechungen der Beglückungsmaschinen, die in die Welt gesetzt werden, um herrschen zu können, die laufen, um Herrschaft zu erhalten.

Aber die von Caeiro propagierte Unschuld, der Wandel in Klarheit und ohne Grübeln retten nicht.

»Es rettet uns kein höh'res Wesen / kein Gott, kein Kaiser, noch Tribun. / Uns aus dem Elend zu erlösen, / können wir nur selber tun! / Leeres Wort: des Armen Rechte! / Leeres Wort: des Reichen Pflicht! / Unmündig nennt man uns und Knechte, / duldet die Schmach nun länger nicht!«

In Ruhe dasein zu lassen, das ist ein Ziel, dem kaum einer widersprechen mag, aber wie dort anzukommen ist, das bleibt offen, sicher nicht durch Hinnahme. Wer hinnimmt, leistet denen

Vorschub, die lösen und zu Ende lösen. Das bißchen Leben nicht vertun, Eigenliebe entdecken, an die Welt, das Leben und die Dinge glauben, aber was tun, wenn die Welt und das Leben zerstört werden – nur auf die Sonne schauen und sie grüßen oder appellieren, an die Welt und an die Menschheit, in Ruhe dasein zu lassen?

Keine Lösungen, keine Antworten, sondern Vorschläge, Versuche, die davon bedroht bleiben, mächtig und herrschend sein zu wollen – aber Annäherungen sind dennoch möglich.

Postskript
Stop Making Sense?

I

Dichter, Künstler können nur vorschlagen, wie Natur, die Dinge und die Gesellschaft anzusehen, wahrzunehmen und vielleicht zu verstehen sind. Dann fällt's wieder ein, daß es nicht darauf ankommt, die Welt verschieden zu interpretieren, sondern zu verändern. Alles, das über die Wahrnehmung hinausgeht, darin behält Caeiro (Pessoa) recht, alles, das es anders machen will, mit einem Wort verändern, tendiert zur Gewalt.

Was tun?

– Die Unschuld bewahren, wenn keiner unschuldig ist;
– Nichts erklären, wenn alles geklärt wird;
– Nicht bedeuten, wenn alles bedeutet wird;
– Nein sagen, wenn alle ja sagen;
– Sich zurückziehen, wenn alles vorwärts ruft;
– Sich erinnern, wenn alle vergessen wollen;
– Vorwärts rufen, wenn alle stehen bleiben und zurück blicken;
– Auf den Kopf stellen, wenn alle auf die Füße starren?

II

Die Sinndebatte dauert an. Die gegensätzlichen Positionen – Sinn sei überholt und verbraucht vs. der Sinnbedarf wächst, ohne Sinn kein Überleben – bleiben unverändert. Manche neue Absage an den Sinn hält's mit dem Sprichwort: Hoffen und Harren hält noch jeden zum Narren. Da Sprichworte belehren wollen, soll dieses wohl sagen: Nicht hoffend abwarten, sondern etwas dafür tun, dann erfüllt's sich eher.

Hoffnung wird belehrt, nur zu hoffen reicht nicht aus. Für seine Hoffnung nichts zu tun, führt zur Enttäuschung.

Wenn aber, wie aktuelle Erfahrungen demonstrieren, »Sachzwänge«, die auf menschliches Versagen treffen – es ist immer das letztere, das zur Katastrophe führt, wird behauptet –, nur noch Hoffen und Harren zulassen, daß die Menschen nicht versagen, dann werden alle zum Narren gehalten. Die, denen Hoffnung allein zu wenig ist, die nicht warten wollen, gelten als Narren. Von heute auf morgen auszusteigen, führe ebenso wie das Warten in die Katastrophe.

Wer die Lehre des Sprichwortes befolgt, wird genauso wie die, die ihre Hände in den Schoß legen, zum Narren gehalten.

Die vom Sinn genug haben, »Stop making sense« für wahr halten, könnten begriffen haben: zum Narr gehalten wird jeder. Wenn's zutrifft, dann muß die Hoffnung daran glauben:

- Ohne Hoffen kein Harren.
- Ohne Hoffen keine Taten, die erwarten lassen, es könnte anders werden, es sei abzuwenden.
- Ohne Hoffen kann keiner zum Narr gehalten werden.
- Ohne Hoffnung ist der Mensch ein Narr.

Der Narr muß nicht auf die Hoffnung verzichten, er hat keine. Der Narr bleibt unschuldig, ein tumber Tor. Er tut keine Schuldigkeit, er kann immer bleiben und gehen. Der Narr weiß nichts von Sinn und ohne Sinn, schon gar nicht von Sinnlosigkeit, von Hoffnung und Hoffnungslosigkeit. Er lebt, er ist, kennt keine Verantwortung und Verantwortungslosigkeit, hat keine Absichten, lebt, solange es sich leben läßt, lebt in den Tag hinein und in den Tod hinaus. Keinen Sinn, keine Hoffnung benötigen, einfach sein lassen, es kommt, wie's kommt, nicht wie's muß, es ist zufällig oder nicht, es ist halt so, weil's so ist, wie's ist und wird, keine Sorge, sondern dasein, und wenn's aufhört, fort oder woanders sein.

Entwürfe, die's mit der Aufgabe von Hoffen und Sinnen halten, plädieren für eine Geschichte, die in der Torheit endete, mit der sie begann, als noch niemand von Gut und Böse wußte, niemand etwas erkannte, sondern die, die lebten, einfach da waren, weil's nur galt, da zu sein – Dasein, wahrnehmen und wahrgenommen werden, wäre alles. Nicht *wie* sein, sondern *sein* ist alles. Hoffen und Harren hält noch jeden zum Narren.

III

Angesichts des Lebens, wie's gelebt werden muß, nicht nur heute, sondern auch davor, bleibt reines Dasein Illusion, weil das Wie ignoriert, Dasein von seinen Umständen getrennt wird.

Wie und Umstände rekurrieren auf Sinn. Hoffnung, die das Wie anders will, wie's ist, macht Sinn. Daß es menschenwürdiger werden soll, macht Sinn. Wenn der Schlüssel zur Sinnfreiheit Aufhebung von Bedrohung ist, bleibt doch Sinn im Spiel, wenn auch Bedrohung als Diskurs und nicht als Objektivität begriffen wird. Die Forderung, Bedrohung soll desartikuliert werden, ist eine sinn-volle.

Die Postmoderne hat, weil sie Sinn für überholt, aufgezehrt hält, den Widerstreit von Sinn und Nicht-Sinn verschärft. Das Abfinden mit dem, wie's ist, das Lob der schweigenden Mehrheit (Baudrillard), die lebt, ohne wissen zu wollen, warum, artikuliert nur wieder Hoffnung, daß Leben Bedrohung ignorieren kann und damit zum Dasein wird.

Die Postmoderne, die angesichts der Fragwürdigkeiten der Moderne ein Leben ohne die Frage Warum postuliert, macht Sinn, selbst wenn ihre Apologeten zu kund und zu wissen tun, Sinn sei aufgezehrt.

Jede Sinn-absage, die Bedrohung ignoriert, bleibt im Sinndiskurs. Für selbstbewußtes Leben ist der Zustand, nur da zu sein, Provokation. Hier schließt sich der Kreis: wenn die Annahme gilt, daß Leben leben will, dann empfindet Leben alles, das Lebenwollen einschränkt, als Bedrohung.

Die Regression auf die verlorenen Paradiese schmeichelt sich als Ausweg ein, die Bedrohung zu ignorieren. Dort war kein Sinn vonnöten. Leben war sich seiner nicht selbstbewußt, erkannte nichts, sondern war »nur« da. Mit der Erkenntnis begann die Frage nach dem Wie, Warum, dem Telos: der Sinn. Der Fluch der Erkenntnis ist die Bedrohung, daß Leben leben will; Leben, das leben will, will sinn-voll leben.

Sinn ist die Rache der Erkenntnis. Eine Basis der Erkenntnis ist die Differenzierung von Freund-Feind.

Wenn auch die Freund-Feind Unterscheidung, die Carl Schmitt als legitimatorische Basis des Staates bestimmt, nicht zum Faschismus führt, sondern seiner Rechtfertigung dient, ist darüber hinaus eine Definition gefunden, die weit über den Faschismus hinausweist. Es ist eine Bestimmung, die Leben auf Bedrohung, d. h. auf Abwehr und Notwendigkeit von Bedrohung fixiert.

IV

Die postmoderne Absage an den Sinn, die Aufforderung, die Produktion von Sinn einzustellen, und die Behauptung, Sinn sei obsolet, weil verbraucht und überflüssig, bleiben oberflächlich. Nicht um Sinn oder ohne Sinn geht's, sondern um Leben. Dieser Grundsatz endet nicht in der Negation von Sinn, sondern will, damit Leben leben kann, die von Mangel. Der Grundsatz widerspricht anthropologischen und biologischen Axiomen, daß sich Leben aufgrund von Bedrohung erst weiter entwickelt. Evolution braucht Bedrohung. Fortschritt sei nur durch die antreibende Kraft der Bedrohung möglich. Könnte endlich zugegeben werden, daß keine objektiven Aussagen über das Leben möglich sind, daß alle Erkenntnisse über das Leben einer zeitgemäßen Absicht folgen, dann wären die Axiome der Evolution weder wahr noch falsch, sondern einfach nur fragwürdig.

Nur weil im Evolutionsdiskurs Entwicklung und Bedrohung als notwendiger Kontext artikuliert sind, Bedrohung als Voraussetzung des Fortschritts gilt, haben wir gelernt, an die Kraft der Bedrohung, die das Schwache selektiert und das Starke überleben läßt, zu glauben.

Die Postmoderne und ihre Theoretiker thematisieren Fragwürdigkeiten des Projektes der Moderne. Sie radikalisieren die Opposition von Sinnverlust und Sinnproduktion, die zur Legitimation verkommt. Die Parole »Stop making sense« verführt, weil angesichts der Risiken und Katastrophen nichts anderes übrig zu bleiben scheint, als den Augenblick zu leben, weil's jederzeit losgehen kann.

Obwohl die Postmoderne um die Diskursivität von Erkenntnis weiß, akzeptiert sie stillschweigend die Anthropologie der Bedrohung. Fortschritt kann nicht mehr auf Sinn rekurrieren, er hat den Sinn aufgezehrt, darin liegt eine wesentliche Einsicht der Postmoderne; aber sie findet sich damit ab, affirmiert Bedrohung, indem sie sie ignoriert.

Kritische Theorie verwarf nicht umstandslos Fortschritt, sondern konzentrierte sich auf die Frage, was Fortschritt nach den Erfahrungen, daß er in Herrschaft und Zerstörung endet, noch sein kann. Die Parole des Fortschritts auf der Grundlage des Selbstbewußtseins in der Konkurrenz lautet: Entdifferenzierung und Zerstörung der Differenz – alles soll gleichgültig werden. Die

Postmoderne schlägt sich diese Negativität aus dem Sinn. Nach der Moderne blieben nur noch folgenlose Spiele übrig. Die Postmoderne ignoriert, daß die Diskurse der Moderne auch die Zeit danach beherrschen.

V

Aktuelle Diskurse, die Sinn stiften oder die Überholung von Sinn behaupten, treffen sich nicht im Unendlichen, sondern in der Ignoranz oder der Affirmation von Bedrohung.

– Der Friedens- und Ökologiediskurs will zwar Bedrohung reduzieren, postuliert aber Verzicht und Einschränkung.
– Die postmoderne Haltung: ein Gemisch aus Verdrängung, Endzeitstimmung und Gespür, daß irgend etwas ganz anders geworden ist.
– Wieder andere basteln an der Restrukturierung von Heimat, Volk, Nation und Patriotismus, suchen vergessen zu machen, daß diese Vereinheitlichung ins Lager geführt hat, wo die »Bedrohung« konzentriert und vernichtet wurde. Dies sei kein Sonderfall, sondern nur übertrieben worden, nicht nur business as usual, sondern history as usual, lautet der neue Diskurs historischer Experten, die sich anheischig machen, die unbewältigte Vergangenheit endgültig der Endlösung der Bewältigung anheim zu stellen. Die Absicht ist eindeutig, Bedrohung ist unverzichtbar, Bedrohung läßt sich nur durch Bedrohung reduzieren und gleichzeitig stabilisieren, da sie zur Stabilität der herrschenden Verhältnisse schließlich gebraucht wird. Der Zeitgeist kann nicht – wie sollte er auch wollen oder können – auf Bedrohung verzichten.
– Auch der Rekurs auf Mythen bleibt dabei. Der Mythos beschwört die Zeit davor und Kräfte, die künden, daß alles gut oder schlecht wird. Die fließenden Übergänge zum postmodernen Sinnverzehr erscheinen am Horizont.

VI

Der Wunsch nach dem Ende von Bedrohung ist nur allzu verständlich, führte aber in die Amnesie. Wenn eine Perspektive von

Sinnfreiheit ist, dann die, den Sinn aufzuheben. Aufheben negiert den Sinn, behält aber die Bedrohung, um den Rückfall zu verstellen.

Volk und Nation, die Differenz artikulieren, um ein Besseres und ein Schlechteres zu konstituieren, wie die Entdifferenzierung, die alles gleich machen will, führen ins Rückwärts und Vergessen. Alle Versuche, das Vergangene zu entschulden, um Identität zu gewinnen – individuelle, kollektive, nationale – legitimieren den Erhalt von Ausrottung, vergangener, gegenwärtiger und zukünftiger. Alle Entschuldungen machen Sinn. Sinnfreiheit behält, daß Leben, das nun mal leben will, wenn es auch sterben muß, immer wieder gefährdet bleibt, nach dem Feind zu suchen, der es angeblich verschuldet, daß Lebensmöglichkeiten gefährdet sind. Wenn der Feind aber nicht der Andere ist, sondern nur durch den Diskurs des Feindes entsteht – daran erinnert Sinnfreiheit.

Die Postmoderne verabschiedet diese Möglichkeiten, weil sie den Sinn vergessen machen will. Indem die Postmoderne das Ende des Sinns behauptet und fortan so tut, als wäre keiner mehr vonnöten, wird sie blind, obwohl sie sich hellsichtig geriert. Sie tappt umher und sieht nicht, wie sie nur wieder neuen Sinn schafft. In der Beliebigkeit der Verwendung geschichtlicher Zitate trifft sie sich mit der neokonservativen Verharmlosung.

VII

Sinn negieren, weil Sinn gestiftet wird, damit der Mangel bleibt? Zu behaupten, Sinn sei überflüssig, ist zynisch, weil der Bedarf nach Kompromiß, Konsens und Verdrängung unbeachtet bleibt. Nicht der Sinn soll wie der Winter ausgetrieben werden, sondern gefragt, wozu wir ihn brauchen, daß wir an ihm festhalten und ihn auswechseln oder zeitweise austreiben. Daß Sinn vonnöten bleibt, weist auf die Not, noch keinen Weg der Aufhebung gefunden zu haben.

Nicht zufällig wird die Aufzehrung von Sinn dann behauptet, wenn der Bedarf zunimmt, wenn Verdrängung und Kompromiß besänftigen sollen. Wie immer auch die Zeiten und Verhältnisse benannt und bedeutet werden, solange das Bedrohliche alles bestimmt, herrschen Vorgeschichte und Sinn.

Literatur

Th. W. Adorno (1957), *Aspekte der Hegelschen Philosophie*, Frankfurt/M.
– (1966), *Negative Dialektik*, Frankfurt/M.
– (1969), *Fortschritt*; in: *Stichworte*, Frankfurt/M.
– (1970), *Ästhetische Theorie*, Frankfurt/M.
– (1972), *Thesen über Bedürfnis*; in: *Gesammelte Schriften*, Band 8, Frankfurt/M.
– (1974), *Philosophische Terminologie*, in: *Gesammelte Schriften*, Band 2, Frankfurt/M.
– (1981), *Noten zur Literatur*
Chr. Agricola/E. Agricola (1980), *Wörter und Gegenwörter*, Leipzig.
L. Althusser (1977), *Ideologie und ideologische Staatsapparate*, Hamburg/Westberlin.
– (1969), *Für Marx*, Frankfurt/M.
M. Apel/Ch. Ludz (1958), *Philosophisches Wörterbuch*, Berlin.
I. Bachmann (1978), *Werke*, München.
R. Barthes (1980), *Leçon/Lektion*, Frankfurt/M.
Ch. Baudelaire (o. J.) in: W. Kraus (Hg.), *Symbole und Signale*, Birsfelden b. Basel.
J. Baudrillard (1978), *Agonie des Realen*, Berlin.
– (1979), *Der Tod tanzt aus der Reihe*, Berlin.
– (1985), *Die fatalen Strategien*, München.
– (1986), *Interview*, in: *Frankfurter Rundschau* vom 4. 1. 86.
W. Benjamin (1961), *Illuminationen. Ausgewählte Schriften*, Frankfurt/M.
– (1963), *Die Aufgabe des Übersetzers*, in: Charles Baudelaire, *Tableaux Parisiens*. Deutsch und mit einem Vorwort versehen von Walter Benjamin, Frankfurt/M.
– (1966), *Angelus Novus. Ausgewählte Schriften*, Band 2, Frankfurt/M.
– (1966b), *Versuche über Brecht*, Frankfurt/M.
– (1980), *Gesammelte Schriften*, Hg.: R. Tiedemann u. H. Schweppenhäuser, Frankfurt/M.
D. Claussen (1984), *Der versäumte Augenblick*, in: *links* 166/167.
P. Decker (1982), *Die Methodologie kritischer Sinnsuche*, Erlangen.
Ch. Deutschmann (1983), *Naturbeherrschung und Arbeitsgesellschaft*, in: L. v. Friedeburg/J. Habermas (Hg.), *Adorno-Konferenz 1983*, Frankfurt/M.
K. Eder (Hg.) (1973), *Seminar: Die Entstehung von Klassengesellschaften*, Frankfurt/M.
M. Foucault (1978), *Von der Subversion des Wissens*, Frankfurt/M./Berlin/Wien.
G. Frege (1980[5]), *Über Sinn und Bedeutung*, in: ders., *Funktion, Begriff, Bedeutung*, hg. von G. Patzig, Göttingen.

Görner/Kempcke (Hg.) (1980), *Synonymwörterbuch*, Leipzig.
L. Gustafsson (1982), *Sprache und Lüge*, Frankfurt/M.
J. Habermas (1973), *Kultur und Kritik*, Frankfurt/M.
St. Hall (1984), *Ideologie und Ökonomie-Marxismus ohne Gewähr*, in: *Projekt Ideologie Theorie* (Hg.), *Die Camera obscura der Ideologie*, Berlin.
G. W. F. Hegel (1928), *Sämtliche Werke*, (Ed. Glockner), Bd. 5, Stuttgart.
– (1971), *Vorlesungen über die Geschichte der Philosophie*, Bd. 3, Leipzig.
– (1970), *Werkausgabe in 20 Bänden*, Frankfurt/M.
– (1976), *Grundlinien der Philosophie des Rechts*, Frankfurt/M.
H. Heine (o. J.), *Buch der Lieder*, in: *Heines Werke in zehn Bänden*, Berlin.
M. Horkheimer (1985), *Gesammelte Schriften*, Band 12, *Nachgelassene Schriften 1931–1949*, Frankfurt/M.
M. Horkheimer/Th. W. Adorno (1944), *Dialektik der Aufklärung*, Amsterdam.
M. Jäger (1983), *Über Macht und Parteien*, in: *Marxismus und Theorie der Parteien*, Berlin.
D. Kamper (1984), *Die Usurpation der Fruchtbarkeit*, in: Schaffer-Hegel/Wartmann (Hg.), *Mythos Frau*, Berlin.
I. Kant (1956), *Werke in sechs Bänden*, hg. v. W. Weischedel, Wiesbaden
Ch. Karpenstein (1977), *Bald führt der Blick das Wort, bald leitet das Wort den Blick*, in: *Kursbuch*, 49, Berlin.
G. Kimmerle (1983), *Die Aporie der Wahrheit*, Tübingen.
T. Koch (1975), *Religion und Erfahrung von Sinn*, in: H. E. Bahr (Hg.), *Religionsgespräche*, Darmstadt/Neuwied.
K. Kraus (1977), *Heine und die Folgen*, in: *Ausgewählte Werke in drei Bänden*, Band 1, hg. von D. Simon, München 1977.
E. Laclau (1981), *Politik und Ideologie im Marxismus*, Berlin.
– (1982), *Diskurs, Hegemonie und Politik*, in: *Neue soziale Bewegungen und Marxismus*, Berlin.
N. Luhmann (1971), *Sinn als Grundbegriff der Soziologie*, in: J. Habermas/N. Luhmann, *Theorie der Gesellschaft oder Sozialtechnologie*, Frankfurt/M.
P. de Man (1985), *»Conclusions«. Walter Benjamin's »The Task of the Translator«*, in: *Yale French Studies*, Nr. 69, New Haven.
– (1988), *Allegorien des Lesens*, Frankfurt/M.
K. Marx, *Das Kapital*, Marx-Engels Werke, Band 23.
H. Paul (1966⁵), *Deutsches Wörterbuch*, Tübingen.
O. Paz (1981), *Gulag: halb Jesaja – halb Hiob*, in: ders., *Der menschenfreundliche Menschenfresser*, Frankfurt/M.
– (1984), *Fernando Pessoa – Der sich selbst Unbekannte*, in: ders., *Essays*, Frankfurt/M.
F. Pessoa (1965), *Dichtungen*, Frankfurt/M.

H. Pfotenhauer (1978), *Benjamin und Nietzsche,* in: B. Lindner (Hg.) *»Links hatte noch alles sich zu enträtseln...«, Walter Benjamin im Kontext,* Frankfurt/M.

D. Sanders (1888[4]), *Handwörterbuch der deutschen Sprache*, Leipzig.

H. Schelsky (1977), *Die Arbeit tun die anderen*, München.

S. Sontag (1982), *Gegen Interpretation*, in: dies., *Kunst und Antikunst*, Frankfurt/M.

A. Schmidt (1983), *Begriff des Materialismus bei Adorno*, in: Friedeburg/Habermas (Hg.), *Adorno-Konferenz 1983*, Frankfurt/M.

R. Tiedemann (1973), *Studien zur Philosophie Walter Benjamins,* Frankfurt/M.

G. Vattimo (1987), *Die Säkularisierung der Philosophie,* in: *Tumult*, Nr. 9.

R. Walser (1978), *Zwei kleine Prosastücke*, in: ders., *Poetenleben*, Frankfurt/M.

– (1978) *Das Gesamtwerk,* Bd. 11, Zürich/Frankfurt/M.

– (1984), *Gedichte*, Frankfurt/M.

S. Weber (1986), *Postmoderne und Poststrukturalismus*, in: *Ästhetik und Kommunikation,* Nr. 63.

A. Wellmer (1985), *Zur Dialektik von Moderne und Postmoderne,*Frankfurt/M.

L. Wittgenstein (1971), *Philosophische Untersuchungen,* Frankfurt/M.

B. Wyss (1985), *Trauer der Vollendung*, München.

edition suhrkamp
Eine Auswahl

Abelshauser: Wirtschaftsgeschichte der Bundesrepublik Deutschland (1945-1980). NHB. es 1241
Abendroth: Ein Leben in der Arbeiterbewegung. es 820
Achebe: Okonkwo oder Das Alte stürzt. es 1138
Adam/Moodley: Südafrika. es 1369
Adorno: Eingriffe. Neun kritische Modelle. es 10
– Gesellschaftstheorie und Kulturkritik. es 772
– Jargon der Eigentlichkeit. Zur deutschen Ideologie. es 91
– Kritik. Kleine Schriften zur Gesellschaft. es 469
– Ohne Leitbild. Parva Aesthetica. es 201
– Stichworte.
Kritische Modelle 2. es 347
– Zur Metakritik der Erkenntnistheorie. es 590
Das Afrika der Afrikaner. Gesellschaft und Kultur Afrikas. Hg. von R. Jestel. es 1039
Anderson: Die Entstehung des absolutistischen Staates. es 950
– Von der Antike zum Feudalismus. es 922
Andréa: M.D. es 1364
Arbeitslosigkeit in der Arbeitsgesellschaft. es 1212
Aus der Zeit der Verzweiflung. Zur Genese und Aktualität des Hexenbildes. es 840
Bachtin: Die Ästhetik des Wortes. es 967
Barthes: Elemente der Semiologie. es 1171
– Kritik und Wahrheit. es 218
– Leçon/Lektion. es 1030
– Literatur oder Geschichte. es 303
– Michelet. es 1206
– Mythen des Alltags. es 92
– Das Reich der Zeichen. es 1077
– Die Sprache der Mode. es 1318
Beck: Risikogesellschaft. es 1365
Jürgen Becker: Ränder. es 351
– Umgebungen. es 722
Beckett: Fin de partie. Endspiel. es 96
– Flötentöne. es 1098
– Mal vu, mal dit. Schlecht gesehen, schlecht gesagt. es 1119
Samuel Beckett inszeniert Glückliche Tage. es 849
Benjamin: Aufklärung für Kinder. es 1317
– Briefe. 2 Bde. es 930
– Das Kunstwerk im Zeitalter seiner technischen Reproduzierbarkeit. es 28
– Moskauer Tagebuch. es 1020
– Das Passagen-Werk. 2 Bde. es 1200
– Über Kinder, Jugend und Erziehung. es 391
– Versuche über Brecht. es 172
– Zur Kritik der Gewalt und andere Aufsätze. es 103
Bernhard: Die Billigesser. es 1006
– Ein Fest für Boris. es 440
– Prosa. es 213
– Ungenach. Erzählung. es 279
– Watten. Ein Nachlaß. es 353
Bertaux: Hölderlin und die Französische Revolution. es 344
Biesheuvel: Schrei aus dem Souterrain. es 1179

3/1/6.87

3/2/6.87

- Über den Beruf des Schauspielers. es 384
- Über die bildenden Künste. es 691
- Über experimentelles Theater. es 377
- Über Lyrik. es 70
- Über Politik auf dem Theater. es 465
- Über Politik und Kunst. es 442
- Über Realismus. es 485
- Das Verhör des Lukullus. Hörspiel. es 740

Brecht-Journal. es 1191

Brecht-Journal 2. es 1396

Brunkhorst: Der Intellektuelle im Lande der Mandarine. es 1403

Buch: Der Herbst des großen Kommunikators. es 1344
- Waldspaziergang. es 1412

Bürger: Theorie der Avantgarde. es 727

Buro/Grobe: Vietnam! Vietnam? es 1197

Celan: Ausgewählte Gedichte. Zwei Reden. es 262

Cortázar: Letzte Runde. es 1140
- Reise um den Tag in 80 Welten. es 1045

Deleuze/Guattari: Kafka. Für eine kleine Literatur. es 807

Deleuze/Parnet: Dialoge. es 666

Derrida: Die Stimme und das Phänomen. es 945

Determinanten der westdeutschen Restauration 1945-1949. Von H.-U. Huster u. a. es 575

Ditlevsen: Gesichter. es 1165
- Sucht. Erinnerungen. es 1009
- Wilhelms Zimmer. es 1076

Takeo Doi: Amae. Freiheit in Geborgenheit. es 1128

Dorst: Toller. es 294

Dubiel: Was ist Neokonservatismus? es 1313

Duerr: Satyricon. Essays und Interviews. es 1346
- Traumzeit: es 1345

Duras: Sommer 1980. es 1205

Duras/Porte: Die Orte der Marguerite Duras. es 1080

Eco: Zeichen. es 895

Eich: Botschaften des Regens. Gedichte. es 48

Elias: Humana conditio. es 1384

Enzensberger: Blindenschrift. es 217
- Deutschland, Deutschland unter anderm. es 203
- Einzelheiten I. Bewußtseins-Industrie. es 63
- Einzelheiten II. Poesie und Politik. es 87
- Die Furie des Verschwindens. Gedichte. es 1066
- Landessprache. Gedichte. es 304
- Palaver. Politische Überlegungen (1967-1973). es 696
- Das Verhör von Habana. es 553
- Der Weg ins Freie. Fünf Lebensläufe. es 759

Esser: Gewerkschaften in der Krise. es 1131

Faszination der Gewalt. Friedensanalysen 17. es 1141

Feminismus. Hg. v. Luise F. Pusch. es 1192

Feyerabend: Erkenntnis für freie Menschen. es 1011
- Wissenschaft als Kunst. es 1231

Foucault: Psychologie und Geisteskrankheit. es 272

Fragment und Totalität. Hg. v. Dällenbach und Hart Nibbrig. es 1107

Frank: Der kommende Gott. es 1142

3/3/6.87

3/4/6.87

Bd. 5 Gesammelte Gedichte. Anna Livia Plurabelle. es 1438
Bd. 6 Finnegans Wake. Englischsprachige Ausgabe. es 1439
Hans Wollschläger liest »Ulysses«. es 1105
Mat. zu Joyces »Ein Porträt des Künstlers als junger Mann«. Hg. von K. Reichert und F. Senn. es 776
Kantowsky: Indien. es 1424
Kapitalistische Weltökonomie. Hg. von D. Senghaas. es 980
Marx: Die ethnologischen Exzerpthefte. es 800
Kenner: Ulysses. es 1104
Kindheit in Europa. Hg. von H. Hengst. es 1209
Kipphardt: In der Sache J. Robert Oppenheimer. es 64
Kirchhof: Body-Building. es 1005
Kluge: Gelegenheitsarbeit einer Sklavin. es 733
– Lernprozesse mit tödlichem Ausgang. es 665
– Neue Geschichten. Hefte 1-18. es 819
– Schlachtbeschreibung. es 1193
Kluge: Die deutsche Revolution 1918/1919. NHB. es 1262
Kolbe: Abschiede und andere Liebesgedichte. es 1178
– Hineingeboren. Gedichte 1975-1979. es 1110
Konrád: Antipolitik. es 1293
Kriegsursachen. Friedensanalysen 21. es 1238
Krippendorff: Staat und Krieg. es 1305
Kristeva: Die Revolution der poetischen Sprache. es 949
Kroetz: Bauern sterben. es 1388
– Frühe Prosa/Frühe Stücke. es 1172
– Furcht und Hoffnung der BRD. es 1291
– Mensch Meier. es 753
– Nicht Fisch nicht Fleisch. es 1094
– Oberösterreich. es 707
– Stallerhof. es 586
– Heimarbeit. es 473
Krolow: Ausgewählte Gedichte. es 24
Laederach: Fahles Ende kleiner Begierden. es 1075
Lefebvre: Einführung in die Modernität. es 831
Lehnert: Sozialdemokratie zwischen Protestbewegung und Regierungspartei 1848 bis 1983. NHB. es 1248
Lem: Dialoge. es 1013
Hermann Lenz: Leben und Schreiben. Frankfurter Vorlesungen. es 1425
Leroi-Gourhan: Die Religionen der Vorgeschichte. es 1073
Lessenich: »Nun bin ich die niemals müde junge Hirschfrau oder der Ajilie-Mann«. es 1308
Leutenegger: Lebewohl, Gute Reise. es 1001
– Das verlorene Monument. es 1315
Lévi-Strauss: Das Ende des Totemismus. es 128
– Mythos und Bedeutung. es 1027
Die Listen der Mode. Hg. von S. Bovenschen. es 338
Literatur und Politik in der Volksrepublik China. Hg. von R. G. Wagner. es 1151
Löwenthal: Mitmachen wollte ich nie. es 1014
Logik des Herzens. Hg. von G. Kahle. es 1042

3/5/6.87

Lohn: Liebe. Zum Wert der Frauenarbeit. Hg. von A. Schwarzer. es 1225
Lukács: Gelebtes Denken. es 1088
Maeffert: Bruchstellen. es 1387
Männersachen. Hg. von H.–U. Müller-Schwefe. es 717
Mandel: Marxistische Wirtschaftstheorie 1/2. es 595/596
– Der Spätkapitalismus. es 521
Marcus: Umkehrung der Moral. es 903
Marcuse: Ideen zu einer kritischen Theorie der Gesellschaft. es 300
– Konterrevolution und Revolte. es 591
– Kultur und Gesellschaft 1. es 101
– Kultur und Gesellschaft 2. es 135
– Versuch über die Befreiung. es 329
– Zeit-Messungen. es 770
Gespräche mit Herbert Marcuse. es 938
Mattenklott: Blindgänger. es 1343
Hans Mayer: Anmerkungen zu Brecht. es 143
– Gelebte Literatur. Frankfurter Vorlesungen. es 1427
– Versuche über die Oper. es 1050
Mayröcker: Magische Blätter. es 1202
– Magische Blätter II. es 1421
McKeown: Die Bedeutung der Medizin. es 1109
Medienmacht im Nord-Süd-Konflikt: Friedensanalysen 18. es 1166
Christian Meier: Die Ohnmacht des allmächtigen Dictators Caesar. es 1038
Menninghaus: Paul Celan. es 1026
– Schwellenkunde. es 1349
Menzel/Senghaas: Europas Entwicklung und die Dritte Welt. es 1393
Milosz: Zeichen im Dunkel. es 995
Mitscherlich: Freiheit und Unfreiheit in der Krankheit. es 505
– Krankheit als Konflikt 1. es 164
– Krankheit als Konflikt 2. es 237
– Die Unwirtlichkeit unserer Städte. es 123
Mitterauer: Sozialgeschichte der Jugend. NHB. es 1278
Moderne chinesische Erzählungen. 2 Bde. es 1010
Möller: Vernunft und Kritik. NHB. es 1269
Moser: Eine fast normale Familie. es 1223
– Der Psychoanalytiker als sprechende Attrappe. es 1404
– Romane als Krankengeschichten. es 1304
Muschg: Literatur als Therapie? es 1065
Die Museen des Wahnsinns und die Zukunft der Psychiatrie. es 1032
Mythos ohne Illusion. Mit Beiträgen von J.-P. Vernant u.a. es 1220
Mythos und Moderne. Hg. von K.H. Bohrer. es 1144
Nakane: Die Struktur der japanischen Gesellschaft. es 1204
Nathan: Ideologie, Sexualität und Neurose. es 975
Der Neger vom Dienst. Afrikanische Erzählungen. Hg. von R. Jestel. es 1028

3/6/6.87

3/7/6.87

Sloterdijk: Der Denker auf der Bühne. es 1353
- Kopernikanische Mobilmachung. es 1375
- Kritik der zynischen Vernunft. 2 Bde. es 1099

Sport-Eros-Tod. es 1335

Staritz: Geschichte der DDR. NHB. es 1260

Stichworte zur »Geistigen Situation der Zeit«. Hg. von J. Habermas. 2 Bde. es 1000

Struck: Kindheits Ende. es 1123
- Klassenliebe. es 629

Szondi: Theorie des modernen Dramas. es 27

Techel: Es kündigt sich an. Gedichte. es 1370

Tendrjakow: Sechzig Kerzen. es 1124

Theorie des Kinos. Hg. von K. Witte. es 557

Thiemann: Schulszenen. es 1331

Thompson: Entstehung der englischen Arbeiterklasse. 2 Bde. es 1170

Thränhardt: Geschichte der Bundesrepublik Deutschland. NHB. es 1267

Tiedemann: Studien zur Philosophie Walter Benjamins. es 644

Todorov: Die Eroberung Amerikas. es 1213

Treichel: Liebe Not. Gedichte. es 1373

Trotzki: Denkzettel. es 896

Vernant: Die Entstehung des griechischen Denkens. es 1150
- Mythos und Gesellschaft im alten Griechenland. es 1381

Versuchungen. Aufsätze zur Philosophie Paul Feyerabends. Hg. von H.P. Duerr. Band 1/2. es 1044/1068

Verteidigung der Schrift. Kafkas ›Prozeß‹. Hg. von F. Schirrmacher. es 1386

Vom Krieg der Erwachsenen gegen die Kinder. Friedensanalysen 19. es 1190

Martin Walser: Eiche und Angora. es 16
- Ein fliehendes Pferd. Theaterstück. es 1383
- Die Gallistl'sche Krankheit. es 689
- Geständnis auf Raten. es 1374
- Heimatkunde. es 269
- Lügengeschichten. es 81
- Selbstbewußtsein und Ironie. Frankfurter Vorlesungen. es 1090
- Wer ist ein Schriftsteller? es 959
- Wie und wovon handelt Literatur. es 642

Wehler: Grundzüge der amerikanischen Außenpolitik 1750–1900. NHB. es 1254

Peter Weiss: Abschied von den Eltern. es 85
- Die Besiegten. es 1324
- Fluchtpunkt. es 125
- Gesang vom Lusitanischen Popanz. es 700
- Das Gespräch der drei Gehenden. es 7
- Der neue Prozeß. es 1215
- Notizbücher 1960-1971. 2 Bde. es 1135
- Notizbücher 1971-1980. 2 Bde. es 1067
- Rapporte. es 276
- Rapporte 2. es 444
- Der Schatten des Körpers des Kutschers. es 53
- Stücke 1. es 833
- Stücke II. 2 Bde. es 910

3/8/6.87

– Die Verfolgung und Ermordung Jean Paul Marats. es 68
Peter Weiss im Gespräch. Hg. von R. Gerlach und M. Richter. es 1303
Wellershoff: Die Auflösung des Kunstbegriffs. es 848
Die Wiederkehr des Körpers. Hg. von D. Kamper und Ch. Wulf. es 1132
Winkler: Die Verschleppung. es 1177
Wippermann: Europäischer Faschismus im Vergleich (1922-1982). NHB. es 1245
Wirz: Sklaverei und kapitalistisches Weltsystem. NHB. es 1256
Wissenschaft im Dritten Reich. Hg. von P. Lundgreen. es 1306
Wittgenstein: Tractatus logico-philosophicus. es 12
Wünsche: Der Volksschullehrer Ludwig Wittgenstein. es 1299
Zimmermann: Vom Nutzen der Literatur. es 885
Ziviler Ungehorsam im Rechtsstaat. Hg. von P. Glotz. es 1214

3/9/6.87

Soziologie, Ethnologie, Anthropologie in der edition suhrkamp

Theodor W. Adorno: Gesellschaftstheorie und Kulturkritik. es 772
– Kritik. Kleine Schriften zur Gesellschaft. Herausgegeben von Rolf Tiedemann. es 469
Alter und Alltag. Herausgegeben von Gerd Göckenjan und Hans-Joachim von Kondratowitz. es 1467
Arbeitslosigkeit in der Arbeitsgesellschaft. Herausgegeben von Wolfgang Bonß und Rolf G. Heinze. es 1212
Die armen Frauen. Frauen und Sozialpolitik. Herausgegeben von Ilona Kickbusch und Barbara Riedmüller. es 1156
Jean-Paul Aron/Roger Kempf: Der sittliche Verfall. Bourgeoisie und Sexualität in Frankreich. Aus dem Französischen von Agnes Bucaille-Euler, Birgit Spielmann und Gerhard Mahlberg. es 1116
Authentizität und Betrug in der Ethnologie. Herausgegeben von Hans Peter Duerr. es 1409
Ulrich Beck: Die Modernisierung der Barbarei. Politik im Atomzeitalter. es 1468
– Risikogesellschaft. Auf dem Weg in eine andere Moderne. es 1365
Beiträge zur Soziologie der Gewerkschaften. Mit Beiträgen von Joachim Bergmann, Walther Müller-Jentsch u.a. es 905
Anton Blok: Die Mafia in einem sizilianischen Dorf. 1860-1960. Eine Studie über gewalttätige bäuerliche Unternehmer. Übersetzt von Holger Fliessbach. es 1082
Gernot Böhme: Anthropologie in pragmatischer Hinsicht. Darmstädter Vorlesungen. es 1301
Silvia Bovenschen: Die imaginierte Weiblichkeit. Exemplarische Untersuchungen zu kulturgeschichtlichen und literarischen Präsentationsformen des Weiblichen. es 921
Hauke Brunkhorst: Der Intellektuelle im Land der Mandarine. es 1403
Stanley Cohen/Laurie Taylor: Ausbruchsversuche. Identität und Widerstand in der modernen Lebenswelt. Aus dem Englischen übersetzt von Thomas Lindquist. es 898
Hans-Ulrich Deppe: Krankheit ist ohne Politik nicht heilbar. Zur Kritik der Gesundheitspolitik. es 1391
Takeo Doi: Amae. Freiheit in Geborgenheit. Zur Struktur japanischer Psyche. Mit einem Vorwort von Elmar Holenstein. Aus dem Amerikanischen von Helga Herborth. es 1128
Anne Drescher/Josef Esser/Wolfgang Fach: Die politische Ökonomie der Liebe. Ein Essay. es 1341
Franz Dröge/Thomas Krämer-Badoni: Die Kneipe. Zur Soziologie einer Kulturform oder »Zwei Halbe auf mich!«. es 1380
Hans Peter Duerr: Satyricon. Essays und Interviews. es 1346

305/1/5.88

Soziologie, Ethnologie, Anthropologie
in der edition suhrkamp

Hans Peter Duerr: Traumzeit. Über die Grenze zwischen Wildnis und Zivilisation. es 1345

Die wilde Seele. Aufsätze zur Ethnopsychoanalyse Georges Devereux'. Herausgegeben von Hans Peter Duerr. es 1235

Norbert Elias: Humana conditio. Beobachtungen zur Entwicklung der Menschheit am 40. Jahrestag eines Kriegsendes (8. Mai 1985). es 1384

Norbert Elias/Wolf Lepenies: Zwei Reden anläßlich der Verleihung des Theodor W. Adorno-Preises 1977. es 954

Entwurf zu einer Empirie des Alltagsbewußtseins. Thomas Leithäuser, Birgit Volmerg, Gunther Salje, Ute Volmerg, Bernhard Wutka. es 878

Josef Esser: Gewerkschaften in der Krise. Die Anpassung der deutschen Gewerkschaften an neue Weltmarktbedingungen. es 1131

Jeanne Favret-Saada: Die Wörter, der Zauber, der Tod. Der Hexenglaube im Hainland von Westfrankreich. Aus dem Französischen übersetzt von Eva Moldenhauer. es 981

Erich Fromm: Analytische Sozialpsychologie und Gesellschaftstheorie. es 425

Ute Gerhard: Verhältnisse und Verhinderungen. Frauenarbeit, Familie und Rechte der Frauen im 19. Jahrhundert. Mit Dokumenten. es 933

Uta Gerhardt: Patientenkarrieren. Eine medizinsoziologische Studie. es 1325

Gerd Göckenjan: Kurieren und Staat machen. Gesundheit und Medizin in der bürgerlichen Welt. es 1309

Erving Goffman: Asyle. Über die soziale Situation psychiatrischer Patienten und anderer Insassen. Aus dem Amerikanischen von Nils Lindquist. es 678

– Geschlecht und Werbung. Aus dem Amerikanischen von Thomas Lindquist. es 1085

Jürgen Habermas: Legitimationsprobleme im Spätkapitalismus. es 623

Hartmut Häußermann/Walter Siebel: Die Zukünfte der Städte. es 1432

»Hauptsache, ich habe meine Arbeit«. Herausgegeben von Rainer Zoll. Mit Beiträgen von Henri Bents, Hans-Hermann Braune, Birgit Geissler, Dierk Juelich, Enno Neumann, Mechthild Oechsle und Rainer Zoll. es 1228

Gunnar Heinsohn/Rolf Knieper/Otto Steiger: Menschenproduktion. Allgemeine Bevölkerungstheorie der Neuzeit. es 914

305/2/5.88

Soziologie, Ethnologie, Anthropologie in der edition suhrkamp

Agnes Heller: Das Alltagsleben. Versuch einer Erklärung der individuellen Reproduktion. Herausgegeben und eingeleitet von Hans Joas. Autorisierte Übersetzung von Peter Kain. es 805

Irmela Hijiya-Kirschnereit: Das Ende der Exotik. Essays zur japanischen Kultur und Gesellschaft der Gegenwart. es 1466

Marie Jahoda/Paul F. Lazarsfeld/Hans Zeisel: Die Arbeitslosen von Marienthal. Ein soziographischer Versuch über die Wirkungen langandauernder Arbeitslosigkeit. Mit einem Anhang zur Geschichte der Soziographie. es 769

Ann Jones: Frauen, die töten. Aus dem Amerikanischen von Ebba D. Drolshagen. es 1350

Jugend und Kriminalität. Kriminologische Beiträge zur kriminalpolitischen Diskussion. Herausgegeben von Horst Schüler-Springorum. es 1201

Das Kibbutz-Modell. Bestandsaufnahme einer alternativen Wirtschafts- und Lebensform nach sieben Jahrzehnten. Herausgegeben und mit einer Einleitung versehen von Gunnar Heinsohn. es 998

Kindheit als Fiktion. Von Heinz Hengst, Michael Köhler, Barbara Riedmüller, Manfred Max Wambach. es 1081

Kindheit in Europa. Zwischen Spielplatz und Computer. Herausgegeben von Heinz Hengst. es 1209

Thomas Kleinspehn: Warum sind wir so unersättlich? Über den Bedeutungswandel des Essens. es 1410

Rüdiger Lautmann: Der Zwang zur Tugend. Die gesellschaftliche Kontrolle der Sexualitäten. es 1189

Henri Lefèbvre: Einführung in die Modernität. Zwölf Präludien. Aus dem Französischen übersetzt von Bernd Schwibs. es 831

Thomas Leithäuser/Birgit Volmerg: Anleitung zur empirischen Hermeneutik. Psychoanalytische Textinterpretation als sozialwissenschaftliches Verfahren. es 972

Claude Lévi-Strauss: Das Ende des Totemismus. Aus dem Französischen übersetzt von Hans Naumann. es 128

– Mythos und Bedeutung. Fünf Radiovorträge. Gespräche mit Claude Lévi-Strauss. Herausgegeben von Adelbert Reif. es 1027

Die Listen der Mode. Herausgegeben von Silvia Bovenschen. es 1338

Logik des Herzens. Die soziale Dimension der Gefühle. Herausgegeben von Gerd Kahle. es 1042

Lohn: Liebe. Zum Wert der Frauenarbeit. Herausgegeben von Alice Schwarzer. es 1225

305/3/5.88

Soziologie, Ethnologie, Anthropologie in der edition suhrkamp

Steven Marcus: Umkehrung der Moral. Sexualität und Pornographie im viktorianischen England. Aus dem Amerikanischen übersetzt von Angela Praesent und Ann Anders. es 903

Masao Maruyama: Denken in Japan. Eingeleitet und aus dem Japanischen übertragen von Wolfgang Schamoni. es 1398

Karl Marx: Die ethnologischen Exzerpthefte. Herausgegeben von Lawrence Krader. Übersetzt von Angelika Schweikhart. es 800

Der Mensch als Risiko. Zur Logik von Prävention und Früherkennung. Herausgegeben von Manfred Max Wambach. Übersetzungen aus dem Französischen und Italienischen von Christa Schulz. es 1153

Alexander Mitscherlich: Die Unwirtlichkeit unserer Städte. Anstiftung zum Unfrieden. es 123

Mythos ohne Illusion. Mit Beiträgen von Jean-Pierre Vernant, Marcel Detienne, Pierre Smith, Jean Pouillon, André Green und Claude Lévi-Strauss. Aus dem Französischen von Ulrike Bokelmann. es 1220

Chie Nakane: Die Struktur der japanischen Gesellschaft. Aus dem Englischen von Jobst-Mathias Spannagel und Heide Günther-Spannagel. es 1204

Naturplan und Verfallskritik. Zu Begriff und Geschichte der Kultur. Herausgegeben von Helmut Brackert und Fritz Wefelmeyer. es 1211

Oskar Negt/Alexander Kluge: Öffentlichkeit und Erfahrung. Zur Organisationsanalyse von bürgerlicher und proletarischer Öffentlichkeit. es 639

Ulrich Oevermann: Sprache und soziale Herkunft. Ein Beitrag zur Analyse schichtenspezifischer Sozialisationsprozesse und ihrer Bedeutung für den Schulerfolg. es 519

Dieter Prokop: Medien-Wirkungen. es 1074

Ulrike Prokop: Weiblicher Lebenszusammenhang. Von der Beschränktheit der Strategien und der Unangemessenheit der Wünsche. es 808

Rechtsalltag von Frauen. Herausgegeben von Ute Gerhard und Jutta Limbach. es 1423

Christoph Sachße: Mütterlichkeit als Beruf. Sozialarbeit, Sozialreform und Frauenbewegung 1871-1929. es 1351

Das Schwinden der Sinne. Herausgegeben von Dietmar Kamper und Christoph Wulf. es 1188

Georg Simmel: Schriften zur Philosophie und Soziologie der Geschlechter. Herausgegeben und eingeleitet von Heinz-Jürgen Dahme und Klaus Christian Köhnke. es 1333

Alfred Sohn-Rethel: Soziologische Theorie der Erkenntnis. Mit einem Vorwort von Jochen Hörisch. es 1218

305/4/5.88

Soziologie, Ethnologie, Anthropologie in der edition suhrkamp

Alfred Sohn-Rethel: Warenform und Denkform. Mit zwei Anhängen. es 904

Soziale Sicherheit und soziale Disziplinierung. Beiträge zu einer historischen Theorie der Sozialpolitik. Herausgegeben von Christoph Sachße und Florian Tennstedt. es 1323

Soziale Unterstützung und chronische Krankhheit. Zum Stand sozialepidemiologischer Forschung. Herausgegeben von Bernhard Badura. es 1063

Sozialpolitik als soziale Kontrolle. Tim Guldimann, Marianne Rodenstein, Ulrich Rödel, Frank Stille. Starnberger Studien 2. es 963

Sport – Eros – Tod. Herausgegeben von Gerd Hortleder und Gunter Gebauer. es 1335

Friedrich Thiemann: Kinder in den Städten. es 1461

Die Wiederkehr des Körpers. Herausgegeben von Dietmar Kamper und Christoph Wulf. es 1132

Zerstörung und Wiederaneignung von Zeit. Herausgegeben von Rainer Zoll. es 1411

Rainer Zoll: Der Doppelcharakter der Gewerkschaften. Zur Aktualität der Marxschen Gewerkschaftstheorie. es 816

305/5/5.88